Le siège social de
la Commission des
liqueurs de Québec est
situé dans les locaux
de l'ancienne prison
Au Pied-du-Courant
dès 1921

MACON
APPELLATION MÂCON
VIN IMPORTÉ DE FRANCE ET MIS EN BOUTEILLES PAR
SOCIÉTÉ DES ALCOOLS DU QUÉBEC
MONTRÉAL, QUÉBEC
750 ml
11% alc./vol.
Cuvée Frédérick
PRODUIT D'ALLEMAGNE
Deutscher Tafelwein
VIN BLANC WHITE WINE
750 ml
CONTRÔLÉE
12% alc./vol.
Bourgogne Blanc
TYPE
12% EN VOLUME D'ALCOOL/ALCOHOL CONTENT
IMPORTÉ D'ESPAGNE ET EMBOUTEILLÉ PAR LA SOCIÉTÉ DES ALCOOLS DU QUÉBEC
CE VIN DOIT ÊTRE SERVI TRÈS FRAIS (50°) • THIS WINE SHOULD B
CHIANTI
DENOMINAZIONE DI ORIGINE C
Château
DES TONNE
1977
TROIS ETO
IMPORTÉ DE FRANCE ET MIS EN BOUTEILLES PAR/IMPORTED
SOCIÉTÉ DES ALCOOLS DU
MONTRÉAL, QUÉ
AYS DE L'AUDE
DOMAINE
TERRAL
DE FRANCE - FRENCH RED WINE
11% alc./vol.
vent . 78270 Bonnières . France
squetaire
agnac V.S.O.P.
alc. vol. 750mL
FRONSA
ION FRONSAC
Château
DES TONNE
1977
FRONSAC
APPELLATION FRONSAC CONTRÔLÉE
de France spécialement séle
Horeau-B
et mis
Domai
de Saint-
GRAND VIN DE
11% alc./vol.
Cuvée des Patrio
1,5 l
LEUR
DÉPOSÉE
750 ml
1976
DOMAINE
DE
CATAR
APPELLATION
750 mL
40% alc./vol.
COGNAC
PRODUIT DE FRANCE
PRODUCT OF FRANCE
IMPORTÉ ET MIS EN BOUTEILLES PAR
IMPORTED AND BOTTLED BY:
SOCIÉTÉ DES ALCOOLS DU QUÉB
MONTRÉAL, QUÉBEC
11% alc./vol.
CORBIÈRE
VIN DÉLIMITÉ DE QUALITÉ SUPÉRIEURE
RED
WINE
Saints Pères
McIntosh
SCOTCH·WHISK
RHUM
1977
RAND VIN DE BORDEAUX

L'HISTOIRE DE
L'ALCOOL
AU QUÉBEC

L'HISTOIRE DE L'ALCOOL AU QUÉBEC

ROBERT PRÉVOST
SUZANNE GAGNÉ
MICHEL PHANEUF

Société
des alcools
du Québec

Prévost, Robert, 1918-

L'histoire de l'alcool au Québec

Publ. en collab. avec : Société des alcools du Québec.

2-7604-0287-8

1. Société des alcools du Québec – Histoire. 2. Vins – Industrie – Québec (Province) – Histoire. 3. Boissons alcoolisées – Industrie – Québec (Province) – Histoire. I. Phaneuf, Michel, 1953- . II. Gagné, Suzanne. III. Société des alcools du Québec. IV. Titre. V. Titre : Les soixante-cinq ans de la S.A.Q.

HD9364C34S63 1986 354.7140076'1 C86-096326-8

L'architecture et la supervision technique de ce volume sont l'oeuvre d'Henri Rivard.

La maquette a été conçue par Langevin et Turcotte, graphistes-conseils.

La composition typographique des textes est de la Société Typocentre Inc.

Les séparations de couleurs ont été réalisées par Filmographie Inc.

L'impression de ce volume a été achevée le 11 novembre 1986 sur les presses de l'imprimerie Gagné, sous la direction d'Henri Rivard.

ISBN : 2-76040287-8
Dépôt légal : troisième trimestre 1986
Imprimé au Canada

PRÉFACE 10

BACCHUS SUR NOS BORDS 13

Les premiers œnophiles: des Vikings à Champlain 14

Le commerce de l'alcool au XVIIe siècle 26

Vers une première réglementation 35

Tempérance, prohibition et... contrebande 52

LA COMMISSION DES LIQUEURS DE QUÉBEC (1921-1961) 71

Introduction 72

Une... régie? 73

Au Pied-du-Courant 76

Le développement de la société d'État 78

Les débits de boissons 94

1921-1930: politique et contrebande 96

Ingérence politique 108

Les années de guerre 113

Les mouvements de tempérance 115

La police des liqueurs 120

La Commission fête ses quarante ans 123

LA RÉGIE DES ALCOOLS DU QUÉBEC (1961-1971) 125

Le bill 34 126

La syndicalisation 130

Du 6 décembre 1964 au 19 février 1965: première grève 132

Expo 67: une porte sur le monde 134

Du 26 juin au 22 novembre 1968: deuxième grève 135

Du comptoir avec grillage au libre-service 136

Le rapport de la commission d'enquête sur le commerce des boissons alcooliques 138

LA SOCIÉTÉ DES ALCOOLS DU QUÉBEC (1971-...) 141

Le bill 47 142

De nouveaux produits québécois 145

Les Maisons des vins 147

Un nouveau syndicat 149

Les salons promotionnels 150

Le Centre de distribution de Montréal 152

Une gamme de produits 162

Le vin à l'épicerie du coin... 164

...et dans les brasseries 166

Succès sur toute la ligne: autofinancement 167

Un temps de réflexion 168

Produits de luxe, prix raisonnables 170

La S.A.Q. et la lutte contre l'alcoolisme 173

Une ouverture sur le monde 177

Rumeurs de privatisation 178

Les Connaisseurs 179

Les Festivins 181

Le beaujolais nouveau: une tradition au Québec 182

Conclusion 184

LES QUÉBÉCOIS ET LE VIN 185

Introduction 186

Le vin, une présence ancestrale 188

Les premiers répertoires 194

Le développement de l'après-guerre 209

La révolution tranquille du vin 214

Les années 70: décennie de la conversion 226

Une nouvelle génération d'amateurs 231

LA S.A.Q. ET L'INDUSTRIE QUÉBÉCOISE DES BOISSONS ALCOOLIQUES EN 1986 233

CONCLUSION 239

Ce volume
a été publié
pour souligner le 65^{e}
anniversaire de la
Société des alcools
du Québec

L'image sur la couverture porte sur le thème de la célébration, en l'occurrence celui du soixante-cinquième anniversaire de la Société des alcools du Québec.

Le décor s'inspire de l'atmosphère propre à quelque Maison des vins ou succursale sophistiquée.

La jeune fille à sa caisse symbolise d'une certaine manière cette société d'État, qui, par ses produits variés, est un peu de toutes nos fêtes.

Quant au jeune homme avec son panier à emplettes, il représente la clientèle d'hier et d'aujourd'hui, qui lui rend hommage de façon très civile en débouchant le champagne.

Antoine Dumas

PRÉFACE

De tout temps l'alcool a fait partie du quotidien des civilisations. Les premiers habitants du Nouveau Monde n'y font pas exception.

À travers les difficultés rencontrées dans le développement et l'organisation de la colonie, on utilisait déjà le *syche*, la *bière*, le *vin* ou *l'eau-de-vie* soit pour célébrer une bonne ***feste***, soit pour s'aider à combattre les *froidures* de l'hiver.

Pierre Boucher nous indique que le type de boisson consommée permettait même de classifier, dans une certaine mesure, le niveau social des gens de cette époque: *«du vin dans les meilleures maisons, de la bière dans d'autres; vn autre* ***breuuage*** *qu'on appelle du bouillon, qui se boit communément dans toutes les maisons. Les plus* ***pauures boiuent*** *de l'eau...»*

La première brasserie commerciale établie par Jean Talon au milieu du XVIIe siècle marqua sans doute une étape importante dans le rôle joué par les boissons alcooliques dans l'histoire de la petite colonie.

Perçue longtemps comme un simple moyen de satisfaire les besoins des premiers colons, on constata que la fabrication locale de la bière pouvait devenir une activité commerciale intéressante. En effet, la fabrication de la bière augmenterait l'activité économique locale et, parallèlement, réduirait les importations de vin et d'eau-de-vie et, du même coup, l'exportation des devises.

Robert Prévost n'oublie pas cependant de mettre en évidence les répercussions et les préoccupations commerciales et sociales de la colonie autour de cette nouvelle activité.

Les représentants du Conseil souverain de la colonie désirant protéger le développement de cette industrie, établirent des mesures protectionnistes sur l'importation des vins et des eaux-de-vie, d'autant plus que la trop grande quantité de ces boissons importées *«nourrit la débauche de plusieurs habitants, les divertit du travail et mine leur santé par de fréquentes ivrogneries»*.

Mais soucieux de se protéger contre d'éventuels abus de l'intendant Talon, ce même Conseil souverain n'oubliera pas de réglementer le prix de la bière afin de protéger les citoyens contre des prix excessifs. C'était la première réglementation dans le domaine des boissons alcooliques. On appelle cela, de nos jours, de la protection du consommateur.

Le siècle qui suivra sera marqué par une série d'actions plus ou moins importantes visant à développer l'activité commerciale de cette industrie. Et au fur et à mesure que la consommation des boissons alcooliques deviendra plus populaire, parallèlement on assistera à la naissance de mouvements sociaux ou religieux dénonçant les méfaits de plus en plus grands causés par les abus de l'alcool.

Au Québec, à travers les influences de la philosophie prohibitionniste américaine, ces mouvements anti-alcooliques atteindront le sommet de leur action au début du XXe siècle.

Contraint d'agir, le gouvernement provincial du temps y trouvera une réponse fort originale et audacieuse à l'époque: le premier mai 1921, il établira que tout le commerce des vins et des spiritueux (à l'exception de la bière) se fera dorénavant, sur le territoire du Québec, par l'intermédiaire d'un monopole d'État.

Fondée essentiellement pour des motifs sociaux visant à contrer les abus de l'alcool, on découvrait cependant quelques années plus tard l'importance commerciale de cette nouvelle régie.

Et cette bivalence a toujours été intimement présente dans l'activité du monopole. Avec les années, à travers les aléas des influences politiques, les différentes administrations du monopole ont toujours recherché un juste équilibre entre ces deux fonctions.

Après 65 ans d'existence, les préoccupations des gestionnaires d'aujourd'hui ne sont pas si différentes de celles des administrateurs des années 20. Le service à la clientèle, une administration saine et intelligente, une sélection de produits de qualité, une action définitivement axée sur la protection du consommateur sont là les mêmes thèmes, les mêmes expressions qui étaient utilisés dans les premiers rapports annuels.

Aussi, dans un esprit de continuité avec ces objectifs d'une autre époque, qui sont tout aussi valables aujourd'hui, et à l'occasion du 65e anniversaire de l'entreprise, nous avons pensé offrir à notre cliente, la population du Québec, la merveilleuse petite histoire de la naissance et du développement du commerce des boissons alcooliques chez nous en terre Québécoise.

Jocelyn Tremblay,
Président-directeur général
de la Société des alcools du Québec

BACCHUS SUR NOS BORDS

LES PREMIERS ŒNOPHILES: DES VIKINGS À CHAMPLAIN

Un Viking s'enivre sur la côte

On dit que les origines de la vigne sont aussi anciennes que celles de l'être humain. C'est peut-être vrai du nectar qu'il a su en tirer, mais contrairement au cercle vicieux de l'œuf et de la poule, il a bien fallu que la plante existât avant d'en écraser les grappes. La vigne ne croissait-elle pas à l'état sauvage en Amérique, par exemple, lorsque y mirent pied les premiers explorateurs venus par l'Atlantique?

Colomb et ses équipages, penserez-vous? Non, c'était un demi-millénaire plus tôt.

Avant l'an mil, le drakkar des Vikings donne aux explorations maritimes une portée nouvelle. C'est un vaisseau merveilleusement conçu pour les voyages en haute mer. En 1893, un drakkar construit dans le respect strict des caractéristiques de ceux que l'on a retrouvés presque intacts n'a-t-il pas franchi l'Atlantique Nord en une vingtaine de jours, presque sans anicroches, à l'occasion de l'Exposition universelle de Chicago?

En naviguant vers l'ouest, les Vikings iront au-delà des îles qui s'égrènent au large de la côte norvégienne, puis braveront l'un des océans les plus redoutables pour atteindre les Féroé. Leur prochaine étape sera l'Islande, la *Terre des Glaces*, où des moines irlandais se sont établis avant leur venue. Sur cette route, les navigateurs celtiques les ont précédés.

De l'Islande, les Vikings s'élancent vers le couchant: incroyable odyssée, une famille norvégienne aura réussi en seulement trois générations la traversée complète de l'Atlantique Nord! Thorvald, le grand-père, est celui qui partit de son pays natal pour atteindre l'Islande. Son fils, Éric, atteindra le Groenland, la *Terre Verte*. Le petit-fils, Leif, s'acquittera de la dernière étape et abordera le Nouveau Monde, cinq siècles avant Christophe Colomb.

Leif peuplera ou reconnaîtra ainsi le Helluland, la *Terre des Pierres Plates*, le Markland, la *Terre des Forêts*, et le Vinland, vous l'avez deviné, la *Terre de la Vigne*.

La saga qui fait connaître le Vinland comporte une anecdote… vineuse. Un membre de l'expédition, Tyrkir, s'enfonça dans le maquis; comme il tardait à en émerger, on se porta à sa recherche. On le retrouva complètement ivre.

– J'ai trouvé des vignes portant des grappes, expliqua-t-il. J'en ai écrasé et j'ai bu le jus. Je connais le vin. Vous pouvez m'en croire: il était fameux!

Traduction libre de la saga? Fantasme de vinophile? Il faut reconnaître que Tyrkir ne s'encombrait pas du délicat processus de la vinification et que le raisin d'alors possédait des vertus insoupçonnées. En tout cas, ce Viking est le premier homme dont le nom nous ait été transmis parce qu'il s'était endormi dans les vignes du Seigneur.

Cependant, le professeur Henri Enjalbert, de l'Université de Bordeaux, auteur de l'ouvrage *Histoire de la vigne et du vin,* nous apprend qu'il «est impossible que Tyrkir ait vu de la vigne à l'extrême nord de Terre-Neuve, puisqu'elle ne se rencontre, à l'état naturel, qu'à 1 600 km plus loin, vers le Sud, dans la partie méridionale de la Nouvelle-Angleterre.» On suggère l'idée qu'il s'agissait plutôt de baies de myrtilles.

Mais où était donc ce Vinland? Là-dessus, comme les auteurs ne s'entendent pas, on peut tenter de le situer de façon approximative. La Terre des Pierres Plates aurait été soit la côte méridionale de la terre de Baffin, soit la basse Côte Nord du Saint-Laurent. La Gaspésie et la région de la baie des Chaleurs correspondraient à la Terre des Forêts. Enfin, la Terre de la Vigne aurait été soit la Nouvelle-Écosse, soit la côte du Maine et du Massachusetts, là où se trouve l'île connue sous le nom de Martha's Vineyard. Henri Enjalbert, pour

sa part, situe le Vinland à l'extrême-nord de Terre-Neuve. En tout cas, la saga spécifie que le Vinland se trouvait à la limite des eaux constituant l'habitat naturel du saumon et à celle des latitudes où croissait la vigne. On ne cultive la vigne que depuis peu au nord du 45e parallèle, mais le climat y était plus chaud que de nos jours il y a un millénaire.

C'est vers l'an mil que Leif Eiriksson vint sur nos bords. En 1933, pour commémorer l'historique voyage, le *Sorlandet*, navire-école norvégien, remonta le Saint-Laurent à l'occasion de l'Exposition de Chicago, et le gouvernement des États-Unis fit ériger une statue de Leif à Reykjavik, capitale de l'Islande.

Au cours des récentes années, on a mis au jour des vestiges d'un village viking à l'Anse au Meadow, localité située à l'extrémité de la pointe nord de Terre-Neuve, sur les bords du détroit de Belle-Isle. Les archéologues se demandent maintenant si le Vinland de Leif ne s'y trouvait pas. En tout cas, on a découvert des *artefacts,* en Ontario, laissant croire que les Vikings, à bord de leurs drakkars, ont pénétré jusque-là par la baie d'Hudson.

On peut certainement dire que le Canada est entré dans l'histoire et la géographie sous le symbole de la vigne.

L'île de Bacchus

En 1534, Jacques Cartier est venu prendre possession du Canada au nom de François 1er.

Sand doute Sa Majesté fut-elle satisfaite de ce premier voyage, même si le capitaine malouin n'avait pu aller au-delà de l'île d'Anticosti: dès 1535, Cartier reprend la mer. Cette fois, le navigateur remonte le Saint-Laurent jusqu'à Hochelaga (Montréal).

Au tout début de septembre, il a atteint l'embouchure du Saguenay. Le 2 du mois, il largue les voiles *pour faire le chemin vers Canada.* Comme on le verra plus loin, cette appellation ne désigne encore qu'un modeste tronçon du grand fleuve. Le 6, il mouille à proximité d'une île *plaine de beaulx et grandz arbres* et de *couldres franches.* C'était, vous l'avez deviné, l'île aux Coudres. Le courant, rapporte-t-il, y est grand *comme devant Bordeaux.* Là comme dans la Garonne, d'ailleurs, les flots passent à près de huit noeuds à l'heure au moment du reflux.

Le lendemain, Cartier atteint une autre grande île *qui est le commencement de la terre et prouvynce de Canada.* La nuit passée, il y met pied et trouve qu'elle est pleine de très beaux arbres: chênes, ormes, pins, cèdres et autres; il prend le soin d'ajouter: *et pareillement y treuvasmes force vignes, ce que n'avyons veu, par cy-davant à toute la terre; et pour ce, la nommasmes l'Isle de Bascus.*

Ainsi, Cartier n'avait pas aperçu de vignes sauvages avant d'atteindre l'île d'Orléans, car c'est d'elle qu'il s'agit, au seuil même du Canada d'alors. Il en verra d'autres en remontant le Saint-Laurent entre ce pays de Canada et celui d'Hochelaga. Avant d'atteindre le lac Saint-Pierre, le Malouin admire un aussi beau pays *que l'on sçauroit desirer*: il y trouve les plus beaux arbres du monde *et force vignes, qui est le meilleur, lesquelles avoient si grand abondance de raisins, que les compaignons en venoient tous chargez à bort.*

Cartier, bien sûr, s'efforce de décrire fidèlement les terres qui se déploient sous ses yeux à mesure qu'il remonte le Saint-Laurent; il identifie les arbres dont il reconnaît les frondaisons, mais pour lui, c'est la vigne *qui est le meilleur.*

Après avoir atteint Hochelaga et gravi le mont Royal, le capitaine redescend le Saint-Laurent vers le *Canada,* où il passera, à Stadaconé, un hiver meurtrier. Le scorbut décimera ses équipages. Au printemps de 1536, après avoir abandonné l'un de ses trois vaisseaux faute de bras pour le manoeuvrer, il rentrera à Saint-Malo, mais non sans avoir substitué à Bacchus le duc d'Orléans, troisième fils de François 1er, comme *parrain* de cette île où il avait trouvé force vignes.

Champlain, gourmand et gourmet

Les deux premiers voyages de Cartier amenèrent François 1er à établir une colonie sur les bords du Saint-Laurent.

En 1541, l'expédition du sieur de Roberval, qui avait été chargée de jeter les bases de cette tête de pont au Nouveau Monde, s'amorça de façon peu prometteuse. On sait le reste: le scorbut et le mauvais comportement marquèrent le destin de France-Roy.

Cette triste faillite refroidit sans doute l'enthousiasme de François 1er: il s'écoula plus d'un demi-siècle avant que la France ne tentât de transplanter un autre rameau au-delà de l'Atlantique.

C'était en 1604, et il en résultera la fondation de l'Acadie. Le premier hiver sera catastrophique. On s'est installé dans une île qui a reçu le nom de Sainte-Croix et qui, de nos jours, est devenue un lieu historique reconnu officiellement par les États-Unis. On a semé du blé, et il pousse bien, mais l'hiver s'abat plus tôt que prévu, avec son cortège de misères. Le scorbut fauche près de la moitié des colons; même les chirurgiens n'y résistent pas. Grâce à la générosité des indigènes, qui leur apportent le fruit de leurs chasses, les survivants substituent de la viande fraîche aux chairs salées et peuvent attendre le retour du printemps.

Leif Eiriksson approchant de Terre-Neuve à bord de son drakkar
Tableau de Harvey Garrett Smith

Leif Eiriksson au large des côtes du Canada
Tableau de Christian Krohg
(« Héritage du Canada »)

Arrivée de Jacques
Cartier devant
Stadaconé
Huile sur toile de
Louis-Félix Amiel
Musée du Québec

Arrivée de Jacques
Cartier devant
Stadaconé
Aquarelle de
John David Kelly
Musée du Québec

En juin, on *se delibera d'aller chercher vn lieu plus propre pour habiter,* écrit Samuel de Champlain. Au fil des jours, les Français reconnaissent la région; ils mettent pied sur une île *qui est fort belle de ce qu'elle contient, y ayant de beaux chesnes & noyers, la terre deffrichée & force vignes, qui aportent de beaux raisins en leur saison.* Et Champlain d'ajouter: *c'estoit les premiers qu'eussions veu en toutes ces costes.* Comment pensez-vous que l'on nomma cette île? On lui donna le nom de... Bacchus: une autre *île d'Orléans* au large de la côte du Maine de nos jours!

Nous n'entreprendrons pas ici de résumer les explorations qui aboutirent au choix d'un nouvel emplacement pour cette petite colonie. Contentons-nous de rappeler qu'il en résulta la fondation de Port-Royal.

Cette fois, le choix s'avéra judicieux. Port-Royal s'annonçait comme un paradis sur terre: il semblait, rapporte encore Champlain, *que les petits oiseaux d'alentour en eussent du contentement: car ils s'y amassoient en quantité, & y faisoient vn ramage & gasouillis si aggreable, que ie ne pense pas iamais en auoir ouy de semblable.* Un poète, ce Champlain!

Et, à ses heures, un épicurien. Autant la disette avait été mortelle à Sainte-Croix, autant, à Port-Royal, l'abondance permit-elle sans doute aux survivants de retrouver leur tour de taille. Qu'on en juge: *Nous avions quelquefois demi-douzaine d'outardes, autant de canards ou oies sauvages grises et blanches, bien souvent deux ou trois douzaines d'alouettes et autres sortes d'oiseaux; du pain, nul n'en manquait et avait chacun trois chopines de vin pur et bon.* Comme quoi les papilles gustatives ont toujours été de bon aloi.

La bonne chère aussi. En 1607, quand les Français doivent quitter Port-Royal, ils rentrent au royaume avec, en des paniers tressés par des femmes indigènes, du blé et des *froments aussi beaux que ceux de la Beauce, seigle, orge, avoine.* Ils remettent à Henri IV quelques outardes vivantes qui animeront la ménagerie de Fontainebleau.

Échec à la conspiration... grâce au vin

Demeurons avec Champlain, car c'est peut-être grâce à deux bouteilles de vin qu'il fit échec à une conspiration et put fonder Québec.

C'est le 3 juillet 1608 qu'il débarque au pied du cap Diamant. Il fait aussitôt abattre des noyers *pour y faire nostre habitation,* confiant à d'autres ouvriers la tâche de *scier des aix,* de *fouiller la caue* et de *faire des fossez,* pendant que certains vont quérir des *commoditez* à Tadoussac.

Mais au nombre des gens de métier se trouve un faux jeton, un serrurier nommé Duval, qui *conspira contre le service du Roy.* Quel noir dessein était donc le sien? Celui d'assassiner Champlain, puis de livrer le nouveau poste aux Basques ou aux Espagnols. Ceux-ci étaient alors à Tadoussac, ne pouvant s'aventurer plus loin dans un fleuve qu'ils connaissaient mal.

Le lecteur s'étonnera peut-être à prime abord qu'il y eût des Espagnols dans le Saint-Laurent: il s'agissait très certainement de Basques originaires de la région de San Sebastian, alors que les autres venaient sans doute de celle de Bayonne et de Saint-Jean-de-Luz.

Duval soudoya trois ou quatre compagnons chez ceux qu'il croyait être *des plus mauuais garçons, leur faisant entendre mille faulcetez & esperances d'acquerir du bien.* Leur plan était de surprendre Champlain sans ses armes et de l'étouffer; ou encore, par une fausse alerte, de l'amener à sortir, la nuit, pour lui tirer dessus. Il avait été convenu que si l'un des conjurés ouvrait la bouche, il serait aussitôt poignardé.

C'est un autre serrurier, un certain Natel, qui éventa le complot à l'oreille d'un capitaine de barque nommé Têtu; celui-ci s'en ouvrit à Champlain, qui questionna aussitôt l'informateur *tout tremblant de crainte.*

Résultat: Champlain eut aussitôt recours à un subterfuge pour coffrer les traîtres, et c'est la vigne, en quelque sorte, qui sauva le frêle établissement de Québec. Il confia deux bouteilles de vin à un jeune homme, lui ordonnant de dire aux *galants principaux de l'entreprinse, que c'estoy du vin de present que ses amis de Tadoussac luy auoient donné & qu'il leur en vouloit faire part.*

Comment résister à une aussi aimable invitation? À l'heure dite, Duval et ses comparses s'amènent sur la barque de Têtu; *ie ne tarday pas beaucoup aprés à y aller, & les fis prendre & arrester,* rapporte Champlain. Ils étaient quatre. On jugea que ce serait suffisant de condamner à mort ledit Duval; celui-ci fut *pendu & estranglé audit Quebecq, & sa teste mise au bout d'vne pique pour estre plantée au lieu le plus eminent de nostre fort.* Quant aux trois autres, on les condamna aussi à mort, mais il fut décidé de les ramener en France *pour leur estre fait plus ample iustice.*

Mais pour Champlain, le vin était davantage qu'un appât pour déjouer les séditieux. Lui qui en avait apprécié l'agréable compagnie à Port-Royal n'aurait pas voulu s'en priver à Québec. Le 1er octobre (1608), il fait semer du blé; deux semaines plus tard, du seigle. Puis arrivent les premières gelées blanches. *Le 24. du mois, ie fis planter des vignes du pays, qui vindrent fort belles,* rapporte-t-il.

L'année suivante, Champlain rentre en France. Quand il reviendra au Canada, il retrouvera son *habitation,* mais aura perdu ses vignes. *On les gasta toutes, sans en avoir eu soing, qui m'affligea beaucoup à mon retour.*

En 1611, Champlain revient de France où il a acquis une toute jeune épouse. Il remonte le Saint-Laurent jusqu'à l'emplacement du futur poste de Ville-Marie, car il cherche *vn lieu propre pour la scituation d'vne habitation.* Il n'en trouve pas de mieux indiqué qu'un petit endroit auquel il donne le nom de place Royale. Il y reconnaît *toutes les sortes de bois qu'auons en nos forest, auec quantité de vignes.* Au large de la place, il donne à une île le prénom de son épouse: *l'auons nommée l'isle de saincte Élaine.*

Si donc le fondateur de Québec implante un établissement dans l'île de Montréal, la garnison ne manquera pas de raisins. Il décédera sans avoir pu réaliser ce nouveau projet.

Du cidre, de la bière, du vin et du... «bouillon»

Donc, les vignes sauvages abondaient en Nouvelle-France; pourtant, il ne semble pas que les premiers colons en aient tiré du vin domestique au point d'en faire leur boisson courante à table. Estimaient-ils que le raisin indigène ne convenait pas au délicat processus de la vinification?

Avant de franchir l'Atlantique pour se fixer dans la vallée du Saint-Laurent, on s'informe tout naturellement des caractéristiques de la colonie et le Père Paul Le Jeune, dans sa *Relation de ce qui s'est passé en la Nouvelle-France en l'année 1636,* rapporte quelques-unes des questions qu'on lui a posées, notamment au sujet des arbres fruitiers et des vignes. *Il y a en quelques endroits force lambruches chargées de raisins; quelques-vns en ont fait du vin par curiosité, i'en ay gousté, il m'a semblé fort bon.* Plusieurs tiennent pour certain, ajoute-t-il, *que la vigne reüssiroit icy, et omme i'opposois la rigueur des froids, on me répondit que les seps seront en asseurance tout l'hyuer souz la neige, et qu'au Printemps on ne doit pas tant craindre que les vignes gelent, omme on fait en France, pour ce qu'elles ne s'auanceront pas si tost.*

En fait, notre vigne sauvage diffère de la cultivée connue en Europe depuis la plus haute antiquité et qui, rappelle le naturaliste Jacques Rousseau, fut introduite en France sous l'empire romain.

Que boivent donc nos premiers défricheurs? C'est encore le Père Le Jeune qui nous renseigne. *Pour leur boisson,* écrit-il, *on leur donne vne chopine de sydre par iour, ou vn pot de biere, et par fois vn coup de vin, comme aux bonnes festes. L'hyuer on leur donne vne prise d'eau de vie le matin, si on en a.*

Le matin? Est-ce de cette époque que datait l'habitude, chez nos grands-pères, de se *rincer le dalot* d'un *p'tit coup d'blanc,* au saut du lit, quand débutaient les froidures?

Quant au cidre, on devait probablement l'importer. Nos *sauvageons* prolifèrent, mais leurs fruits ne semblent pas convenir à une fermentation semblable à celle que l'on obtient en Normandie. Et la culture des arbres fruitiers devra attendre quelques décennies: on n'a pas trop de bras pour produire le blé et le foin essentiels à la survie de la colonie.

C'est surtout la bière qui rafraîchira les gosiers. Il paraît que Louis Hébert possédait une *chaudière à biere* et qu'il lui arriva de la prêter à Champlain pour agrémenter la *sagamité* que celui-ci offrait souvent aux indigènes pour consolider une naissante amitié. Peut-être s'agissait-il d'un équipement de fortune qu'utilisait l'apothicaire pour concocter de bénéfiques tisanes.

Quoi qu'il en fût, on ne produisait pas encore de bière en quantité notable à Québec en 1634. Cette année-là, le Père Le Jeune remarque qu'il faudra en fabriquer, mais que l'on attend une *brasserie dressée.* On n'attendit pas beaucoup d'années. En 1646, les Jésuites équipent leur maison de Sillery d'une brasserie. *Nostre F. Ambroise depuis le 1er de May iusques au 20, fut employé à faire le gru à Nostre Dame des Anges, & la biaire,* rapporte cette année-là le *Journal des Jésuites.* Il ne devait s'agir que d'expériences préalables à la mise en route de l'installation, car le chroniqueur revient sur le sujet en mars de l'année suivante. Il annonce alors que, pour la première fois, de la bière fut produite à Sillery.

Dès 1646, il y a d'ailleurs à Québec des spécialistes en la matière, et c'est la même source qui nous l'apprend en décrivant la procession de la Fête du Saint-Sacrement. *La Croix suiuoit portée par vn ieune garçon de 20. ans en aube & lisets; à ses deux costés, deux enfans en surplis et lisets. Suiuoient les torches, 6. en nombre pour la 1re fois; on destina pour les porter les metiers du pays, sçauoir: charpentiers, maçons, matelots, taillandiers, brasseurs & boulangers.*

Des brasseurs à Québec à part le sympathique frère Ambroise? L'*habitation* avait sa propre brasserie, car les colons aussi avaient soif, et c'est encore le précieux *Journal des Jésuites* qui nous renseigne là-dessus: *Le 7. le feu prit à la brasserie de l'habitation.* C'était le 7 janvier 1648.

Mais, vous demanderez-vous, les *Montréalistes,* aux prises avec les Iroquois, trouvaient-ils le moyen de s'accorder semblable rafraîchissement? Le contraire nous étonnerait, et c'est un contrat de... mariage qui nous le révèle. Le 22 octobre 1650, Louis Prud'homme et Roberte Gadois se présentent par-devant notaire, et le sieur de Maisonneuve les accompagne pour leur concéder une terre aux abords du petit poste de Ville-Marie: le tabellion spécifie que la concession est contiguë à la propriété de la brasserie.

Les riches boivent du vin que, chaque printemps, les voiliers apportent de France. La classe moyenne s'en remet plutôt aux brasseurs pour arroser leur table. Il y a les pauvres, qui se soumettent au régime du *bouillon.* C'est le sage Pierre Boucher qui nous en parle.

À lui aussi, on a posé des questions, en France, sur le niveau de vie dans la lointaine colonie. Le vin y est-il cher? *Ie répons,* écrit-il, *qu'il y vaut dix sols la pinte; l'eau de vie y vaut trente sols la pinte, & le vin d'Espagne y vaut autant.* Ce qui permet d'établir une échelle comparative des prix. Mais on lui a posé une autre question: quelle boisson consomme-t-on d'ordinaire? Il répond: *Du vin dans les meilleures maisons, de la biere dans d'autres: vn autre breuuage qu'on appelle du boüillon, qui se boit communément dans toutes les maisons.* Honnête, il ajoute: *les plus pauures boiuent de l'eau, qui est fort bonne & commune en ce pays icy.*

Le *bouillon* n'était pas une invention locale: les miséreux savaient depuis longtemps s'en contenter en Picardie et en Haute-Normandie. Il n'était pas non plus du même type que nos *bouillons* d'aujourd'hui. On l'obtenait en faisant fermenter de la pâte crue dans une solution d'eau épicée. Rien de très raffiné, sans doute, mais une boisson qui, comme tous les alcools, parvenait à noyer quelque peu l'amertume des jours.

LE COMMERCE DE L'ALCOOL AU XVIIe SIÈCLE

Jean Talon: La première brasserie commerciale

Le bon vin demeurera longtemps un luxe en Nouvelle-France. Le sage Pierre Boucher revient sur le sujet. Il note d'abord l'abondance des vignes sauvages porteuses de raisins, puis constate que le grain n'en est pas aussi charnu que celui des vignes de France, ni les grappes aussi fournies. Il prend soin d'ajouter: *mais ie croy que si elles estoient cultiuées, elles ne differeroient en rien: le raisin en est un peu acre, & fait de gros vin, qui tache beaucoup, & qui d'ordinaire est meilleur vn an apres, que l'année qu'il est fait.* Il poursuit: *Quelques particuliers ont planté quelques pieds de Vigne venuë de France dans leurs jardins, qui ont rapporté de fort beaux & bons raisins.*

Lorsque Louis XIV met fin au régime des compagnies pour placer la colonie sous son autorité directe, il donne à la Nouvelle-France son premier administrateur chevronné, Jean Talon, intendant de la justice, de la police et des finances. Il n'est à Québec que depuis une vingtaine de jours quand il écrit à Colbert pour lui faire part de ses premières impressions quant à la fertilité du sol et à son apport éventuel à la stimulation des exportations. Selon lui, quand le pays *aura été fourny de toute sorte d'espèces d'animaux champestres et domestiques, a la nourriture desquels il est fort propre, il aura dans 15 ans suffisamment de surabondant, tant en bled, légumes et chair, qu'en poisson pour fournir les Antilles de l'Amériq., mesme les endroicts de la terre ferme de cette grande partie du monde.* Et pour illustrer sa pensée, il affirme qu'un minot de blé peut en donner jusqu'à trente.

Talon a vite compris que le vin acheté en France n'est pas à la portée du peuple et que la bière pourrait à la fois étancher la soif des habitants du pays et constituer une précieuse source de devises en l'exportant. Il a tôt fait de réclamer de l'équipement et a si confiance en son projet qu'il y investit personnellement de l'argent. Il reçoit deux chaudières. Le 9 octobre 1666, il écrit au ministre: *Je vous supplie, Monseigneur, d'avoir la bonté de me les accorder à telle condition qu'il vous plaira, soit que je parte, soit que je demeure. Je feray de mes deniers la despense de la brasserie qu'il faut bastir pour les placer. Elle espargnera plus de cent mille livres, que le vin et l'eau de vie emportent chaque année, elle excitera l'habitant au travail de la culture de la terre, parce qu'il sera asseuré de la consommation du surabondant de ses grains qui s'employera à la boisson.*

Colbert lui répond favorablement: *Le Roy trouve bon que vous preniez les deux Chaudieres propres a faire de la bierre et que vous fassiez construire une brasserie ainsy que vous me le proposez parce que comme toutes les choses necessaires pour composer cette boisson se trouvent abondamment sur les lieux, laquelle d'ailleurs est fort saine & se pourra debiter a bon marché, les Colons y trouveront leur commodité, n'estant pas tous en estat d'avoir des vins & des eaux de vie qui s'y vendent cherement.*

Pour que l'entreprise atteigne ses objectifs, estime le Conseil souverain, il faut adopter une mesure protectionniste; il s'en acquitte le 16 mars 1668. Il interdit à quiconque d'importer des vins et des eaux-de-vie dès le moment où la brasserie entrera en production, sans l'obtention à cette fin d'un congé du roi, ou du Conseil lui-même, sous peine de confiscation et d'une amende de cinq cents livres.

À cette époque, les ordonnances du Conseil comportaient souvent un long exposé des facteurs qui les motivaient, comme si les législateurs souhaitaient se disculper à l'avance des reproches qu'on pourrait leur adresser.

Les conseillers, au départ, expliquent que la trop grande quantité des vins et eaux-de-vie importés de France *nourrit la débauche de plusieurs habitants, les divertit du travail et ruine leur santé par de fréquentes ivrogneries.* Ils soulignent que la colonie est ainsi privée de *purs deniers* qu'en extraient des *marchands forains.* Ils ajoutent que la bière sera un *supplément aux boissons ci-devant dites* et qu'une plus grande utilisation des produits du sol donnera aux paysans *non seulement le gros vivre, mais encore le moyen d'acheter les autres choses nécessaires que le pays ne produit pas.*

Mais les conseillers ne souhaitent *exclure aucun habitant de brasser pour son usage particulier et de ses domestiques seulement.*

Les congés qui pourraient être consentis par le Conseil ne pourront *excéder la quantité de douze cents barriques de l'une et l'autre des liqueurs, deux tiers de vin et un tiers d'eau-de-vie.*

On prévoit déjà que des malicieux pourraient voir en toute cette affaire une sombre machination de la part de l'intendant pour s'enrichir en exigeant pour la bière des prix prohibitifs. Aussi les conseillers règlent-ils *dès à présent le prix de la barrique de bière vendue en gros, à vingt livres, le fût non compris, et en détail, à six sols le pot, sur le pied de trois livres le minot d'orge sans baisser, et au cas que l'orge aille au-dessus du dit prix, il sera fait augmentation à proportion.* Ainsi, on prévoyait le coût de revient de la matière première, au cas où surviendraient des fluctuations à la hausse.

Talon n'a pas oublié ses projets d'exportation, sachant l'avantage qu'il y a *d'ouvrir le commerce entre les Antilles et le Canada.* Dans un long mémoire daté du 10 novembre 1670, il expose au ministre comment, au moyen de trois vaisseaux *de la fabrique et du bois du pays,* il a expédié des cargaisons vers les Antilles, représentant à peu près tous les produits de la Nouvelle-France, depuis des madriers jusqu'à du poisson et de la farine, en passant par de la bière produite dans la brasserie de Québec, de même que de l'orge et du houblon.

L'intendant n'a qu'à se féliciter de son initiative. Tout fier de lui, il informe le ministre, le 2 novembre 1671, que sa brasserie *peut fournir deux mille barriques de bierre po. les Antilles si elles en peuvent consommer autant et en travailler autres deux mille pour l'usage du Canada, ce qui donnera lieu a la consommation de plus de douze mille minots de grain chaque année.* Il ajoute : *J'ai fait planter et cultiver dans la terre des Islets six mille perches de houblon qui produisent du fruict autant abondamment et d'aussi bonne qualité que celui des houblonnieres de Flandre.*

Cette terre des Islets lui appartient; elle lui a été concédée en mars de la même année avec les trois villages qui s'y trouvent, Bourg-Royal, Bourg-la-Reine et Bourg-Talon. Quatre ans plus tard, le tout était érigé en baronnie sous le nom d'Orsainville, que porte de nos jours une ville sise au nord de Québec.

Talon vise, par sa sage administration, des objectifs fort louables qui convergent vers l'autonomie financière de la colonie tout en améliorant le sort de la population. Ce souci se retrouve encore deux ans plus tard dans un autre mémoire; il souhaite, par exemple, que la Nouvelle-France approvisionne les Antilles plutôt que les Hollandais. *La bierre pourra utilement estre employée dans ce commerce, et j'asseure que sans altérer la provision des colons, on pourra tous les ans en fournir deux mille barriques aux Isles, et plus, si plus elles consomment, et c'est en cela que sa Majesté aura, ce qu'elle a prétendu, ruiné ce commerce que les hollandois faisoient avec les Isles.*

Mais, l'*incomparable intendant,* comme le désignait déjà la Mère Juchereau de Saint-Ignace, de l'Hôtel-Dieu de Québec, rentra en France après un deuxième mandat, en 1672. *La seule grande époque de la Nouvelle-France,* écrit l'historien André Vachon, *était révolue.* Beaucoup d'initiatives lancées pour consolider et développer la colonie périclitèrent, y compris celle de la brasserie.

Si l'on avait quelque doute que ce soit à l'égard du désintéressement du personnage, citons un extrait d'une autre de ses lettres, écrite celle-là après son retour en France. Le roi a décidé que l'ancienne brasserie pourrait loger le Conseil souverain, et il l'a fait estimer: 30 000 livres. Talon écrit généreusement: *Je vous supplie très humblement de faire connoistre à sa Majesté que je luy remets sans condition et avec plaisir cet établissement que j'avois fait, puisqu'il peut devenir utile à son service et que je n'en demande rien, ayant reçeu d'ailleurs plus de bienfaits de sa Majesté que je n'en ay mérité par mes services.*

Le vin, rare et apprécié

Après avoir lu ce qui précède, on comprendra qu'une bonne bouteille de vin constituait, en Nouvelle-France, particulièrement au cours de la première moitié du XVIIe siècle, un cadeau fort apprécié, une façon délicate d'exprimer son amitié. C'est encore le *Journal des Jésuites* qui nous renseigne là-dessus.

Le 1er janvier 1646, les Jésuites font porter des présents à diverses personnes avec leurs meilleurs vœux: une bouteille d'eau-de-vie est envoyée à Abraham Martin dit l'Écossais, premier pilote royal sur le Saint-Laurent, accompagnée de quatre mouchoirs pour son épouse, Marguerite Langlois; c'est le prénom de Martin que l'on donna aux Plaines d'Abraham. Le 5 janvier, Robert Giffard, seigneur de Beauport, envoie aux Jésuites *une bouteille d'hypocras;* c'est un vin sucré où l'on fait infuser de la cannelle, ou encore du girofle.

En 1647, le chroniqueur ne parle que de boîtes d'écorces de citron, de pruneaux, de chapons, d'outardes, de pigeonneaux, etc., mais le vin, semble-t-il, fut absent de l'échange des aménités.

Un an plus tard, le soir du 31 décembre (1647), les Hospitalières font tenir aux Jésuites *vn petit quart de vin d'Espagne d'enuiron 4. pots.* Le matin du 1er janvier 1649 arrive à Québec une triste nouvelle: trois soldats sont décédés par suffocation en prison, aux Trois-Rivières, *par la fumée de charbon & d'eau de vie;*

mais comme *c'estoient yurognes, blasphemateurs & mutins,* il en aurait fallu davantage pour perturber les habitudes acquises. *M. le Gouuerneur enuoya le matin son sommelier apporter deux bouteilles de vin d'Espagne, vn coq d'Inde & vn Agnus Dei* aux Jésuites, *& le double de vin d'Espagne au P. Le Ieune.*

En 1650, nouvel assaut de civilités; cette fois, cependant, il s'accompagne d'un décorum inhabituel: *Mons. le Gouuerneur enuoya vne esc8ade* (escouade) *de soldats au bout du pont, nous saluer auec decharge de leur arquebuse,* rapporte le chroniqueur, *& de plus 6. flacons de vin, dont deux estoient d'Espagne.*

Malgré l'âpreté de la vie quotidienne et les rigueurs de l'hiver en Nouvelle-France, le savoir-vivre n'avait pas perdu ses droits. La tradition non plus. Ainsi, le 1er décembre 1645, *ceux de la forge vinrent demander le vin de St. Eloy* aux Jésuites. *Ils estoient quatre: on leur donna quatre chapelets, & au maistre vne bouteille de vin.* Coutume fort ancienne, datant probalement du Moyen Âge: la fête de saint Éloi tombe justement le premier décembre, et n'est-il pas le patron des orfèvres et des forgerons? Comme quoi le vin a toujours réchauffé le coeur de l'homme et l'a tenu tout près de ses saints patrons.

Avant la fin du XVIIe siècle, on connaissait aussi, à Québec, les propriétés rafraîchissantes du vin glacé; c'est le baron de La Hontan, ce cadet de Gascogne ami du gouverneur de Frontenac, qui nous l'apprend dans une lettre. Invité à la table des Jésuites, il s'étonne qu'on en boive. C'est qu'en Nouvelle-France on a mis au point des méthodes pour conserver la glace jusqu'à l'été, et il faudra attendre encore assez longtemps pour que l'Europe découvre l'utilité des glacières.

Le baron se scandalise presque de voir ses hôtes s'accorder ce qu'il considère comme un grand luxe. Il aurait pu en penser autant du menu qu'on lui servit: soupe aux tourtes, bécassines rôties, tranches de saumon, bleuets. Mais pourquoi se serait-on privé de mets délicats que la nature fournissait en abondance? Flagorneur, menteur invétéré, peut-être La Hontan ne voulut-il pas accepter qu'on lui apprît quelque chose dans le domaine du bien boire et du bien manger.

Les méfaits de l'alcool bien punis au XVIIe siècle

Hélas! au XVIIe siècle, tout le monde n'est pas convaincu que... la modération a bien meilleur goût. On prêche bien la tempérance aux indigènes et ceux-ci ne sauraient admettre qu'il y ait deux poids, deux mesures.

En 1645, deux Français se mettent à boire en attendant la messe de minuit, au grand scandale de leurs concitoyens et particulièrement des autochtones. *On nous fait prendre la discipline quand nous nous enyurons,* remarquent-ils, *& on ne dit rien aux françois!* Il n'en fallait pas davantage pour que monsieur de Montmagny intervînt, et il trouva une façon pour le moins certaine de dégriser nos deux lurons. *Mons. le Gouuerneur les fit mettre sur le cheualet exposés à vn nord-est espouuantable,* rapporte le *Journal des Jésuites.* Le *chevalet* s'avérait sans doute plus rigoureux que... le violon! Surtout face à un vent de nord-est, un soir de 24 décembre!

Qu'était donc, au juste, cet instrument de châtiment? Une pièce de bois taillée en crête et posée sur quatre pattes. On y installait le prévenu avec un boulet suspendu à chaque pied, de quoi... pourfendre les esprits mal tournés. Et le

Troc entre les Indiens et les Français au début du XVIIe siècle

terme n'est pas impropre. On cite le cas d'un cuisinier que l'on punit ainsi pour avoir fait *du fol* au fort des Trois-Rivières; mais sur le chevalet, *il se rompit,* dit laconiquement le chroniqueur des Jésuites. Peut-être ne se préoccupait-on pas toujours de bien choisir les boulets en fonction de la résistance physique du condamné.

En 1648, nouvelle *chevauchée* d'intempérants: *Quatre ou 5. personnes furent mises sur le cheualet pour s'estre enyurées à Pasque.* Mais on fait preuve de plus de sévérité à l'égard des Français qui donnent de l'alcool aux indigènes en échange de leurs fourrures. Ce sera tout d'abord l'excommunication, puis la condamnation à mort.

Avant même le décès de Samuel de Champlain, les coloniaux avaient compris que la vente des pelleteries canadiennes constituait une affaire fort rémunératrice. On était à l'époque des grands feutres à la mousquetaire, rappelle un historien, et nos peaux de castor rivalisaient facilement sur le marché avec les peaux moscovites achetées à Varsovie et à Vienne. Une industrie nouvelle avait vu le jour en France: celle du chapeau en poil de castor.

Il y eut, en Nouvelle-France comme ailleurs, des exploiteurs prêts à passer outre aux prescriptions pénales pour tenter de s'enrichir. L'alcool constituait pour eux une irrésistible monnaie d'échange.

En abordant le Nouveau Monde, les Européens y ont transplanté les manifestations de ce qu'était leur civilisation. Hélas! dans trop de cas, ces *raffinements* allaient perturber les comportements ancestraux des occupants. Qu'on songe par exemple à la poudre et à l'alcool.

Dès 1634, le Père Paul Le Jeune note la propension qu'ont les indigènes pour l'alcool. Il nous parle de *Sauvages.* Soulignons une fois pour toutes qu'il ne faut pas en prendre ombrage. Ainsi que l'explique Marguerite Vincent-Tehariolina dans *La nation huronne,* ce mot vient du latin *silva*, soit forêt, et signifie tout bonnement *homme de la forêt.* Ce terme n'avait donc pas, au XVIIe siècle, la connotation qu'on lui prête de nos jours.

Les Sauuages ont tousiours esté gourmands, écrit donc le Père Le Jeune, *mais depuis la venuë des Europeans, ils sont devenus tellement yurognes qu'encore qu'ils voyent bien que ces nouuelles boissons de vin et d'eau de vie qu'on leur apporte, depeuplent leurs pays, et qu'eux mesmes s'en plaignent, ils ne sçauroient s'abstenir de boire, faisants gloire de s'enyurer, et d'enyurer les autres.*

Nous pourrions multiplier les citations, mais celle-ci suffit à illustrer, s'il en était besoin, le peu de sens moral de certains trafiquants. Le missionnaire ajoutait: *La compagnie de ces Messieurs est merueilleusement loüable de defendre la traitte de ces boissons.* On l'aura deviné, ces *Messieurs* que mentionne le Père Le Jeune sont les membres de la Compagnie des Cent-Associés, à laquelle le cardinal de Richelieu a donné sa caution après l'avoir lui-même établie. Homme d'affaires averti, propriétaire notamment d'entreprises de coches et de messageries, son état lui aurait interdit de tolérer que le vice présidât aux tout premiers balbutiements du commerce dans la vallée du Saint-Laurent.

Quand à leurs boissons, souligne le Père Le Jeune au sujet des indigènes, *ils n'en font aucune, ny de racines ny de fruicts, se contentans d'eau pure.* Les Français ne sauraient donc se laver les mains, même dans l'eau pure, des responsabilités qu'ils ont fait leurs en succombant à l'appel de la fortune vite acquise.

L'Église, bien sûr, veille du coin de l'oeil. Ainsi, le 6 mai 1660, à Québec, jour de l'Ascension, survient *la publication de l'excommunication contre les boissons enyurantes données aux sauuages.* Mesure peut-être jugée trop générale par certains pour se savoir visés spécifiquement. En avril de l'année suivante, elle frappe nommément un impénitent *souuent relaps dans l'excommunication iettée au suiet des traitans de boissons enyurantes aux sauuages.* Cette fois, on l'excommunie *nominatim.* On ne saura probablement jamais de qui il s'agit: un blanc remplace son nom dans le manuscrit original du *Journal des Jésuites.* Ce que l'on sait, cependant, c'est que, *chassé de tous costés,* il *revint à soy & se soubmit à la penitence publique le Dimanche d'après.*

D'autres n'auront pas le temps de se repentir. Le 7 octobre de la même année, un trafiquant fut *pendu ou plustost arquebuzé;* trois jours plus tard, un deuxième larron était *f8eté* (fouetté) sur la place publique; enfin, le lendemain, 11 octobre, on en exécutait un troisième, toujours pour la même offense.

Bientôt, les ravages de l'ivrognerie jetteront la zizanie entre les autorités civiles et religieuses, empoisonnant un climat qui aurait pourtant gagné à demeurer à l'enseigne de la concorde.

Première hôtellerie licenciée

Il n'y eut pas de cabaret en Nouvelle-France, semble-t-il, jusqu'en 1648. En tout cas, les archivistes n'en ont pas trouvé trace. Le 19 septembre cette année-là, cependant, on accorde un premier permis à un citoyen qui, pourrait-on dire, avait le nom de l'emploi: Jacques Boisdon; véritable invitation, en soi, à lever le coude! Pierre-Georges Roy en a relevé les détails dans les délibérations du Conseil de la Nouvelle-France.

Il devait s'agir d'une boutique de pâtisserie et d'une hôtellerie et il ne fait pas de doute qu'on y buvait, car Boisdon reçoit l'assurance qu'on lui *passera* huit tonneaux gratis et qu'il pourra utiliser pendant trois ans *la brasserie appartenant à la communauté.*

Ce sera un privilège exclusif, mais qui comporte des conditions. Son établissement devra être sur la place publique, non loin de l'église, *pour y avoir commodité entre autres de s'aller chauffer en lui payant ce que de raison.* Il ne tolérera sous son toit ni ivrognerie, ni blasphèmes, ni jurons, ni jeux de hasard. De plus, les dimanches et fêtes, pendant la messe, les vêpres, les sermons et le catéchisme, sa maison sera vidée des personnes étrangères et fermée.

Ce cabaret exista-t-il longtemps? S'identifiait-il par une enseigne particulière? Nous l'ignorons, mais au fil des ans, les citoyens de Québec en fréquentèrent d'autres et trinquèrent à la *Ville de Larochelle* de Jean Maheust, au *Signe de la Croix* de Laurent Normandin et *Aux Trois Pigeons* de Charles Pouliot.

Le commerce de l'alcool entre l'excommunication et l'impunité

L'Église et l'État, aux prises avec les ravages de l'eau-de-vie chez les autochtones, agissent avec sévérité.

C'est Mgr de Laval, le vicaire apostolique de la Nouvelle-France, qui fulmina l'excommunication en 1660. Dès après arrivait un nouveau gouverneur, le baron d'Avaugour, un fervent de la discipline, mais qui avait le défaut de cette qualité: il manquait totalement de souplesse. En 1661, il aborde à Québec. Colbert écrira alors qu'il avait *un caractère bizarre et plutôt intraitable.*

Sans la moindre hésitation, il fait sienne la sévérité de Mgr de Laval à l'égard du trafic de l'eau-de-vie et signe un édit sévère visant à interdire cette inadmissible pratique.

Jusque-là, évêque et gouverneur demeurent sur la même longueur d'onde. Mais, en janvier 1662, le Père Jérôme Lalemant effectue une démarche qui va rompre cette belle entente. Une femme a été convaincue de contravention et, sur les instances de la famille, le missionnaire intercède en sa faveur. Colère du baron: lui qui a fait *arquebuzer* ou *fo8etter* des contrevenants trois mois plus tôt n'admet pas qu'on lui recommande une indulgence qui, dans son esprit, risquerait de mettre en échec l'observance de ses ordonnances.

Monseigneur de Laval

Mais son intransigeance ne se satisfait pas d'un exposé de son attitude: puisque dans l'esprit du supérieur des Jésuites le trafic de l'eau-de-vie avec les Indiens ne constitue pas un crime pour la délinquante, il n'en sera un pour personne. D'un trait de plume, il révoque son édit! Froide logique d'un caractère sans détour forgé dans la rigidité de la vie des camps.

Il y eut grand bruit pour la permission des boissons aux sauuages que donna Mons. le Gouuerneur, rapporte le *Journal des Jésuites,* qui ajoute: *on n'oublia rien pour s'y opposer excepté l'Excommunication.* Le gouverneur excommunié par l'évêque: ç'eut été pour le moins... troublant! Mgr de Laval renouvela son décret d'excommunication à l'égard des trafiquants, mais la population devint en quelque sorte l'otage d'une situation contradictoire: ce que permettait le bras séculier recevait l'anathème de l'Église.

Mgr de Laval décida de recourir aux grands moyens: il s'embarqua pour la France afin d'y défendre son point de vue. Le résultat ne se fit pas attendre. En juillet (1663), le gouverneur recevait l'ordre de repasser l'Atlantique et il retourna à sa carrière de prédilection, qu'il n'aurait dû jamais quitter.

C'est en compagnie d'un nouveau gouverneur que l'évêque rentra en Nouvelle-France. Au départ, la collaboration s'annonça sereine, mais Augustin Saffray de Mézy n'avait pas non plus le caractère facile. La colonie était maintenant dotée d'un Conseil souverain dont l'un des premiers édits, daté du 28 septembre, faisait défense *à toutes personnes de traiter ou donner des boissons enivrantes aux Sauvages, sous peine pour la première fois de trois cents livres d'amende applicables le tiers au dénonciateur, le tiers à l'Hôtel-Dieu et l'autre tiers au Fisc, et en cas de récidive, du fouet ou du banissement selon que le cas y écherra.*

Notons que les motifs évoqués n'avaient pas trait qu'à la moralité; l'édit reconnaissait aussi que l'ivrognerie détournait les indigènes *de l'exercice de la chasse, par lequel seulement cette colonie a subsisté jusqu'à ce jour.*

VERS UNE PREMIÈRE RÉGLEMENTATION

Les cabaretiers, leur clientèle et la consigne

Les anecdotes foisonnent en ce qui a trait aux boissons alcooliques. L'une des plus insolites illustre la nature des jugements que l'on portait, il y a trois siècles, à l'endroit des voleurs.

Le notaire Séverin Ameau semble avoir été le premier instituteur aux Trois-Rivières. Faute de devises, les parents des élèves le rétribuaient peut-être en marchandises diverses, le troc se pratiquant alors sur une grande échelle.

En février 1673, en tout cas, cinq malandrins pénétraient chez lui, la nuit, à l'aide de fausses clefs et s'emparaient de vin, d'eau-de-vie, de tabac et de poisson; l'un d'eux, Louis Martin, était... serrurier. Les autres s'appelaient Jean Hardouin, Louis Brice, Nicolas Barrabé et Jean Arcouet.

L'historien Raymond Douville nous révèle les sentences qui furent prononcées contre eux. Tête nue, les mains liées, le serrurier porterait au cou des clefs et des bouteilles, avec l'inscription: *voleur de vin, d'eau-de-vie, d'anguille et bailleur de fausses clefs.* Hardouin, décoré de bouteilles, arborerait semblable écriteau, mais sans la mention de clefs. Au cou de Brice pendraient quelques bouteilles. Et en cet équipage, les trois larrons devaient être exposés à la porte de l'église paroissiale, un jour de fête ou un dimanche, à l'issue de la messe, ce qui fut fait. Enfin, les cinq furent condamnés à payer des amendes et à verser des compensations au notaire, mais Barrabé et Arcouet furent dispensés des quolibets de la populace.

En 1676, le Conseil supérieur adopte des règlements généraux ayant trait à la police. Cinq articles concernent les établissements où l'on boit. Tout d'abord, personne ne pourra obtenir l'autorisation d'en exploiter ni de *mettre la serviette* chez soi sans que sa probité n'ait été reconnue au moyen d'un certificat attes-

tant ses bonnes moeurs. Il est interdit aux citoyens de s'enivrer en des lieux publics *sous peine d'amende arbitraire et même de prison.*

Les cabaretiers ne pourront prêter d'argent ni faire crédit aux fils de famille, soldats, valets et domestiques ni en accepter des gages. Ils devront cesser de servir la clientèle dès neuf heures du soir. Il leur est également défendu de donner à boire et à manger aux maçons, charpentiers, menuisiers et *autres entrepreneurs d'ouvrages* pendant les jours ouvrables, s'ils les connaissent pour tels, à moins d'avoir la permission de ceux qui les emploient. Pour faciliter aux détenteurs de permis l'observance de cette restriction, il est prévu des pénalités à l'endroit de ces ouvriers s'ils ont quitté leur travail sans y avoir été autorisés par leur employeur ou leur patron, selon le cas. On devine qu'aucun client ne peut être servi pendant le service divin.

Pour que personne ne puisse plaider l'ignorance, la consigne veut que les cabaretiers affichent les règlements dans chacune des pièces où ils donnent à boire et à manger. On les enjoint également de rapporter aux lieutenants généraux chargés de la police ou au procureur du roi tout manquement à l'observance de la réglementation.

Le Conseil supérieur en profite pour interdire aux indigènes, à leurs femmes et à leurs enfants de s'enivrer, sous peine de châtiment corporel. On interdit également aux Français de leur donner de l'alcool *jusqu'à cet excès, sous les mêmes peines.*

Jusqu'ici, nous avons surtout mentionné Québec et ses édits. C'est que le Conseil supérieur y siégeait et que le palais de l'intendance s'y trouvait. Mais il va de soi qu'édits et ordonnances émanant des deux sources s'appliquaient dans l'ensemble de la Nouvelle-France. Cependant, les autorités locales les assortissaient parfois de règlements particuliers.

Dans le cas de Montréal, l'archiviste E.-Z. Massicotte en a relevé dans les Archives judiciaires. En 1659, le sieur de Maisonneuve fait défense de vendre des boissons, en gros ou en détail, sans un permis écrit; il prohibe en même temps les jeux de hasard. Cinq ans plus tard, il émet une ordonnance au sujet de la vente d'alcool aux indigènes.

En 1669, l'intendant Claude de Boutroue, qui a succédé à Talon après que celui-ci eût terminé son premier mandat, signe un document défendant aux cabaretiers de Montréal de donner à boire et à manger aux personnes domiciliées en ce lieu, les dimanches et fêtes, surtout pendant le service divin.

La dernière moitié du XVIIe siècle sera marquée de diverses ordonnances concernant la vente de l'alcool. Ainsi, pas plus à Montréal qu'à Québec, les débits d'alcool ne fonctionnent sans surveillance ni impunément.

Vers la fin du XVIIe siècle, certains Montréalais fabriquaient du vin domestique. Un missionnaire jésuite, le Père Claude Chauchetière, se fixait à Montréal en 1694, après avoir exercé son ministère à la mission iroquoise du Sault-Saint-Louis. On avait confié à cet excellent mathématicien la tâche de professeur auprès des garçons. Il écrivait, cette année-là: *L'on prétend cette année faire du vin, car il y a icy proche une vigne appartenante aux Messieurs qui produit du vin de France.* Ainsi, les Sulpiciens avaient importé des plants. Il ajoutait: *Plusieurs ont de la vigne dans leurs jardins et le raisin y est fort bon.*

Des règlements plus vigilants

Il faudra attendre encore plusieurs années avant qu'une législation globale ne vienne régir le domaine de la vente des boissons alcooliques au pays. Tout le premier quart du XVIIIe siècle sera marqué d'interventions ponctuelles qu'il n'est pas inintéressant de rappeler, car elles révèlent quelques aspects des us et coutumes de l'époque.

Le 22 août 1701, à la suite de représentations formulées par les Messieurs de Saint-Sulpice, l'intendant Bochart de Champigny annule d'un seul trait de plume tous les permis accordés aux cabaretiers de Montréal. Lorsque Jean Petit, archer de la maréchaussée, affiche l'ordonnance, on peut deviner que les *Montréalistes* dessilèrent les yeux; heureusement pour eux, il était prévu que les établissements pourraient rouvrir leurs portes, à la condition d'obtenir un nouveau permis, renouvelable deux fois par année.

L'alcool fait toujours des ravages chez les indigènes. En 1702, nouvelle ordonnance royale défendant aux habitants d'enivrer ceux avec qui ils font commerce, sous peine de confiscation des boissons et d'une amende applicable pour moitié au dénonciateur; advenant récidive, il y aura châtiment corporel. Trois ans plus tard, l'intendant Jacques Raudot revient à la charge. Toute personne trouvée coupable de vente ou de troc de boissons enivrantes auprès de la même clientèle devra verser une amende de cinq cents livres.

En 1705, le même haut fonctionnaire décrète que les marchands qui auront importé des vins et des eaux-de-vie de France auront le privilège exclusif, conjointement avec les hôteliers et les cabaretiers, d'en débiter au détail, mais ils devront *mettre un bouchon à leurs portes* (c'est-à-dire fixer à l'entrée de l'établissement un rameau de verdure pour indiquer que l'on y sert à boire).

En 1706, Raudot, à la faveur de règlements sur l'urbanisme, autorise la tenue d'un marché, les mardi et vendredi, sur la place d'armes, à Montréal; il est dès lors fait défense aux gens de la campagne *de vendre par les maisons à peine de 3 livres;* et aux hôteliers et cabaretiers, interdiction d'acheter au marché avant huit heures du matin, aussi *à peine de 3 livres,* une bien étonnante restriction!

La culture de la vigne s'est certes développée, ou en tout cas la production du vin à partir de plants sauvages, car les citoyens vont trop souvent sur des terres privées mais non encore défrichées, afin d'y cueillir des raisins, même de couper des ceps. En 1707, un règlement prévoit une amende de dix livres à quiconque pénétrera ainsi sur le bien d'autrui, les propriétaires étant privés de ces fruits *pour faire des huiles et du vin.*

En juin 1710, le lieutenant général civil et criminel de Montréal, Fleury-Deschambault, signe une ordonnance défendant à quiconque de vendre des boissons alcooliques, *même de la bière,* sans permission, *dans ou hors de la ville.*

La même année, Antoine-Denis Raudot agit pour son père en qualité d'intendant. Il est allé à bonne école: le 23 juin (1710), il émet une ordonnance sévère. Personne n'aura le droit de vendre des boissons alcooliques à Montréal ou à l'extérieur de la ville, sous peine de cinquante livres d'amende ou, en cas de récidive, de cent livres, en plus d'être chassé. Il n'y aura plus que dix *cabarets aubergistes,* et ceux-ci ne devront pas donner à boire aux Français après neuf heures du soir, et jamais aux indigènes, sous peine de cinquante livres d'amende et du double s'il y a récidive, avec, dans le deuxième cas, perte de leur privilège. Quant aux personnes qui débitent de l'alcool par *pot et pinte,* l'amende sera de cinq cents livres, et du double en cas de récidive, s'ils acceptent de servir les indigènes.

Cependant, neuf autres cabaretiers seront autorisés à vendre de la bière aux *Sauvages,* sous plusieurs restrictions, en plus de vendre, eux aussi, *toutes sortes de boissons* aux Français. Les avocats de l'égalité verront sans doute ici une forme d'apartheid bien antérieure au mot lui-même!...

Première législation globale

C'est seulement en 1726 que surviendra la première législation *globale* sur les boissons alcooliques, sous la forme d'une ordonnance de l'intendant Claude-Thomas Dupuy. Elle est datée du 22 novembre et comporte quatorze articles:

1. Nul habitant ou bourgeois de Québec, de Montréal ou des Trois-Rivières ne pourra exploiter un établissement où l'on boit du cidre, de la bière, du vin ou de l'eau-de-vie sans une permission expresse portant la signature de l'intendant, et tel établissement ne pourra vendre aucune autre marchandise.
2. Les personnes qui détiennent déjà un permis dans ces villes devront le rendre à l'intendant ou à ses subdélégués dans la huitaine pour ce qui est de Québec, dans le mois ou les deux mois dans le cas des Trois-Rivières et de Montréal, respectivement; ceci illustre bien la lenteur des communications à cette époque. Quant à celles qui pourraient tenir cabaret sans en avoir obtenu la permission, elles sont enjointes d'en assurer la fermeture sous huitaine après publication de l'ordonnance; autrement, les boissons trouvées chez elles seront confisquées au profit des hôpitaux.

Un alambic

3. Les cabaretiers qui débiteront du vin, de l'eau-de-vie et autres boissons *à petites mesures* devront garnir leur établissement d'un bouchon de verdure de pin et d'épinette, *ou autres branchages de durée,* qui conserve sa verdure en hiver; ils pourront y ajouter une enseigne. Aubergistes et hôteliers sont astreints à l'enseigne, mais non au bouchon.

4. Les cabaretiers et particuliers qui voudront tenir auberge ou hôtellerie et loger des clients *à la nuit ou en chambre garnie* dans les trois villes déjà mentionnées devront requérir un permis auprès de l'intendant.

5. Les détenteurs de tels permis auront l'obligation, tous les quinze jours, de remettre la liste des clients qui auront logé chez eux: noms, surnoms et *désignation d'état et de figure.* Advenant que ceux-ci refusent de s'identifier ou semblent donner une fausse identité, les tenanciers doivent leur assurer le gîte, mais rapporter tout de suite le cas à l'autorité compétente, sous peine d'être responsables des désordres que pourraient commettre ces clients tant dans les villes qu'en dehors, jusqu'à une distance de dix lieues pendant les quinze jours suivant leur départ de l'établissement.

6. Aubergistes, traiteurs et hôteliers devront maintenir une salle basse, une cour ou un jardin où ils donneront à boire aux clients qui viendront chez eux dans le but de *faire des écots de vin ou autres boissons seulement;* sans doute s'agissait-il d'une clientèle de groupes dont les membres payaient leur quote-part de frais commun.

7. Cabaretiers, traiteurs et aubergistes ne devaient pas servir à boire après dix heures du soir dans les lieux réservés pour les échos ni tolérer la présence de buveurs dans leur cabaret ou leur maison fermée, à moins qu'ils n'y logent, sous peine d'une amende de cent livres et d'une peine plus grande en cas de récidive.

8. Cabaretiers et traiteurs qui n'étaient ni hôteliers ni aubergistes ne pouvaient servir à boire dans une *chambre à lit* ni dans les pièces où il y avait des meubles autres que des tables ou des bancs de bois, à moins que ce ne fût dans la chambre du maître.

9. Il était défendu aux cabaretiers de laisser jouer aux dés et aux cartes ou même fumer, sous peine de dix livres d'amende par tête; dans le cas des clients qui s'enivreraient, jureraient ou blasphémeraient, l'amende serait de cinquante livres.

Les quatre articles suivants concernent toutes les catégories de tenanciers: cabaretiers, traiteurs, hôteliers et aubergistes.

10. Défense de donner à boire aux soldats, sauf un peu d'eau-de-vie ou de vin le matin et aux deux repas du matin et du soir. Interdiction aussi de servir les laquais ou valets-domestiques, portant livrée ou non et quelle que soit l'heure de la journée, sans permission écrite de leurs maîtres, qu'ils produiront à leur décharge; le tenancier fautif paiera cinquante livres d'amende pour une première offense et son établissement sera fermé en cas de récidive, et s'il constate qu'un laquais ou un valet-domestique se travestit pour obtenir à boire, il doit en avertir son maître.

11. Mais permission néanmoins de donner à emporter, tant aux soldats qu'aux gens de maison déjà cités, une quarte (deux pintes) de bière, une pinte de vin et une chopine d'eau-de-vie, sauf s'ils sont munis d'une autorisation d'en prendre davantage, laquelle le tenancier retiendra pour la produire à l'autorité s'il en est requis.

12. Défense, dans le cas des militaires comme des gens de maison, d'accepter en paiement des hardes, bouteilles de verre, de faïence ou de grès,

des plats, assiettes, cuillers, fourchettes *et autres ustensiles d'hôtel;* autrement, le tenancier sera réputé receleur et puni comme tel.

13. Les établissements devront demeurer fermés les dimanches et fêtes pendant le service divin, soit, le matin, *depuis neuf heures sonnés jusqu'à onze heures sonnantes,* et, l'après-midi, *depuis deux heures sonnées jusqu'à quatre heures sonnantes,* sous peine d'*amende arbitraire,* puis de fermeture s'il y a récidive. Amusante distinction entre les heures sonnées et les sonnantes. Tant que l'horloge égrène une heure dite, elle n'a pas fini de tinter!

Enfin, le dernier article entendait protéger les tenanciers.

14. Marchands et négociants de Québec, de Montréal et des Trois-Rivières ne pourront débiter de boissons alcooliques au détail: ni contre argent, ni contre marchandises. Ils ne pourront effectuer de ventes pour des quantités inférieures à une demi-barrique dans le cas du vin et à une ancre (environ 16 gallons) s'il s'agit d'eau-de-vie, sous peine d'une amende de deux cents livres, dont la moitié ira au dénonciateur.

Ce fut, nous le répétons, la première législation canadienne au moyen de laquelle l'autorité compétente tenta d'aborder tous les problèmes de la vente et de la consommation des boissons alcooliques, et c'est la raison pour laquelle nous lui avons accordé autant d'importance.

Bien sûr, alors comme aujourd'hui, s'efforcer de colmater les brèches ne voulait pas dire les juguler toutes. Dès le 31 décembre, treize mois après la publication de l'ordonnance, un marchand de Québec, le sieur Lamorille, aîné, comparaissait devant l'intendant Dupuy, accusé d'avoir vendu une chopine d'eau-de-vie à un soldat. Le prévenu voulut s'en tirer en expliquant qu'en fait, sa femme, en son absence, avait consenti à la transaction parce que... *c'était pour un malade.* Paternel, Dupuy rappela au négociant qu'il n'existait pas d'exception à la règle, l'invita à ne pas récidiver et à verser une amende de deux cents livres destinée moitié à l'Hôtel-Dieu, moitié à l'Hôpital Général.

Boissons et repas

Que boit-on à table, dans la vallée du Saint-Laurent, vers cette même époque? L'excellent conteur Philippe Aubert de Gaspé, auteur des *Anciens Canadiens,* qui était jeune alors (il est né en 1714), a jeté sur le papier plusieurs souvenirs de son adolescence. Le buffet de la salle à manger, rapporte-t-il, comportait une tablette destinée à un grand pot d'argent rempli d'eau, *pour ceux qui désiraient tremper leur vin,* de même qu'à quelques bouteilles de ce *divin jus de la treille.* De façon générale, le vin ne figurait sur la table qu'au moment du dessert, et c'était du blanc; les domestiques qui avaient fait le service des viandes jouaient alors le rôle d'*échansons.* On aurait deviné, par le recours à ce terme, qu'Aubert de Gaspé ne décrivait pas le régime alimentaire de la masse, mais bien celui des seigneurs. Dans un coin de la pièce, d'ailleurs, il note la présence habituelle d'un meuble garni de flacons carrés contenant de l'eau-de-vie, de l'absinthe, des liqueurs de framboise, de cassis, d'anisette, etc., *pour l'usage journalier.*

Pierre Kalm, savant naturaliste suédois venu en Nouvelle-France au cours de l'année 1749, a consigné beaucoup d'observations dans son journal de voyage. Il note, par exemple, qu'on est très matineux au Canada: le gouverneur général donne même audience dès sept heures! Au lever, les uns *se contentent d'un morceau de pain trempé dans de l'eau-de-vie,* alors que d'autres *commencent par le petit verre et mangent un crouton ensuite.* Au repas du midi, on boit généralement du bordeaux coupé d'eau. La bière d'épinette, dit-il, est très en vogue et les dames boivent rarement du vin.

À la santé de l'ennemi!

Halte! Nous allions franchir presque imperceptiblement le seuil de la Conquête sans évoquer la gentilhommerie du comte de Bougainville : fils de notaire, lui-même avocat, Bougainville a été nommé aide de camp du marquis de Montcalm. Après la glorieuse victoire de Carillon (8 juillet 1757), Bougainville est envoyé au camp des Anglais pour traiter d'un échange de prisonniers. Il y rencontre le général vaincu, James Abercromby, qui lui dit mille gentillesses. Dans le cours de la conversation, celui-ci déclare que la forteresse de Louisbourg tombera aux mains des Anglais; Bougainville prétend le contraire et un pari s'engage entre eux : *Deux paniers de vin de Champagne contre deux paniers de bière de Londres que Louisbourg tiendra toujours le 15 août,* dit Bougainville. *Tenu*, réplique le général. Abercromby garda l'officier français une journée de plus afin de le conduire dans une île du lac Saint-Sacrement (aujourd'hui, le lac George, dans l'État de New York), où on lui fit *une halte superbe.* Bougainville perdit son pari; homme d'honneur, il n'a sûrement pas forfait à sa parole.

Ces échanges d'aménités étaient monnaie courante à l'époque. À l'automne de 1759, Bougainville est chargé spécifiquement d'empêcher tout débarquement en amont de Québec. Malgré la gravité de l'heure, les échanges de lettres et de billets continuent. Il y a un autre James Abercromby dans l'armée anglaise, un capitaine, neveu du premier, qui ne manque jamais l'occasion de s'exercer à la langue de Versailles quand il s'adresse à son *cher confrère.* Cette fois, il lui écrit qu'il partage l'opinion de Voltaire sur *l'inutilité des quelques arpents de neige qu'on se dispute au Canada,* puis il lui rappelle son pari au sujet de Louisbourg, les bouteilles de vin de Champagne qu'il lui doit. *Je viendrai les boire à Québec ou à Montréal,* ajoute-t-il avec une amicale impertinence.

Il faut dire que, profitant de l'aimable empressement d'un parlementaire anglais, Bougainville avait déjà fait parvenir à son... ennemi-ami un panier de vin pour le remercier d'un panier de bière de Bristol que le capitaine lui avait envoyé par le même truchement, *nécessaire et bon exemple à donner à ce pays barbare,* écrit Bougainville, *non seulement de l'humanité, mais de la politesse entre ennemis qui se font la guerre.*

On peut citer un autre exemple de cette courtoisie en relatant un petit incident qui eut lieu à cette même époque. Au début de juillet 1759, le général Wolfe délègue auprès de l'intendant Bigot un parlementaire porteur de deux bouteilles de liqueur : sur les navires anglais se trouvent une vingtaine de Françaises qui ont été faites prisonnières lors de la capture d'un voilier. Leur présence à bord constitue un sérieux problème, les équipages n'ayant pas vu de femmes depuis qu'ils ont fait voile il y a déjà quelques mois. Wolfe souhaite qu'on lui envoie des chaloupes pour les cueillir. Ce qui fut fait...

Les Anglais aussi aiment se «rafraîchir»...

En 1760, le rideau tombe sur le Régime français. Peu à peu, la vie quotidienne reprend son cours. C'est le commandant en chef des armées anglaises de l'Amérique du Nord, Jeffrey Amherst, qui devient le gouverneur intérimaire du pays, une administration militaire qui durera trois ans, soit jusqu'au traité de Paris.

Il y a disette. Peut-être résulte-t-elle autant des malversations de Bigot et de ses satellites que de la guerre. Dès le 22 septembre — quatorze jours seulement après que le gouverneur de Vaudreuil eut capitulé à Montréal —, Amherst informe les Canadiens qu'il a communiqué avec les gouverneurs des colonies anglaises les plus proches, car la saison est déjà trop avancée pour espérer recevoir des secours de l'Europe avant l'hiver. Il leur a demandé d'envoyer au Canada des denrées et des *rafraîchissements.* Sans doute s'agit-il là d'un aimable euphémisme, car les Anglais ont l'habitude de recourir à de tels adoucissements de langage.

Amherst a évidemment donné des gouverneurs militaires aux villes de Québec, de Montréal et des Trois-Rivières: les généraux James Murray, Thomas Gage et Ralph Burton, respectivement. Il sait bien que, plus vite les gens du pays reprendront la vie normale, plus il a de chances de gagner leur affection à l'endroit de leur nouveau souverain.

Dès le 1er mai 1761, Gage rouvre les établissements où l'on peut étancher sa soif et répandre un peu du baume de l'oubli sur les... déboires de la défaite. Il sera permis de vendre des boissons alcooliques dans la ville de Montréal et le reste du territoire qu'il a sous sa juridiction. On peut présumer que semblable décision a été prise par ses collègues de Québec et des Trois-Rivières. Mais attention: nul n'aura le droit de vendre ses produits, ni en gros, ni au détail, aux soldats, pas plus qu'aux autochtones.

Lors de la signature du traité de Paris, le Canada passe officiellement sous l'hégémonie de Londres. C'est la fin de trois années de régime militaire. Paulus Amilius Irving est nommé lieutenant-gouverneur de Montréal. En 1766, il sera promu administrateur de cette nouvelle province du Canada que le sort des armes a rattachée à la couronne de George III. Il n'occupera ce poste que quelques mois, mais aura le temps d'émettre une ordonnance: toute personne souhaitant vendre des boissons alcooliques pourra en obtenir le permis auprès du *député secrétaire* de la province à la condition d'avoir l'approbation des juges de paix, d'acquitter les droits exigés et de donner caution en garantie du maintien du bon ordre dans son établissement.

Mais peut-être Irving s'était-il montré trop laxiste. En novembre (1766), on le destituait, et dès l'année suivante, son ordonnance était rescindée et remplacée par une autre: en plus d'acquitter les droits prévus et de fournir caution, le candidat devait produire non pas la recommandation de juges de paix, mais un certificat portant la signature de quatre chefs de famille de sa paroisse ayant bonne réputation et de situation financière bien établie, attestant de sa sobriété et de son bon comportement.

Le cidre de nos premiers vergers

Nous avons fort peu parlé de cidre jusqu'à maintenant. C'est que, semble-t-il, les pionniers n'en ont pas produit de façon notable, sauf peut-être pour leur usage personnel. En tout cas, nous n'avons trouvé aucune mention de cidrerie dans nos annales, bien que beaucoup de colons soient venus de Normandie. Samuel de Champlain et les premiers Jésuites plantèrent des arbres fruitiers. Dès 1634, ces derniers possédaient beaucoup de jeunes pommiers et poiriers, à Québec. Comme dans le cas de la vigne sauvage, il est possible que les pommes indigènes ne se soient pas prêtées aussi bien que celles de France, produites par des espèces cultivées, à la fabrication du rafraîchissant nectar.

Évoquons ici la mémoire de Jean Laframboise, fondateur de la localité de Chazy, que l'on franchit en entrant dans l'État de New York en provenance de Québec.

Quand les Français se retirèrent du fort de Carillon (Ticonderoga) pour se replier vers le nord, Laframboise et deux compagnons s'attardèrent là où se trouve maintenant cette petite ville. Il obtint en 1768 l'autorisation de s'y fixer.

Mais Laframboise joua de malheur. En 1777, les soldats de Burgoyne brûlèrent sa maison et l'amenèrent avec eux vers le sud. Six ans plus tard, il revenait chez lui et construisait une nouvelle maison. C'est lui qui dota Chazy de son premier verger et, pour tirer profit de ses efforts, il établit sa propre cidrerie sur les bords d'un ruisseau qui traversait sa ferme et qui actionnait son installation.

De nos jours, on prononce à l'anglaise cette appellation de Chazy. Elle rappelle le souvenir d'un capitaine de Chazy, du régiment de Carignan, neveu du marquis de Tracy, tué par les Iroquois alors que des soldats de cette unité s'employaient à ériger un fort dans l'île de Lamothe, à l'entrée du lac Champlain.

L'aventure industrielle de John Molson

Avec l'avènement du Régime anglais, la consommation de la bière connaîtra auprès de la masse une faveur sans précédent.

L'année même de la signature du traité de Paris (1763) naissait dans le comté de Lincolnshire, Angleterre, celui qui allait fonder au Canada ce que l'on pourrait appeler la dynastie des Molson.

Lorsque John Molson arriva à Montréal, en 1782, il existait déjà, au pied du courant Sainte-Marie, une petite malterie-brasserie appartenant à un certain Thomas Loid. Le jeune Molson s'associe avec lui puis, quelques mois plus tard, devient seul propriétaire de l'établissement. Il passe l'hiver de 1785-1786 à Londres pour recueillir un héritage et s'intéresse aux travaux de James Watt, notamment à une machine que l'inventeur a mise au point à l'intention des brasseurs, et dont la célèbre firme Whitbread possède un exemplaire. Il y a déjà plus d'une centaine de brasseries à Londres. Cinq d'entre elles produisent à elles seules un demi-million de gallons de bière annuellement! Si John Molson avait manqué d'assurance, le seul constat de cette prospérité aurait suffi à le dynamiser.

En 1830, des ouvriers de la brasserie Molson fabriquent des tonneaux. Malgré les outils rudimentaires dont ils disposaient, on considère que la solidité et la qualité de leurs barils sont égales à celles que l'on fabrique aujourd'hui.

En 1809, John Molson lançait sa précoce *Chaloupe à fumée*, nommée l'*Accomodation:* le premier navire à vapeur du Canada; Molson devint ainsi l'instigateur du premier service régulier par eau entre Québec et Montréal.
Denison, Merrill, Au-Pied-du-Courant

À la fin du printemps 1786, le voilà de retour à Montréal. Il s'emploie dès lors à l'essor de sa nouvelle entreprise. Il note tout. *J'ai acheté aujourd'hui huit boisseaux d'orge: mon début dans le grand jeu du monde,* écrit-il à la date du 28 juillet. À la fin d'août, la brasserie entre en production. Les Molson n'ont jamais cessé de brasser de la bière au même endroit depuis deux siècles! Le jeune John avait bien raison d'écrire à un ami, dès la première année: *Mes perspectives d'avenir m'apparaissent sous le jour le plus favorable.*

Il serait superflu même de résumer l'histoire de cette entreprise qui s'est intimement intégrée à l'histoire montréalaise. Son fondateur en a même marqué certains jalons de pierres blanches qui méritent d'être mentionnés.

En 1809, John Molson lance sa précoce *chaloupe à fumée,* nommée l'Accommodation: le premier navire à vapeur canadien; il devient ainsi l'instigateur du premier service régulier par eau entre Québec et Montréal et, bientôt, son *Swiftsure* et sa *Lady Sherbrooke* assurent une liaison bi-hebdomadaire entre les deux ports; on lui a décerné le titre fort mérité de *Bourgeois des Steamboats.*

En 1817, John Molson dote Montréal de son premier hôtel digne de ce nom, la *Mansion House,* et le déjà célèbre *Beaver Club* y tient ses agapes. Puis il devient membre du conseil d'administration de la première institution bancaire du pays, la Banque de Montréal. Il contribue à la mise en place de plusieurs services publics, dont l'éclairage des rues par le gaz et le transport ferroviaire: une locomotive porta même son nom.

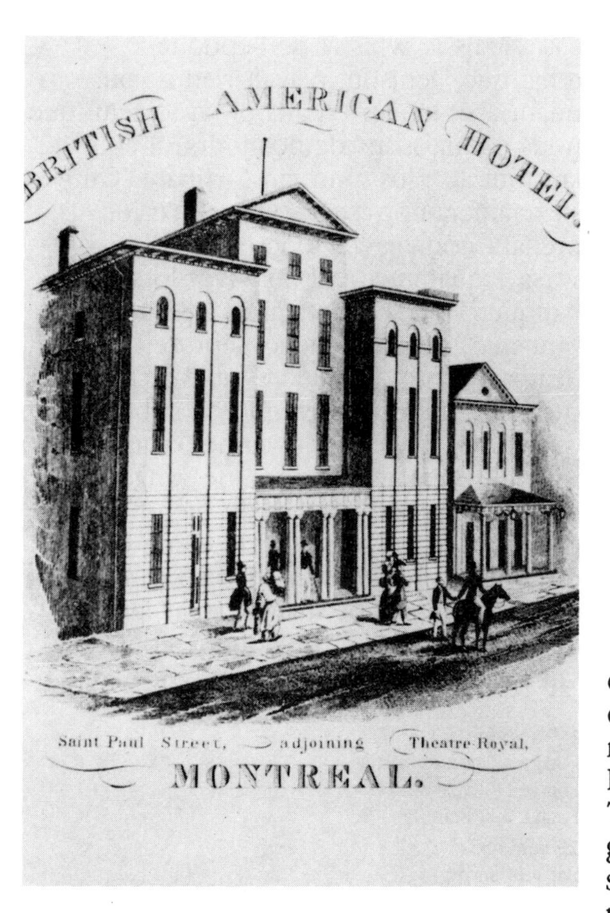

On pourrait dire de John Molson qu'il fut non seulement une... locomotive de la finance et de l'industrie canadiennes, mais aussi un mécène de l'art scénique. En 1825, il dotait Montréal de son premier Théâtre Royal et, dès l'année suivante, le grand tragédien Edmund Kean s'y produisait dans *Richard III,* de Shakespeare, puis dans *Othello, Le marchand de Venise* et *Hamlet.*

Mais dans le domaine des boissons alcooliques, John Molson ne s'en tint pas à la production industrielle de la bière. Dès 1794, John Graves Simcoe, alors lieutenant-gouverneur du Haut-Canada, constatait qu'il était difficile d'écouler sur le marché le surplus de la production de grain et qu'en conséquence plusieurs alambics privés avaient été installés. Six ans plus tard, avec une population de moins de 15 000 âmes, cette province avait déjà émis une cinquantaine de permis pour distillation.

À Québec, dès 1767, James Grant, fournisseur de l'armée, avait établi une distillerie de rhum, afin de tirer profit du sucre et de la mélasse reçus des Antilles en échange de la morue qui leur était expédiée. Jadis, les peaux de castor constituaient une véritable monnaie de troc. Le rhum devenait une devise stable du commerce.

Vingt ans plus tard, l'entreprise de Grant construisit une nouvelle distillerie à Québec et en ouvrit une à Montréal; au total, la capacité de production avait acquis un potentiel de 400 000 gallons.

Il semble que ce soit une partie de l'outillage de l'entreprise montréalaise que John Molson acheta. La maison Molson fut la première à exporter en Angleterre des spiritueux de fabrication canadienne. Pendant près d'un demi-siècle, les Molson demeurèrent les plus importants distillateurs du pays.

Dans son volume bien documenté, traduit par Alain Grandbois et paru en 1955 sous le titre de *Au Pied du Courant,* Merrill Denison n'hésite pas à écrire que le Canada doit à l'alcool son accession au peloton des nations. Qui finança l'évolution du pays, depuis son statut colonial jusqu'à ce niveau? demande-t-il. C'est plutôt le produit des droits de douanes imposés aux boissons alcooliques, que celui de ses fermes et de ses forêts, avance-t-il.

Mais le whisky de l'époque, remarque Denison, n'avait rien à voir, quant à sa teneur en alcool, avec celui que nous connaissons de nos jours: il équivalait tout au plus à un vin fortifiant. Ouf! s'exclamera-t-on avec soulagement en prenant connaissance de ce que l'on versa à quarante-neuf convives lors d'un banquet servi à Montréal en 1829: vingt bouteilles de champagne, sept de bordeaux, quinze de madère, huit de porto et treize de sherry... ainsi que de la bière et du whisky. Faites la moyenne par tête!

Et puisque personne ne songerait à dissocier le bien manger du bien boire, pourquoi ne pas évoquer le menu d'un dîner que John Molson offrit en sa *Mansion House* à un groupe d'amis, pour faire quelque peu saliver quiconque considérerait la gastronomie comme un *vice* récent?

1er service
Potage à la fausse tortue
Potage Mullagatawny
Potage à la Reine

2e service
Bar cuit au porto
Doré bouilli
Maskinongé rôti

3e service
Jambons bouillis au champagne
Pattes de mouton bouillies
Dindes bouillies
Poulets bouillis
Langues bouillies
Boeuf salé et bouilli

4e service
Selles de mouton
Boeuf rôti
Porc rôti
Cochon de lait rôti
Dindes rôties
Agneau rôti
Poulets rôtis
Veau rôti
Filets de veau rôtis
Perdrix rôties
Canards, sarcelles, bernaches et ailes bleues
Bécasses et bécassines
Pâtés et vols-au-vent
Ragoût de veau

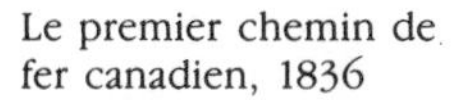
Le premier chemin de fer canadien, 1836

5e service
Pudding aux prunes et au riz
Tartes *mince meat* et aux pommes hachées
Pieds de veau en gelée
Blanc-Manger
Glace et crème fouettée
Gâteau éponge et pièces montées

6e service
Amandes, raisins, figues, oranges
Pommes, pêches en conserve
Poires et cerises

Quelle invitation à la gourmandise!

Autres brasseurs de malt et de houblon

On ne manquait certainement pas de bière en cette fin du XVIIIe siècle, car les brasseries fonctionnaient à plein rendement. Molson avait maintenant de la concurrence. En 1790, un jeune brasseur écossais, Thomas Dunn, s'établissait à Laprairie; de là, il était en mesure d'expédier ses produits par voie d'eau, soit vers l'État de New York, soit vers les localités qui s'échelonnaient sur les deux rives du Saint-Laurent. En 1818, Dunn résolut de transporter ses bouilloires rue Notre-Dame, à Montréal, là où se trouve de nos jours le centre de production O'Keefe.

La brasserie de Saint-Lin (*L'Opinon Publique*, 6 septembre 1877)

Cette année 1818 marque une importante étape dans l'essor des brasseries: William Dow, fils d'un brasseur écossais, entrait au service de Dunn et prenait charge des bouilloires, pour devenir éventuellement son associé. Et, la même année, arrivait au Haut-Canada un jeune fermier nommé Tom Carling, qui entreprit de fabriquer de la bière au moyen d'une recette dont il s'enorgueillissait: devant l'appréciation de ses parents et amis, il décida de la commercialiser; c'était à London. Il s'adjoignit ses deux fils, William et John. La brasserie Carling allait connaître une grande prospérité.

Au chapitre de la concurrence, ajoutons un autre nom à ces pionniers. En 1811, Thomas Dawes construisait une petite brasserie à Lachine. L'entreprise se développa rapidement et il fallut bientôt songer à déménager une partie de ses installations rue Saint-Paul, à Montréal.

À Québec, on n'était pas au régime sec. Dès le début du XIXe siècle, un certain J.C. Racey y érigeait une brasserie commerciale. Elle passa plus tard aux mains de l'homme d'affaires Joseph Knight Boswell qui, en 1855, achetait l'emplacement de l'ancienne brasserie de l'intendant Talon et faisait ainsi remettre au jour des voûtes historiques. Boswell fut le deuxième maire de Sillery (1860-1866).

...ners in paste and liquid form, marine paints in liquid and paste form, wagon and implement paints, stains for wood, varnishes, lacquers, gold paint, coach and carriage builders' varnish, and sundries of a kindred nature in infinite variety. The purity, brilliancy, and durability of the paints and colors manufactured by the Canada Paint Company have gained for them a deservedly high class reputation at home and abroad. Bridge and construction painting material is a specialty with the Canada Paint Company, who mine and manufacture their own paint from the first stages.

The main works and head offices of the company are at 572 Wililam Street, Montreal, the company also possess an extensive varnish factory in Leslie Street, Toronto, which is also used as an entrepot for the western trade, carrying an immense stock there for that purpose. Mr. S. F. McKinnon, of Toronto, is the President of the company, and Mr. Robert Munro, resident in Montreal, the Managing Director, the latter gentleman having been one of the principals in organizing and bringing this company to its present state of efficiency and undoubted prosperity.

W. J. Rafferty.

The largest bottler of ales and porter in Montreal, W. J. Rafferty has acquired a great reputation,

W. J. Rafferty.

for the splendid condition his goods always possess. He is the authorized bottler for Dow's Brewery. His extensive establishment is at 33, 35 and 37 Vallee street, Montreal.

W.J. Rafferty était le plus important embouteilleur de bière, à Montréal, au début du siècle. Il était réputé pour la condition splendide des biens qu'il possédait. Rafferty était l'embouteilleur autorisé de la célèbre brasserie Dow. (*The Book of Canada*, 1904, p. 131)

La brasserie de Beauport. Située au pied de la côte des Pères, à l'ouest de la rivière Beauport, près de 150 hommes y furent employés au traitement du malt et du houblon de 1895 à 1908. On y produisait plus de 25 000 barils de bière par année. Acquise et désaffectée par les « National Breweries », elle fut démolie en 1932. (Calendrier de photos anciennes de Beauport, 1634-1934; env. 459)

TEMPÉRANCE, PROHIBITION ET... CONTREBANDE

Permis et Loi de tempérance

En 1839, John Colborne, nouveau gouverneur général du Canada, modifie la réglementation et resserre les conditions exigées pour l'octroi des permis d'hébergement. À Québec, à Montréal et aux Trois-Rivières, les juges de paix ne pourront plus émettre des certificats à leur convenance, mais bien à la faveur d'une session annuelle. Dans les campagnes, les requérants devront obtenir un document portant les signatures du plus ancien juge de paix, de l'officier de milice le plus élevé et du marguillier en charge, reconnaissant non seulement son honorabilité, mais aussi l'existence, dans son établissement, de commodités nécessaires aux voyageurs. Mais ceci ne donne pas automatiquement droit à un permis : le gouverneur garde en cela un pouvoir discrétionnaire.

Vers la même époque survient une levée de boucliers contre l'intempérance. C'est chez les protestants, semble-t-il, que le mouvement se dessine tout d'abord, avec la création de plusieurs sociétés à Montréal et à Québec au cours de l'année 1836. Quatre ans plus tard, le curé de Beauport, l'abbé Charles Chiniquy, lance une croisade qui connaîtra un immense succès. Un peu partout s'élèvent des croix de tempérance. Après un court séjour chez les Oblats de Longueuil, l'abbé se consacre à la prédication. Orateur de première force, il sait entraîner les foules, les séduire par son éloquence. En 1844, il publie son *Manuel ou règlement de la Société de tempérance,* dédié à la jeunesse.

Les autorités gouvernementales ne peuvent faire la sourde oreille devant ce qui devient un tollé général contre l'alcoolisme. En 1848, elles créent un comité chargé d'entendre des mémoires en vue de l'adoption de mesures législatives. Les intervenants se répartissent également entre francophones et anglophones. Il en résulte l'année suivante un rapport favorable à la prohibition absolue de l'importation, de la fabrication et du commerce des boissons alcooliques! Mais devinant bien qu'une telle recommandation serait jugée trop draconienne, on se contente de quelques suggestions, dont l'augmentation du coût des permis.

En 1850, l'*Acte pour mieux réprimer l'intempérance* est adopté, mais on constate vite que son application sera difficile. On le remplace dès 1851 par l'*Acte pour mieux régulariser le mode d'octroyer des licences aux aubergistes et trafiquants de liqueurs fortes dans le Bas-Canada, et pour réprimer plus efficacement l'intempérance.* Quelle... intempérance de mots!

Il existe dès lors six catégories de permis : d'auberge, d'hôtel ou de taverne pour la vente au détail de toutes boissons alcooliques; d'auberge ou de taverne, autorisant celle du vin, de la bière et du cidre, mais non du rhum ni de l'eau-de-vie; d'hôtel de tempérance, où l'on accueillera la clientèle des voyageurs sans servir à boire; de magasin ou de boutique pour la vente de toutes boissons alcooliques à emporter, en quantité minimale de trois demiards; de bateau à vapeur, pour toutes les boissons; et de bateau à vapeur pour le détail du vin, de la bière et du cidre seulement.

Le rapport Thinel, en 1971, estimera que cette législation, parce qu'elle introduit la notion d'utilité publique, de même que la pluralité des permis, constitue une étape importante dans l'évolution des mesures juridiques en ce qui a trait à la vente des boissons alcooliques au Québec.

La responsabilité du détenteur de permis s'accroît, et l'obtention même du permis devient encore plus difficile. Tout requérant qui souhaite exploiter une auberge, une taverne, un hôtel de tempérance ou une autre maison d'*entretien public* doit s'adresser aux inspecteurs du revenu avec un certificat approuvé par le conseil municipal et comportant les signatures de cinquante électeurs municipaux qui attestent connaître personnellement le candidat, le jugeant sobre, de bonne réputation et apte à tenir un tel établissement, et qui assurent qu'un tel établissement est nécessaire et aménagé dans le respect de la réglementation! Et le requérant doit fournir caution garantissant le paiement de toute pénalité qui pourrait lui être imposée.

Sous le Régime français, les amendes perçues allaient en partie aux hôpitaux. Il semble que maintenant elles sont versées dans les coffres gouvernementaux. N'empêche qu'à Québec on impose une taxe sur la vente de l'alcool pour que soit ainsi remboursé le coût d'une prison qui va plus tard devenir le Morrin's College. Philippe-Joseph Aubert de Gaspé, futur auteur des *Anciens Canadiens,* y a été emprisonné pour dettes, ayant été le *banquier* de ses amis, la *caution du premier venu.*

L'espace ne nous permettrait pas même de résumer les lois et les mesures adoptées à l'extérieur de l'ancien Canada-Uni pour réglementer la vente des boissons alcooliques et favoriser la tempérance. Soulignons néanmoins que c'est au Nouveau-Brunswick, en 1855, qu'est adoptée pour la première fois en Amérique du Nord britannique une législation de prohibition. C'est le secrétaire de la province, Samuel Leonard Tilley, qui se fait le parrain du bill; celui-ci n'est voté que par vingt-et-une voix à dix-huit. Il en résulte tellement de problèmes que le lieutenant-gouverneur renvoie l'assemblée; l'élection qui s'ensuit est passionnée, et Tilley perd son siège. Seulement dans la ville de Saint-Jean, il n'existe pas moins de deux cents tavernes!

En 1864, devant l'intensification des campagnes contre l'intempérance, le Canada-Uni adopte la *Loi de tempérance,* dont le parrain, Christopher Dunkin, est représentant du comté de Brome. Formule novatrice : les autorités donnent aux conseils municipaux la possibilité de tenir des consultations populaires relativement à la prohibition de la vente au détail des boissons alcooliques. C'est surtout dans le Haut-Canada que l'on se prévaut de cette législation, qui ne connaît pas le succès espéré.

Entre-temps, le pays se dote de vignobles et de sérieux efforts sont tentés pour en arriver à une production commerciale. En 1867, notamment, des échantillons de vins sont envoyés à l'Exposition mondiale de Paris, où le Canada a réservé un espace occupé par quelque six cents participants venus de tous les coins du nouveau dominion. Le *Moniteur vinicole,* reconnu là-bas comme une autorité en la matière, écrit avec une hésitation latente : *C'est parce que cette présentation est unique en son genre que nous nous sommes sentis obligés de nous y arrêter; et nous avons bien fait, car de tous les vins de fabrication étrangère que nous avons goûtés, c'est sûrement celui qui s'approche le plus de notre vin ordinaire.* On ne saurait dire que c'était là un accueil délirant!

Toutefois, la lutte à l'intempérance ne faiblit pas : elle prend une vigueur nouvelle à travers tout le pays. En 1873, les députés font un geste symbolique et adoptent une résolution prohibant la vente de boissons alcooliques dans les locaux de la Chambre des communes.

Cinq ans plus tard, Richard William Scott, secrétaire d'État, propose l'adoption de la *Loi de tempérance du Canada,* qui sera populairement désignée par son nom. C'est une nouvelle version de la loi Dunkin, s'appliquant à l'ensemble de la jeune confédération. Dorénavant, vingt-cinq pour cent des électeurs d'un comté ou d'une cité pourront exiger la tenue d'un référendum sur l'adoption d'un règlement prohibant la vente au détail des boissons alcooliques sur le territoire concerné.

La popularité d'une loi se traduit généralement par l'importance numérique des citoyens qui s'en prévalent. Vingt ans plus tard, la *Loi de tempérance* était en vigueur dans deux circonscriptions ou localités du Manitoba, onze du Nouveau-Brunswick, autant de la Nouvelle-Écosse, trois de l'Île-du-Prince-Édouard et... une du Québec. Mentionnons cependant que le comté de Richmond demeurait soumis à la loi Dunkin de 1864. Au total, quatorze des soixante-cinq comtés du Québec (dont neuf des *townships* de l'Est, anglophones) avaient tenu des référendums, mais cinq seulement avaient voté en faveur de la prohibition.

Port de Montréal, 1850

La brasserie de Saint-Lin (*L'Opinon Publique,* 6 septembre 1877)

Appels à l'abstinence... prospérité des cabaretiers

Malgré les campagnes de tempérance et les appels à l'abstinence, les cabaretiers continuaient de faire florès, et ils rivalisaient d'ingéniosité pour s'arracher la clientèle. À Montréal, l'un d'eux, un nommé Richardson, eut l'idée d'ouvrir le *Silver Dollar* à l'angle sud-ouest de la rue Notre-Dame et de la place Jacques-Cartier. Pourquoi avoir choisi cette raison sociale? Tout simplement parce que le propriétaire avait parsemé le parquet de tuiles de son établissement de véritables pièces d'un dollar alors émises par les États-Unis. Quand on songe à ce qu'un dollar pouvait acheter à l'époque (vers 1880), les buveurs marchaient sur une petite fortune!

L'archiviste E.-Z. Massicotte, qui a sauvé de l'oubli cet astucieux homme d'affaires, évoque également la vogue des cabarets-jardins vers le même temps. Un Auvergnat, Michel Martin, qui avait accumulé un petit pécule en travaillant comme maçon lors de l'élargissement du canal Lachine pour se lancer dans le commerce, ouvrit un établissement à l'angle des rues de la Gauchetière et Saint-Dominique, le *Restaurant des bons enfants.* Souhaitait-il attirer prioritairement une clientèle européenne en donnant à son entreprise le nom d'une célèbre rue parisienne? Peut-être, car Français, Belges et Suisses s'y réunissaient pour s'entretenir de sujets d'intérêt commun. Or, nous dit Massicotte, c'était en réalité un *beer garden*, un cabaret-jardin s'inspirant d'une formule si populaire au *vieux pays.*

Un autre homme d'affaires d'origine européenne, Pierre Cizol, exploita un établissement de même nature rue Saint-Laurent, au numéro 72. Un long jardin s'étendait à l'arrière jusqu'à la rue Saint-Charles-Borommée (maintenant rue Clarke). On y dégustait sous les frondaisons, paraît-il, des pieds de cochon aussi recherchés que généreusement arrosés.

Mais, en cette même époque où des dizaines de sociétés de tempérance menaient leurs campagnes tambour battant, comment réagissait-on à l'endroit de la publicité qui, sans nécessairement suggérer au peuple de lever le coude, lui en faisait miroiter la rafraîchissante envie? Montréal possédait déjà ses comptoirs de vente de journaux. Un certain monsieur Mondoux exploitait l'un des plus fréquentés, place Jacques-Cartier, à proximité de l'hôtel de ville et du palais de justice. À ce moment-là, la *Compagnie d'approvisionnements alimentaires* était une importante entreprise distributrice de boissons alcooliques, et le cognac *Jockey-Club V.S.O.P.* était la figure de proue de ses produits.

Cette maison livra à Mondoux un comptoir ayant la forme d'une énorme bouteille haute d'une trentaine de pieds, qu'on installa devant le palais de justice! Il n'en fallait pas plus pour susciter l'ire des tempérants. Les promoteurs de la vente de ce cognac ne s'attendaient peut-être pas à trouver de l'opposition chez les membres des sociétés à tempérance, lisait-on dans le *Monde illustré,* à l'égard de *cette bouteille inoffensive, alors que des milliers de bouteilles pleines, exposées chez les épiciers et les marchands de vin, ne les effarouchent pas.* Et le journal de souhaiter longue vie à la *bouteille-kiosque* et prospérité à l'occupant.

Vignoble à la Pointe-Claire et premier traité commercial

Nous avons mentionné précédemment que des vins canadiens avaient figuré à l'Exposition mondiale de Paris en 1867; ils provenaient surtout de la péninsule de Niagara. Il ne faudrait pas croire cependant que l'on se désintéressait de la culture de la vigne au Québec, bien au contraire. Il suffit, pour s'en convaincre, de consulter le numéro du 14 août 1879 de *l'Opinion Publique*: on y consacre un reportage illustré sur le vignoble Beaconsfield à la Pointe-Claire, sur les bords du lac Saint-Louis.

Ce vignoble avait été planté en 1877 par un certain monsieur Menzies, qui lui avait donné le nom de Benjamin Disraéli, premier comte Beaconsfield, alors premier ministre de Grande-Bretagne, nom que garda le territoire détaché de la Pointe-Claire en 1910 et incorporé en municipalité de ville.

En 1879, le vignoble comptait 2 500 plants chargés de grappes *formées de raisins gros et nombreux — on en compte jusqu'à 120 et 130 par grappe.* Le reportage recommandait aux lecteurs d'exiger du raisin Beaconsfield, mais les exploitants envisageaient sans doute une autre façon d'écouler leur production qu'en l'offrant aux chalands des marchands de fruits, car *l'Opinion Publique,* rappelant que *la France doit une grande partie de sa fortune à la culture de la vigne,* ajoutait: *Ils emploient un bon nombre de nos compatriotes qui, après avoir appris l'art vinicole, le répandront dans nos campagnes, développant une industrie qui pourrait augmenter considérablement la valeur de nos terres.* Même un siècle plus tard, on aurait dit d'un tel optimiste qu'il rêvait *en couleur!*

Le vignoble de Beaconsfield, vu de la baie de la Pointe-Claire. Ce vignoble était complété de 85 000 jeunes et vigoureuses vignes. *L'Opinion Publique* est catégorique: « On devrait se faire un devoir de ne demander que du raisin Beaconsfield, afin de contribuer autant que possible au succès d'une industrie que nous devons tous, si nous sommes réellement Français ou fils de Français, aimer à voir s'établir parmi nous. » (*L'Opinion Publique,* 14 août 1879)

Le vignoble de Beaconsfield à la Pointe-Claire, planté en 1877 par M. Menzies

En 1895, la « Compagnie d'approvisionnements alimentaires » livre, Place Jacques-Cartier, à Montréal, ce comptoir de vente de journaux. Il n'en fallait pas plus pour susciter l'ire des tempérants...

Ce fameux vignoble se complétait de 85 000 jeunes vignes *pleines de vigueur et de sève,* ce qui amenait le journaliste à conclure: *On devrait se faire un devoir de ne demander que du raisin Beaconsfield, afin de contribuer autant que possible au succès d'une industrie que nous devons tous, si nous sommes réellement Français ou fils de Français, aimer à voir s'établir parmi nous.*

À toutes fins pratiques, on peut dire qu'il ne se buvait au Canada que des vins importés de France. Conformément à un vieux concept colonial, notre pays n'émergea que tardivement dans le domaine des traités de commerce. C'est à partir de la nomination d'Alexander Galt comme premier haut-commissaire à Londres que l'on envisagea la possibilité de signer directement des ententes avec des pays européens.

Galt entreprit des négociations avec la France, mais comme toujours, sous tutelle du secrétaire aux Colonies. En 1893, Charles Tupper lui succéda et fit admettre le principe de négociations menées conjointement avec un plénipotentiaire britannique. En matière d'émancipation, il faut procéder... once par once.

Tupper reprit les discussions avec la France. Il avait pour *alter ego* nul autre que le marquis de Dufferin, un vrai gentilhomme, qui avait été gouverneur général du Canada de 1872 à 1878. Il en résulta une entente signée le 6 février 1893. Le Canada réduisait de façon considérable les droits d'entrée de plusieurs produits, dont les vins. De son côté, la France permettait l'admission au tarif minimal de conserves de viande, de lait concentré, de poissons d'eau douce, de bois de construction, de peaux préparées, etc. Ce fut le premier traité commercial intervenu entre le Canada et la France.

Les vins mousseux et les non-mousseux titrant quinze degrés (15 °C) de l'alcoomètre centésimal ou moins — équivalent canadien: vingt-six pour cent (26%) ou moins — étaient affranchis de la surtaxe *ad valorem* de trente pour cent (30%). Le traité fut sanctionné par une loi le 23 juillet de l'année suivante (1894).

L'emmagasinage du raisin au vignoble de Beaconsfield (*L'Opinion Publique,* 30 octobre 1879)

La Prohibition au Canada

Forts de la possession tranquille de la vérité, ardents prosélytes, les avocats de la tempérance ne s'avouaient jamais vaincus. Les plus irréductibles estimaient que la meilleure façon de régler le problème résidait dans la prohibition pure et simple. En 1889, les Communes rejetaient un projet de loi qui la proposait comme objectif. Peut-être pour se donner bonne conscience, elles instituaient quatre ans plus tard une commission royale chargée d'étudier la situation et de faire rapport, ce dont elle s'acquitta en 1895.

Le document insiste sur le fait que les milieux canadiens-français sont particulièrement opposés à la prohibition; ils le démontreront d'ailleurs trois ans plus tard à la faveur d'un référendum national.

C'est Wilfrid Laurier qui hérita de la *patate chaude*. La commission royale créée par le régime précédent n'avait recommandé que des mesures restrictives. Laurier décida de faire appel au peuple par référendum, en 1898. Un tableau publié par *La Presse* du 30 septembre de cette année-là donnait la répartition du vote:

	CONTRE	*POUR*
Ontario		16 000
Nouvelle-Écosse		17 679
Nouveau-Brunswick		12 540
Île-du-Prince-Édouard		6 160
Manitoba		8 000
Territoires du Nord-Ouest		2 166
Colombie anglaise		202
Québec	43 888	
Total	**43 888**	62 747
		43 888
Majorité pour la prohibition		**18 859**

La récolte du raisin au vignoble de Beaconsfield (*L'Opinion Publique*, 30 octobre 1879)

Il s'agissait là de chiffres sommaires, mais le recomptage n'en modifia pas les proportions. Et le journal d'exprimer en éditorial l'opinion que, de toute façon, le gouvernement n'aurait jamais décrété la prohibition.

Devant la ferme opposition du Québec et compte tenu de la faible participation du peuple au plébiscite, l'administration Laurier s'abstint. Mais le clergé ne désarma pas devant les ravages de l'alcoolisme et son prosélytisme trouva un nouveau souffle en 1905, avec une autre grande campagne de tempérance. Une nuée de prédicateurs couvrit le Québec, recrutant de nouveaux membres pour les sociétés qui favorisent un usage modéré des boissons alcooliques. Il en résulta des amendements à la législation: diminution du nombre des permis de vente et réduction des heures d'ouverture des établissements. En 1910, un grand congrès tenu à Québec venait exercer de nouvelles pressions sur les autorités en place.

Au fil des ans, les brasseries s'étaient multipliées au Québec. Une bonne quinzaine de nouveaux établissements avaient vu le jour. En 1909 se forma une société de gestion, les *National Breweries,* à laquelle s'intégrèrent neuf entreprises parmi les plus importantes. Invitée à faire partie du groupe, la brasserie Molson préféra garder son entière autonomie.

C'est sans doute à la suite du grand congrès de 1910 que l'administration Gouin décida, deux ans plus tard, de créer une commission pour étudier une nouvelle fois la *Loi des licences.* Elle fut présidée par Henry George Carroll qui, après avoir représenté le comté de Kamouraska à Ottawa et occupé le poste de solliciteur général, avait accédé à la Cour du banc du roi, puis à la Cour supérieure du Québec.

Dans son rapport, la commission Carroll jugeait que la prohibition complète était inapplicable. Elle proposait cependant plusieurs amendements dont une diminution du nombre des permis, la réorganisation des organismes chargés de les émettre et la division du Québec en deux districts: ceux de Montréal et de Québec.

Le gouvernement Gouin donna suite à plusieurs de ces recommandations en 1914, mais les prohibitionnistes ne baissèrent pas les bras et ils s'employèrent à convaincre les conseils municipaux de se prévaloir de la loi Dunkin (1864) qui, on s'en souvient, prévoyait la possibilité pour les gouvernements locaux de proclamer la prohibition sur leur territoire après la tenue de consultations favorables à une telle mesure. En procédant localité par localité, estimaient les ligues de tempérance, on en arriverait à la prohibition totale. Un millier de municipalités du Québec donnèrent suite à ces représentations.

En 1916, le gouvernement Gouin fit l'objet de nouvelles pressions, mais il rejeta toujours le principe de la prohibition totale, adoptant toutefois un nouveau train d'amendements. Le rapport Thinel les a résumés comme suit : on n'émettra plus que deux cents permis d'hôtels et de restaurants à Montréal, et que vingt-cinq à Québec. Pour compenser le manque à gagner qui en résulte, le coût des permis est considérablement relevé. Les heures de vente sont limitées à la période allant de neuf heures du matin à neuf du soir. Enfin, la limite d'âge des clients est portée de dix-huit à vingt-et-un ans.

Affiche du Règlement de tempérance signé par Monseigneur Tremblay, évêque de Chicoutimi, le 9 mars 1912

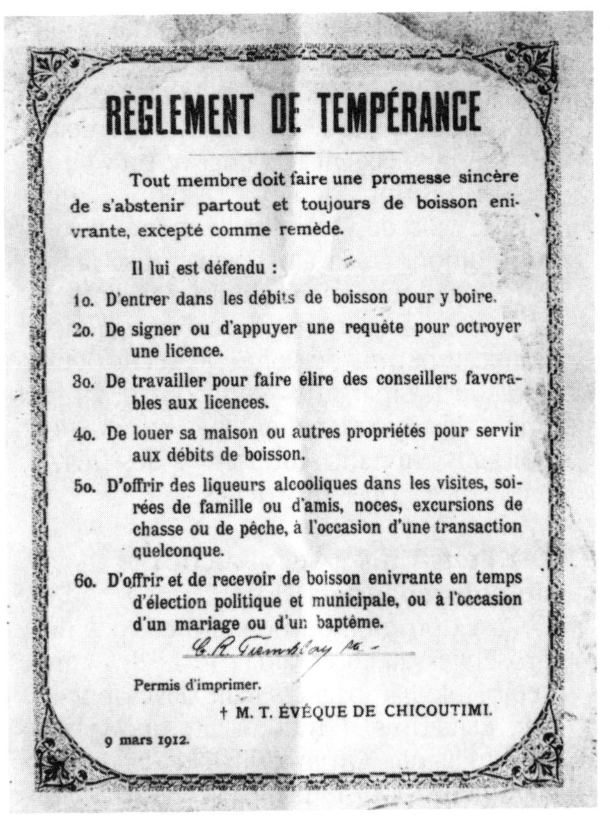

RÈGLEMENT DE TEMPÉRANCE

Tout membre doit faire une promesse sincère de s'abstenir partout et toujours de boisson enivrante, excepté comme remède.

Il lui est défendu :

1o. D'entrer dans les débits de boisson pour y boire.

2o. De signer ou d'appuyer une requête pour octroyer une licence.

3o. De travailler pour faire élire des conseillers favorables aux licences.

4o. De louer sa maison ou autres propriétés pour servir aux débits de boisson.

5o. D'offrir des liqueurs alcooliques dans les visites, soirées de famille ou d'amis, noces, excursions de chasse ou de pêche, à l'occasion d'une transaction quelconque.

6o. D'offrir et de recevoir de boisson enivrante en temps d'élection politique et municipale, ou à l'occasion d'un mariage ou d'un baptême.

E. R. Tremblay, ptre.

Permis d'imprimer.

† M. T. ÉVÊQUE DE CHICOUTIMI.

9 mars 1912.

Il aurait fallu plus de sévérité pour satisfaire les ligues de tempérance; aussi reprirent-elles le sentier de la persuasion auprès des quelque deux cents municipalités qui ne s'étaient pas encore prévalu des dispositions de la loi Dunkin. Cette fois, la ville de Québec elle-même vota la prohibition, et devant l'étau qui se resserrait, le gouvernement Gouin consentit à de nouvelles restrictions: il décréta qu'aucun nouveau permis de vente ne serait octroyé après le 1er mai 1919, sauf pour le vin destiné à des fins sacramentelles et pour les boissons enivrantes utilisées à des fins médicinales ou industrielles.

Les États-Unis à sec, l'alcool de contrebande à flots

La prohibition ne comptait pas des prosélytes qu'au Canada. Au fil des années, semblable campagne s'était développée aux États-Unis et avait suscité une sympathie militante. On invoquait de nombreux arguments dont le principal visait la classe ouvrière: on versait généralement les gages dans l'après-midi du samedi et trop souvent, le lundi matin, les employés n'étaient pas en état de donner le rendement qu'on en attendait.

Lorsque les États-Unis décidèrent de participer à la Grande Guerre, le Congrès, afin de réserver les céréales à des fins essentielles, prohiba la fabrication des spiritueux, puis des bières et des vins. Mesures à caractère temporaire, bien sûr, mais les champions de l'abstinence y virent fort justement une occasion inespérée de faire triompher leur discours moralisateur.

En décembre 1917, le Congrès adoptait le dix-huitième amendement à la Constitution, décrétant la prohibition à la condition que les trois-quarts des États ratifient cette loi dans un délai maximal de sept années. En fait, tous les États, à l'exception de deux — le Connecticut et le Rhode Island —, approuvèrent l'amendement. En octobre 1919, la célèbre loi Volstead détermina la signification de l'expression *intoxicating liquors* figurant dans l'amendement: toute boisson dont la teneur en alcool s'établissait à un demi de un pour cent. La loi fut adoptée le 28 octobre 1919 malgré le veto du président Wilson par cent soixante-seize voix à cinquante-cinq par la Chambre des représentants et soixante-cinq à vingt au Sénat.

Si nous évoquons cette législation dans ces pages, c'est qu'elle eut des répercussions qui tinrent la justice en alerte. De vastes réseaux se formèrent pour importer des boissons alcooliques frauduleusement aux États-Unis. Les cargaisons arrivaient des distilleries d'Écosse aux Bahamas et aux îles Saint-Pierre et Miquelon, d'où on les cheminait vers la *rum row,* au large du New Jersey, où la garde côtière exerçait une surveillance difficile, car les douaniers devaient constater la présence d'alcool à bord des embarcations et les contrebandiers avaient mille tours dans leur sac.

Mais la frontière séparant le Québec des États du Maine, du Vermont et de New York était une véritable passoire. Une partie des chargements débarqués à Saint-Pierre et Miquelon pénétrait par là aux États-Unis.

Il est en tout cas des personnages devenus plus tard célèbres, pour qui les sentiers dérobés qui franchissaient la frontière canado-américaine n'avaient pas de secrets! Ceux qui étaient d'origine canadienne se disaient, pour se donner bonne conscience, que les lois du pays n'interdisaient pas l'exportation pourvu qu'on soit généralement en règle avec elles.

Qui n'a entendu d'incroyables anecdotes à ce sujet, la plupart ayant pour théâtre quelque plage retirée de la Gaspésie ou de la baie des Chaleurs? Si un contrebandier se voyait serré de trop près par la garde côtière, il pouvait toujours jeter par-dessus bord ses bidons de *booze* après les avoir attachés les uns aux autres et lestés d'un lourd sac de sel: il était à peu près certain de les retrouver flottant quelques jours plus tard, une fois le sel dissous par la mer.

La tradition veut qu'un Gaspésien, en revenant de la messe, aperçut un dimanche matin des objets qui miroitaient au soleil, au fond d'une baie. Il engrangea ainsi, paraît-il, quelque deux cents bidons d'alcool que la marée avait miraculeusement poussés vers la rive.

Ne tirons pas le rideau sans rappeler une anecdote qui a peut-être fait couler autant d'encre que d'alcool: celle de la *barge Tremblay*, qui date de 1924.

En novembre de cette année-là, un petit vaisseau venant des îles Saint-Pierre et Miquelon, chargé de 16 000 gallons (72 700 litres) d'alcool pour lesquels aucun droit d'entrée n'avait été versé, passait bravement devant les bureaux de la Douane, à Québec. Quelle était donc sa destination? On le prit en chasse par le *chemin du Roy.* Quand la *Tremblay* accosta, à Saint-Sulpice, huit camions attendaient sur le quai pour prendre charge de la précieuse cargaison.

À bord, deux citoyens des États-Unis prétendirent aux enquêteurs que le chargement leur appartenait. Survint le chef d'une escouade des Douanes qui saisit le tout. L'affaire, on le devine, défraya la chronique, car elle passa devant les tribunaux: l'alcool, dit-on, fut éventuellement vendu au coût de trente-six cents (0,36$) le gallon à un ancien parlementaire, au titre d'alcool à friction. C'est peut-être de là qu'origine le Québécisme *robinne (rub in)*? Comme dirait Elliott Ness: *Don't rub it in*!

Vers une solution originale québécoise

La *Loi des licences* adoptée par le Québec en 1918 était certainement très sévère, même si les fervents de l'abstinence la jugeaient trop libérale à leur goût. Les brasseries, dit-on, firent pression pour qu'on lui apportât certains accommodements. Assez curieusement, le clergé formula des représentations dans le même sens: il craignait d'être éventuellement privé de vin de messe, en dépit des dispositions que comportait la législation pour lui en assurer une provision suffisante. Ainsi vit le jour une campagne favorable à la bière et aux vins légers.

En 1919, l'administration Gouin fit adopter deux lois: la *Loi de prohibition* et la *Loi concernant la consultation des électeurs par voie de référendum au sujet de la vente des bières, cidres et vins légers.* Il s'agissait, dit le rapport Thinel, de deux lois jumelles.

La première prohibe la vente des spiritueux, à moins d'une autorisation spéciale du Conseil des ministres pour des fins exclusivement sacramentelles, médicinales, industrielles, scientifiques ou artistiques, ce qui ouvrait la porte à toute une panoplie d'exceptions. Le nombre des débits est limité à vingt-cinq pour l'ensemble de la province.

Tout acheteur devait produire un certificat d'un ministre du culte ou d'un médecin, respectivement, dans les deux premiers cas. Dans les trois autres, il devait signer lui-même le certificat attestant l'usage qui serait fait des produits; et s'il s'agissait de fins artistiques, le document devait s'accompagner d'une déclaration solennelle suivant la *Loi sur la preuve.* Il va de soi que le vendeur devait conserver tous ces documents, en plus de les porter sur un registre.

La deuxième loi, pour sa part, introduisait un régime de prohibition mitigée soumis à la tenue de consultations populaires. Ainsi, les électeurs pouvaient se prononcer sur l'émission de permis pour la vente de bière, de cidre et de vin léger.

L'application de cette double approche se poursuivra pendant deux ans. Les débits clandestins se multiplient et il naît même un trafic de certificats médicaux. Les sociétés de tempérance insistent auprès de l'État pour qu'il assure une meilleure observance de la réglementation.

Salle d'expédition de
la Commission
des liqueurs
de Québec

L'année 1921 marque en quelque sorte le seuil de l'ère contemporaine en ce qui a trait à la vente et à la consommation des boissons alcooliques, avec l'étatisation de ce commerce et la création de la Commission des liqueurs sous le régime Taschereau. Depuis lors, même si plusieurs modifications ont été apportées à cette formule, l'autorité gouvernementale n'a jamais renoncé à son emprise étatique, même si elle a jeté du lest quant à la vente de la bière, du vin et du cidre par le secteur privé.

Conclusion

Au Québec, jadis, tout finissait par une chanson. Comme quoi nos pères n'avaient pas le vin triste. Nous ferons de même en tournant cette page d'histoire.

Ernest Gagnon, l'un de nos premiers chercheurs en folklore, écrit que toutes les rondes populaires en Nouvelle-France, puis au Québec, venaient de France. C'est le cas, notamment, de la ritournelle *C'est le bon vin qui danse:*

> Ce n'est point du raisin pourri
> C'est le bon vin qui danse!
> C'est le bon vin qui danse ici,
> C'est le bon vin qui danse!

Mais, chez nos ancêtres, pour qui le vin était un luxe, puisqu'il fallait l'importer, ce mot devint un terme générique, plus poétique, pour désigner toute espèce de boisson alcoolique. C'est par exemple ce que l'on peut conclure en scrutant les paroles du *P'tit bois d'l'ail:*

> Va t'en faire tes plaintes
> À monsieur le curé;
> Dis-lui que sa paroisse
> Est tout bouleversée;
> Dis-lui que sa paroisse
> Est sans dessus dessous,
> Que dans le P'tit bois d'l'ail
> On n'y voit qu'des gens soûls.
>
> On dit que je suis fier,
> Ivrogne et paresseux.
> Du vin dans ma bouteille
> J'en ai ben quand je veux;
> On ne voit point de graisse
> Figer sur mon capot;
> Il est toujours ben net
> Quoi qu'il ne soit pas beau.

Le parolier, nous dit Gagnon, a sans doute voulu *mener* sa chanson sur l'air de *J'ai fait une maîtresse.* Quant au *P'tit bois d'l'ail,* c'était le nom populaire d'une concession de la paroisse du Cap-Santé, le lieu de naissance de notre excellent artiste-peintre Antoine-Sébastien Falardeau.

Nous pourrions ici rappeler moult chansons folkloriques de même veine, mais terminons par deux souvenirs qui ne semblent pas avoir trouvé leur place dans les recueils de ritournelles du cru québécois.

Au coeur de Montréal de nos jours, dans un impeccable quadrillé d'artères, une voie chemine en une fort capricieuse hypoténuse, faisant fi des fervents de l'urbanisme rectiligne. De chaque côté vivaient, au siècle dernier, les *Pieds-Noirs,* ouvriers besogneux et ripailleurs impénitents, qui exploitaient d'importants gisements de pierre calcaire: la rue des Carrières.

La ripaille n'allait jamais sans refrains, le plus populaire étant la chanson du métier, la chanson des *tailleurs de pierre:*

Les tailleurs de pierre
Ne sont pas des gens fiers
Les gros comme les p'tits
Y boivent tous du whisky.

Les chair(e)s me tremblent
Elles peuvent bien me trembler
L'hiver(e) commence
J'ai tout bu mon été.

Oh! verse, oh! verse
Une chopine de whisky
Si j'fais une bonn' s'maine
J'te paierai samedi.

Excusez la chanson
Que j'viens d'vous chanter
Je l'ai composée
Pour me désennuyer.

Je l'ai mise sur l'air
Des tailleurs de pierre:
C'est pour y prendre goût
Pis avoir un p'tit coup.

Cette chanson a été recueillie par l'archiviste E.-Z. Massicotte, et l'auteur de ces lignes l'a retrouvée sur les lèvres des derniers *Pieds-Noirs* de la rue des Carrières, à la faveur d'une série de reportages en 1938.

Enfin, le soussigné a souvenance d'un refrain que fredonnait son père et qui semble avoir échappé aux folkloristes:

Ah! le bon vin d'Bourgogne
Qui fait bonne humeur au coeur!
Pour faire un ivrogne,
Y faut d'cette bonne liqueur!

La consommation du vin n'a jamais été davantage populaire au Québec que de nos jours, ce qui résulte principalement de la multiplication des points de vente : on en compte maintenant quelque douze mille. Depuis plusieurs années, les produits nous arrivent en vrac, à pleins pinardiers, et une douzaine de sociétés en font l'assemblage et l'embouteillage. Les initiatives publicitaires ne sont pas non plus étrangères à cette vogue, comme en fait foi l'arrivée claironnée du beaujolais nouveau, coutume fort ancienne, puisque saint Martin, patron des vignerons, à la table de l'empereur Maximin, au début de l'ère chrétienne, fut le premier, dit-on, à tremper les lèvres dans une coupe pleine du vin de l'année.

Et voilà que l'on peut maintenant faire les vendanges... au Québec! D'entreprenants citoyens ont résolu de planter de la vigne qui survit à nos froidures. Il ne s'agit pas de fabrication pour usage domestique, mais bien de vignobles exploités commercialement. En 1985, par exemple, deux gentlemen viticulteurs importaient de France un pressoir pesant près de trois tonnes dans l'espoir de produire une première cuvée de 20 000 bouteilles de blanc québécois, puis de 40 000 l'année suivante (1986).

Ici et là, à Lacolle, à Valleyfield, à Franklin Center, à Dunham, à Charlesbourg, ondulent des flancs de coteaux où s'alignent sagement des ceps prometteurs. Déjà, l'Association des viticulteurs du Québec compte une centaine de membres. Mais avant d'observer le phénomène, retournons en 1921 et voyons comment le Québec s'est forgé une société d'État à sa mesure. À la bonne vôtre!

SUZANNE GAGNÉ

LA COMMISSION DES LIQUEURS DE QUÉBEC (1921-1961)

INTRODUCTION

Le commerce et la consommation de boissons alcooliques ont longtemps été chez nous l'objet de récriminations tenaces, la source de multiples sermons et débats, la bête noire d'innombrables pamphlets et livres. Breuvage social pour les uns, breuvage maudit pour les autres, l'alcool fut pendant de longues périodes le point de mire des citoyens les plus engagés.

À une époque où vins et spiritueux sont vendus librement dans les magasins généraux et les pharmacies, les réclames, elles, font miroiter les bienfaits des «Pilules rouges»... et des Vins St-Michel: «Si vous avez le spleen ou si vous vous sentez épuisé, triste, sans énergie et que vous éprouvez un certain dégoût pour le travail et même une répugnance à vous mouvoir, c'est un signe certain que votre système nerveux est fatigué et que votre sang est appauvri ou vicié. Il faut donc avoir recours aux VINS ST-MICHEL pour purifier, fortifier et enrichir le sang qui est le distributeur des forces physiques et morales. En le prenant vous sentez un bien-être parcourir tous vos membres. Il vous stimule, vous ragaillardit. Il ranime et ravive l'esprit, réveille l'imagination, éclaircit le cerveau, met le sourire aux lèvres et la bonne humeur au coeur. C'est le «chasse-spleen» par excellence...»

C'était en 1900. Certes, la réclame et le pauvre homme à la mine déconfite qui l'illustre seraient aujourd'hui bien vite supprimés...

UNE... RÉGIE?

La loi régissant la vente et la consommation de boissons alcooliques, quant à elle, a connu de grands changements au Québec depuis la fin du XIXe siècle jusqu'en 1921. À cette époque, alors que la prohibition règne aux États-Unis et que le reste du Canada est au régime sec, le Québec s'achemine vers une solution originale.

C'est alors que le juge H.G. Carroll propose au premier ministre Alexandre Taschereau le modèle de la régie suédoise. Intéressé à concilier la morale et l'intérêt, Taschereau réagit positivement: dans sa tête s'associent des problèmes aussi différents que ceux de la tempérance et de l'assistance publique. Il songe même à les résoudre ensemble, en fonction l'un de l'autre. En effet, le Québec à cette époque se dépeint sous les couleurs de l'urbanisation et de l'industrialisation. Or le gouvernement, pressé par les municipalités, l'Église et les oeuvres de prévoyance qui manquent de fonds, sait qu'il aura bientôt à assumer des obligations financières plus lourdes en matière d'assistance publique et d'enseignement. La *Loi des liqueurs alcooliques* arrive donc à temps pour répondre à deux besoins urgents: tempérance et fonds publics.

Le projet est élaboré par le conseiller législatif Jean-Léonide Perron et le premier ministre. Dès les premières rumeurs de ses dispositions, cette fameuse loi des liqueurs alcooliques est vertement critiquée. Il n'est pas un milieu qui reste indifférent à un projet aussi hardi, avant-gardiste: le clergé, et tout particulièrement Monseigneur Labrecque, de Chicoutimi, y voit une contradiction: «L'État, qui doit réprimer la vente de l'alcool, aura intérêt à la stimuler...»; la section du Québec de l'Association des marchands détaillants du Canada y voit un projet «aux mesures de la Russie bolcheviste, de la Russie teinte de sang livrée aux hardes sanguinaires...»; Taschereau reçoit des lettres de menaces, et le chef de l'opposition, Arthur Sauvé, en profite pour amorcer une longue guerre contre la loi des liqueurs et celle de l'Assistance publique. Il prétend dès le premier instant que des députés se livrent à la contrebande et possèdent des débits clandestins, et réclame non pas une enquête parlementaire comme le lui propose Taschereau, mais une commission royale.

Un seul groupe aura raison du gouvernement : à la suite de la vive rebuffade des chefs syndicaux dans l'industrie de la bière, il renoncera à incorporer le *champagne des pauvres* dans son projet d'étatisation. Encore une fois, le Québec sera en marge des autres provinces : chez nous, on vendra la bière dans les épiceries.

Le premier ministre ne peut qu'être conscient des enjeux de sa nouvelle loi : «Je lie mon sort à cette loi des liqueurs, dit-il, et si elle ne donne pas un résultat satisfaisant, je subirai les conséquences de mon échec.»

Le 1er mars 1921, la Commission des liqueurs de Québec est instituée. Elle est composée de cinq membres : la présidence est accordée au conseiller législatif Georges-A. Simard, un homme reconnu pour sa rigueur et son indépendance. Le haut personnel de la Commission est composé d'un vice-président, Henry George Carroll, juge, et des trois commissaires : Sir William Stavert, vice-directeur de la Banque de Montréal; Adolphe L. Caron, homme d'affaires; et Napoléon Drouin, ancien maire de Québec.

Il demeure qu'à la base cette loi des liqueurs est essentiellement une expérience de nature sociale. Le mandat des commissaires est de favoriser la consommation modérée de boissons alcooliques de qualité dûment vérifiée, vendues à un prix raisonnable et dans un cadre d'opération contrôlé. La Commission détient le monopole du commerce des vins et spiritueux. Les hôtels et les restaurants qui souhaitent vendre de la bière ou du vin devront, au préalable, obtenir un permis; cette formalité complétée, ils achèteront la bière aux brasseries, mais le vin à la Commission des liqueurs.

Outre celle de la vente, la Commission détient l'exclusivité de l'importation et du transport des boissons alcooliques. Elle exerce son rôle de surveillance en matière de liqueurs alcooliques en octroyant des permis pour consommation sur place et des permis de vente de bière pour les épiceries; enfin la recherche et la poursuite des violateurs de la loi lui incombent sur tout le territoire de la province de Québec.

La grande innovation de cette loi est l'étatisation du commerce des boissons alcooliques. À une époque où les États-Unis et les autres provinces canadiennes sont sous le régime de la prohibition, une initiative aussi spectaculaire place sans contredit les Québécois au rang de pionniers en la matière.

Corridor menant au bureau du président. Les « petits pages » aux portes des vice-présidents agissaient comme commissionnaires.

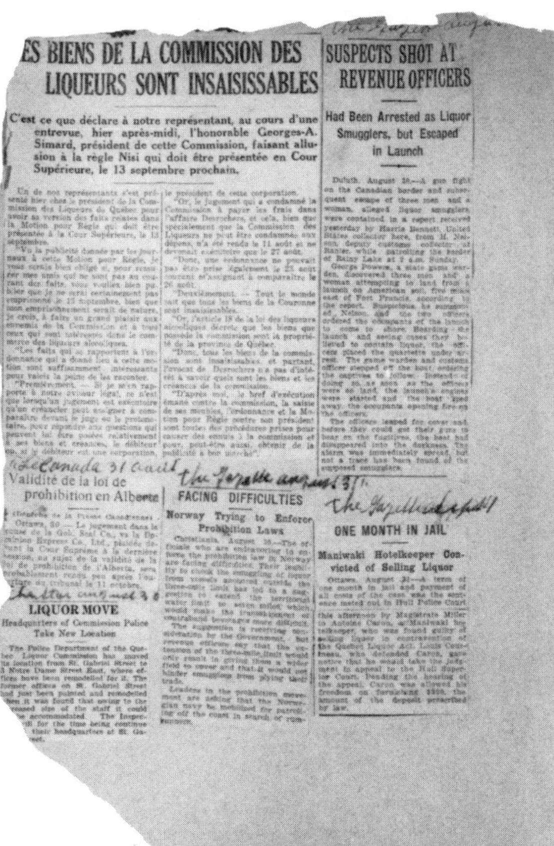

ES BIENS DE LA COMMISSION DES LIQUEURS SONT INSAISISSABLES

C'est ce que déclare à notre représentant, au cours d'une entrevue, hier après-midi, l'honorable Georges-A. Simard, président de cette Commission, faisant allusion à la règle Nisi qui doit être présentée en Cour Supérieure, le 13 septembre prochain.

SUSPECTS SHOT AT REVENUE OFFICERS

Had Been Arrested as Liquor Smugglers, but Escaped in Launch

Validité de la loi de prohibition en Alberta

FACING DIFFICULTIES

Norway Trying to Enforce Prohibition Laws

ONE MONTH IN JAIL

Maniwaki Hotelkeeper Convicted of Selling Liquor

LIQUOR MOVE

Headquarters of Commission Police Take New Location

La Gazette,
1er septembre 1921

AU PIED-DU-COURANT

La nouvelle Commission aménage son premier entrepôt à Montréal, dans l'édifice de l'International Manufacturing Company. Quelques mois plus tard, elle s'installe au coin des rues DeLorimier et Notre-Dame est, dans une bâtisse communément appelée «Au Pied-du-Courant» à cause du courant Sainte-Marie à la base duquel elle est sise. Aujourd'hui encore, il est difficile de pénétrer dans cet immeuble ancestral sans se rappeler son histoire.

Construit entre 1834 et 1836, on le livre au shérif de Montréal afin d'y entasser les prisonniers politiques de 1837-1838. L'immeuble est désaffecté en 1913 jusqu'à ce que l'entreprise d'État en prenne possession, en 1921. C'est à ce moment que la Commission des liqueurs entreprend des démarches auprès de la Ville de Montréal pour que la jonction des rues DeLorimier, Notre-Dame et Craig reçoive le nom de «Place-des-Patriotes». Un magnifique monument commémoratif y est d'ailleurs érigé, face à l'immeuble. Une plaque de bronze a aussi été installée à l'endroit de la pendaison des douze militants à la mémoire de ces martyrs de la cause nationale.

En 1975, les autorités parlent de détruire le Pied-du-Courant afin d'y faire passer l'autoroute 20. À la suite d'un mouvement de protestation, le gouvernement décide de conserver l'édifice. En 1978, le Pied-du-Courant est proclamé monument historique.

Entrée principale de la prison de Montréal

Le pont Jacques-Cartier
vu de l'entrée de la
prison circa 1930

LE DÉVELOPPEMENT DE LA SOCIÉTÉ D'ÉTAT

Établir la Commission des liqueurs signifie procéder à la réorganisation complète d'un commerce considérable, autrefois exercé par des centaines d'individus ou de firmes. La Commission rachète les stocks des épiciers et des importateurs. Les locaux sont aménagés, le personnel est engagé et l'entreprise, mise en opération. La croissance est rapide: de quatre cent quinze employés en mai 1921, la Commission passe à six cent soixante-et-onze employés en avril 1922. Soixante-quatre magasins sont ouverts au cours de la première année.

Les établissements ont une mine austère. Le client pénètre dans un local sombre et passe au guichet aménagé au-dessus du comptoir de bois massif. Seule une liste de prix est affichée au mur. Les commis n'ont aucune formation spécifique et le pauvre client ne peut même pas voir la marchandise puisqu'un grillage métallique surplombe le comptoir; il passe sa commande à travers une ouverture pratiquée dans cette grille. À cette époque, parler de l'habillage d'une bouteille ne concerne pas simplement l'étiquette... Les bouteilles remises aux clients sont enveloppées dans un papier spécial et si par hasard une partie de l'habillage, papier ou étiquette, vient à se décoller, le gérant est sommé de le faire brûler ou de le détruire autrement. Cette mesure vise à prévenir l'utilisation illicite des étiquettes par les *bootleggers*.

La flotte de camions de la Commision des liqueurs se modernise sans cesse. À preuve, ces deux modèles Dodge et Ford 1937.

Deux magasins sont aussi établis à l'usage des membres du clergé et des communautés religieuses, et le Révérend Père Morin, doyen de la faculté des sciences de l'Université de Montréal, a l'entière responsabilité des approvisionnements et du contrôle de la qualité des vins de messe. D'ailleurs, dans les entrepôts de la Commission, les vins de messe sont déjà entassés à l'écart: surtout, ne pas laisser les vins «profanes» les côtoyer!

Les ventes pour la première année s'élèvent à 15 000 000$ et le revenu net de la Commission monte à 4 000 000$. Une partie de cet argent servira à amortir la dette provinciale, et l'autre sera réinjectée dans les budgets d'opération notamment ceux de la voirie, l'instruction publique et l'agriculture.

À l'origine, la vocation commerciale de la société d'État est très intimement liée à sa vocation sociale. En fait, la vocation sociale justifie la vocation commerciale puisqu'il s'agit surtout de faire échec aux abus de toutes sortes par une réglementation stricte et un commerce contrôlé.

Vins ou spiritueux?

Dès 1921, on tend à favoriser la consommation du vin plutôt que celle des boissons fortes, comme en témoigne cet extrait du premier rapport annuel de la Commission des liqueurs: «... le moyen le plus sûr de contrôler efficacement la consommation des liqueurs alcooliques n'est pas d'en priver complètement les citoyens mais, par des mesures de discipline raisonnablement exercées, de les amener progressivement à l'usage d'un substitut moins nocif, et de coût moins élevé. Cette transformation des habitudes d'un peuple est nécessairement lente et exige l'emploi de moyens qui ne soient pas oppressifs, afin de ne pas encourager une réaction qui, systématiquement, combattrait un but acceptable, en protestation contre des moyens arbitraires.»

Vieille plaque métallique arborant le symbole de la Commission en anglais

Intérieur d'une succursale de la Commission des liqueurs

La nécessité de traiter la vente des vins différemment de celle des spiritueux amènera d'ailleurs la société d'État à aménager, jusqu'aux années 30, quatre magasins réservés exclusivement à la vente des vins, dans lesquels des salles de dégustation sont ouvertes aux clients.

Magasin réservé à la vente de vins

Échec aux abus

Parallèlement à cette tendance à favoriser la vente des vins, la Commission des liqueurs doit tenter, dans la mesure du possible, de mettre un frein à la consommation excessive des boissons alcooliques. C'est ainsi qu'au nom de la tempérance, la loi indique qu'il est interdit d'acheter plus d'une bouteille de boisson forte à la fois, alors que les ventes de vins ne sont pas limitées. On rapporte même le cas, en 1923, d'un gérant de succursale qui a dû purger une peine d'un mois de prison pour avoir vendu plus d'une bouteille de gin à un même client! Le citoyen rusé, quant à lui, découvrira vite, trop vite peut-être, le moyen de s'approvisionner davantage, tout simplement en achetant une bouteille à la fois... dans plusieurs succursales. Cette limite d'achat de spiritueux est plus tard abolie avec la réforme de la loi des liqueurs, en 1941.

Salle d'habillage et de mise en caisse des bouteilles

Une campagne d'information

La nouvelle loi des liqueurs se doit d'être bien comprise. Pour ce faire, les dirigeants décident dès la première année d'existence de la Commission des liqueurs de mener une campagne de publicité visant à fournir aux citoyens le moyen d'être bien renseignés sur les différents aspects de cette loi. « C'est pourquoi, expliquent-ils dans leur premier rapport annuel, nous avons fait publier dans la presse de la province une série d'articles dont chacun expliquait un point important de la loi. Nous avons pu constater que cette campagne de publicité avait atteint son but et facilité considérablement l'application de la loi. »

La Commission investit en outre des sommes considérables dans la diffusion de l'information à la clientèle. Par exemple, son répertoire des marques et prix comprend une section liminaire regorgeant de renseignements utiles sur les alcools en général, de leur composition aux modalités de vente.

Un réseau de distribution

Assurer une distribution efficace signifie couvrir l'immense territoire québécois de façon adéquate et miser sur la courtoisie et la bonne qualité du service. S'il n'existe pas de critère précis pour jauger ces deux derniers points, soulignons par contre l'extension du réseau des succursales, qui passe de soixante-quatre en 1921 à cent onze en 1930. Cette croissance a dû tenir compte des multiples endroits où la Commission des liqueurs n'a pu installer de succursales à cause des mesures prohibitives des règlements municipaux.

Il faut noter que la clientèle des régions éloignées peut aussi s'approvisionner par le biais de commandes postales, moyennant les frais minimes couvrant l'envoi.

Salle d'échantillons

La Gazette,
31 août 1921

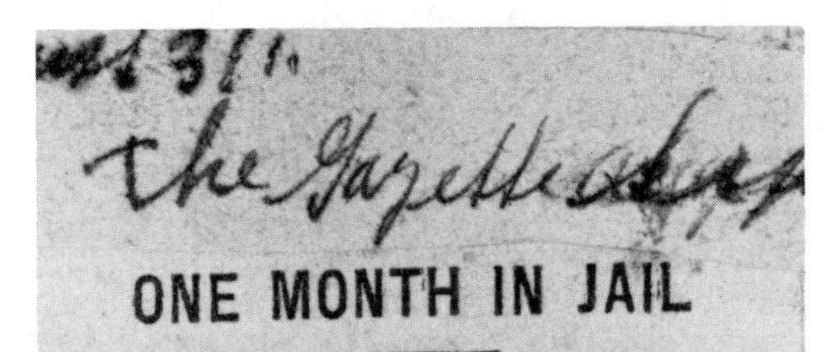

31
The Gazette

ONE MONTH IN JAIL

Maniwaki Hotelkeeper Convicted of Selling Liquor

Ottawa, August 31—A term of one month in jail and payment of all costs of the case was the sentence meted out in Hull Police Court this afternoon by Magistrate Miller to Antoine Caron, a Maniwaki hotelkeeper, who was found guilty of selling liquor in contravention of the Quebec Liquor Act. Louis Cousineau, who defended Caron, gave notice that he would take the judgment in appeal to the Hull Superior Court. Pending the hearing of the appeal, Caron was allowed his freedom on furnishing $300, the amount of the deposit prescribed by law.

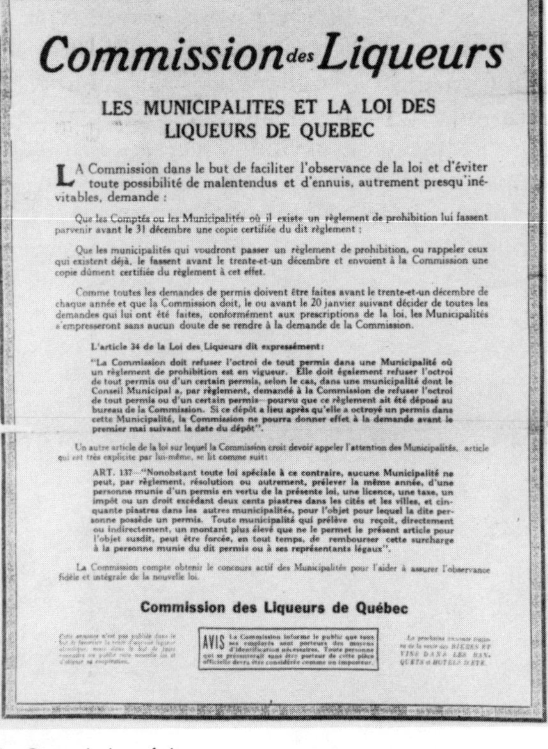

Commission des Liqueurs

LES MUNICIPALITES ET LA LOI DES LIQUEURS DE QUEBEC

LA Commission dans le but de faciliter l'observance de la loi et d'éviter toute possibilité de malentendus et d'ennuis, autrement presqu'inévitables, demande :

Que les Comptés ou les Municipalités où il existe un règlement de prohibition lui fassent parvenir avant le 31 décembre une copie certifiée du dit règlement ;

Que les municipalités qui voudront passer un règlement de prohibition, ou rappeler ceux qui existent déjà, le fassent avant le trente-et-un décembre et envoient à la Commission une copie dûment certifiée du règlement à cet effet.

Comme toutes les demandes de permis doivent être faites avant le trente-et-un décembre de chaque année et que la Commission doit, le ou avant le 20 janvier suivant décider de toutes les demandes qui lui ont été faites, conformément aux prescriptions de la loi, les Municipalités s'empresseront sans aucun doute de se rendre à la demande de la Commission.

L'article 34 de la Loi des Liqueurs dit expressément:

"La Commission doit refuser l'octroi de tout permis dans une Municipalité où un règlement de prohibition est en vigueur. Elle doit également refuser l'octroi de tout permis ou d'un certain permis, selon le cas, dans une municipalité dont le Conseil Municipal a, par règlement, demandé à la Commission de refuser l'octroi de tout permis ou d'un certain permis—pourvu que ce règlement ait été déposé au bureau de la Commission. Si ce dépôt a lieu après qu'elle a octroyé un permis dans cette Municipalité, la Commission ne pourra donner effet à la demande avant le premier mai suivant la date du dépôt".

Un autre article de la loi sur lequel la Commission croit devoir appeler l'attention des Municipalités, article qui est très explicite par lui-même, se lit comme suit:

ART. 137—"Nonobstant toute loi spéciale à ce contraire, aucune Municipalité ne peut, par règlement, résolution ou autrement, prélever la même année, d'une personne munie d'un permis en vertu de la présente loi, une licence, une taxe, un impôt ou un droit excédant deux cents piastres dans les cités et les villes, et cinquante piastres dans les autres municipalités, pour l'objet pour lequel la dite personne possède un permis. Toute municipalité qui prélève ou reçoit, directement ou indirectement, un montant plus élevé que ne le permet le présent article pour l'objet susdit, peut être forcée, en tout temps, de rembourser cette surcharge à la personne munie du dit permis ou à ses représentants légaux".

La Commission compte obtenir le concours actif des Municipalités pour l'aider à assurer l'observance fidèle et intégrale de la nouvelle loi.

Commission des Liqueurs de Québec

AVIS — La Commission informe le public que tous ses employés sont porteurs des moyens d'identification nécessaires. Toute personne qui se présenterait sans être porteur de cette pièce officielle devra être considérée comme un imposteur.

La Commission doit refuser l'octroi de tout permis dans une municipalité où un règlement de prohibition est en vigueur

AU PIED DU COURANT
905

Certificat d'Honneur

Certificate of Honour

J'AI L'HONNEUR D'ATTESTER QUE LE PERSONNEL DE

THIS IS TO CERTIFY THAT THE PERSONNEL OF

Commission des Liqueurs de Québec

A DÉPASSÉ SON OBJECTIF DANS L'ACHAT D'OBLIGATIONS DU

NEUVIÈME EMPRUNT DE LA VICTOIRE

Au nom de la population et du Gouvernement du Canada, je suis heureux de vous remettre ce certificat avec l'expression de ma vive gratitude pour votre coopération

HAVE PURCHASED BONDS OF THE

NINTH VICTORY LOAN

EXCEEDING THE AMOUNT OF THEIR OBJECTIVE

On behalf of the people and the Government of Canada, I am happy to send this citation with my thanks for your co-operation

LE MINISTRE DES FINANCES

OCTOBRE NOVEMBRE 1945

OCTOBER NOVEMBER 1945

MINISTER OF FINANCE

Baux des succursales de la Commision des liqueurs de Québec, à Hull et à Montréal

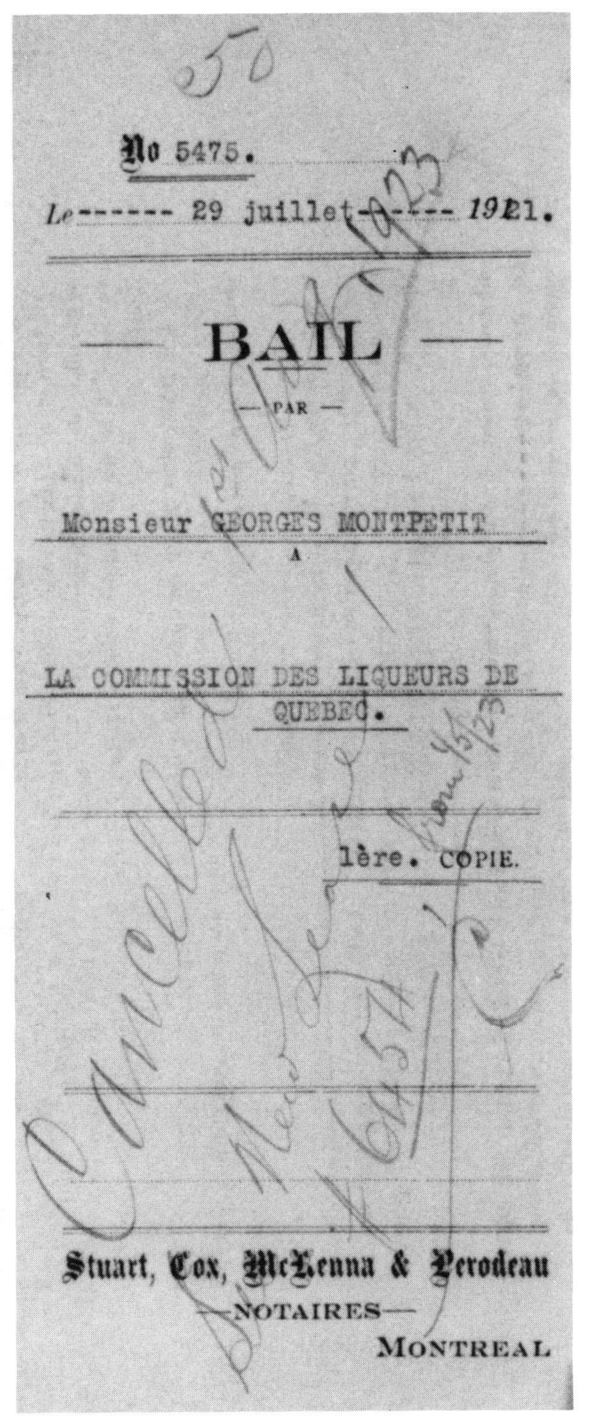

No 5475.

Le------ 29 juillet------ 1921.

BAIL

PAR

Monsieur GEORGES MONTPETIT

A

LA COMMISSION DES LIQUEURS DE QUEBEC.

1ère. COPIE.

Stuart, Cox, McKenna & Perodeau

NOTAIRES

MONTREAL

POLICE MONTREAL

No.

April 6th 1923

Lease

FROM

~~The Montreal Trust Company~~

ST. DENIS BUILDING, LIMITED

TO

THE QUEBEC LIQUOR COMMISSION

Copy

EXPIRES

Faites-moi un meilleur prix!

Une des principales préoccupations des dirigeants de la Commission des liqueurs a bien sûr été d'assurer les meilleurs prix possible au consommateur québécois. Et ce n'est pas d'hier que l'on se plaint du prix élevé à payer pour consommer ses boissons favorites: «Certaines personnes, dont le nombre heureusement diminue sans cesse, sont sous l'impression que c'est votre commission qui est responsable du prix élevé des liqueurs à l'heure actuelle. Toutes ces personnes changeraient bientôt d'avis, s'il était pssible de leur mettre sous les yeux les énormes impôts qui pèsent sur le commerce des spiritueux. Loin de diminuer, ces impôts tendent sans cesse à augmenter.» (Extrait du rapport annuel de la Commission des liqueurs de Québec pour 1923).

Bail

Entre les soussignés
La London & River Plate Bank Ltd
dont le siège social est à London 7 Princes Street, représentée par Monsieur Kenneth Seyb Douglas, son Directeur à Paris, 16 rue Halévy — d'une part
Et La Commission des Liqueurs de Québec dont le siège social est à Montréal (Canada) représentée par Monsieur Robert Léon Guibert son Gérant 3 rue Mansart à Paris — d'autre part

Il a été convenu et arrêté ce qui suit
La London & River Plate Bank, au dit nom fait bail et donne à loyer à La Commission des Liqueurs de Québec qui accepte, pour trois années qui commenceront à courir le premier janvier mil neuf cent vingt deux pour finir le premier janvier mil neuf cent vingt cinq
Les lieux ci après désignés, dépendant de l'Immeuble sis à Paris rue du Helder N°9 et se composant de trois pièces sur la rue et deux sur la grande cour, un dégagement et deux Water-closets éclairés sur la courette, une cave, le tout

Le premier bail du bureau de Paris a été signé en 1922

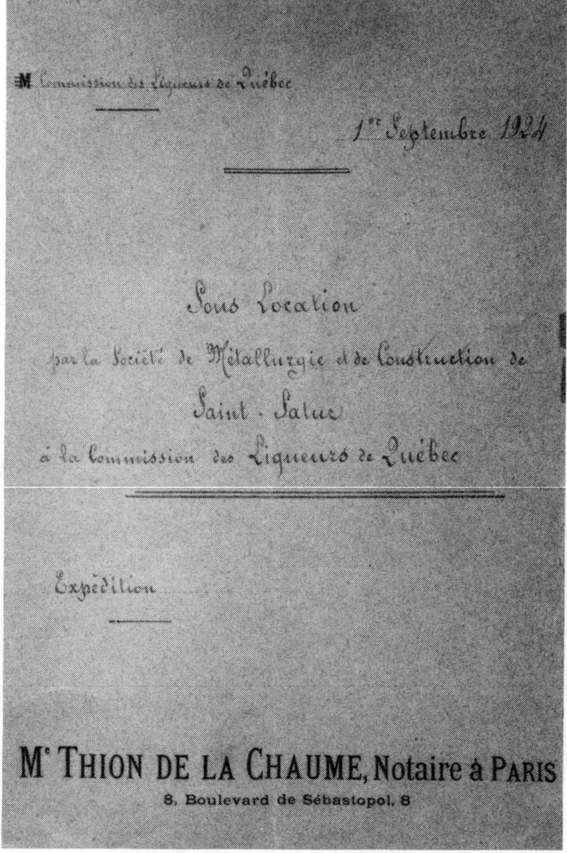

M Commission des Liqueurs de Québec

1er Septembre 1924

Sous Location
par la Société de Métallurgie et de Construction de
Saint-Salue
à la Commission des Liqueurs de Québec

Expédition

Me THION DE LA CHAUME, Notaire à PARIS
8, Boulevard de Sébastopol, 8

C'est ainsi que la Commission, par souci d'économie, a pris diverses mesures dans le bût de réduire ses coûts d'opération. Par exemple, elle établit en janvier 1922 un bureau à Paris. Ce bureau de dégustation et de renseignements crée des économies substantielles et lui permet de supprimer l'intermédiaire entre le vendeur et la Commission. C'est lui qui, le premier, jette les bases d'une relation commerciale fournisseur/client avec l'Europe.

Le personnel hautement qualifié du bureau parisien, de même que la proximité des fournisseurs et l'abondance de la documentation, ont permis à ce bureau de rendre d'énormes services à la Commission des liqueurs. Malheureusement, une conjoncture économique particulièrement difficile provoque la fermeture du bureau à Paris en 1935.

Une deuxième mesure d'économie est adoptée en mettant sur pied dès 1922 une usine d'embouteillage, qui crée de l'emploi tout en favorisant les industries locales. Ce secteur d'activité provoque en outre l'abaissement du prix de revient, et par conséquent celui du prix de vente, de plusieurs marques de boissons. De considérables économies de transport sont aussi effectuées. En 1926, la Commission embouteille déjà vingt-trois marques de vin et trente-neuf marques de spiritueux. Certains de ces produits sont vendus sous l'étiquette de la Commission, les autres portent leur marque originale.

À l'entrepôt de la Commission des liqueurs, les femmes travaillent assises et les hommes, debout.

Système de nettoyage
des bouteilles

Évidemment, avant que la mécanisation ait envahi les entreprises manufacturières, tout est fait à la main par de valeureux ouvriers que les heures supplémentaires non payées ne rebutent pas... Hommes et femmes travaillent ensemble, mais un règlement empreint de puritanisme les empêche de s'adresser la parole. À l'étiquetage, on se promène d'une table à l'autre, avec son tabouret, son pinceau et son pot de colle et on «habille» les bouteilles. Les hommes nettoient les bouteilles, les «mirent» sous une ampoule, les remplissent avec une embouteilleuse manuelle et manipulent les caisses. D'énormes barils sont remplis de glace afin de garder la boisson fraîche.

Une saine gestion et l'implantation de l'usine d'embouteillage, entre autres choses, ont donc permis à la Commission des liqueurs de faire des économies et de rendre ainsi les prix des boissons alcooliques plus abordables.

Embouteillage des
spiritueux à la
Commission des
liqueurs

Tableau 1. Évolution des prix au Québec entre 1922 et 1960, en dollars

MARQUE	1920 $	aug. %	1930 $	aug. %	1940 $	aug. %	1950 $	aug. %	1960 $	aug. %
Gin DeKuyper 26 oz	2,70	-	2,70	-	2,40	(11,1)	3,60	50	4,25	18,1
Vermouth Martini & Rossi 1 litre	1,65	-	1,35	(18,2)	1,90	40,7	2,25	18,4	2,25	-
Mâcon Collin & Bourrisset bouteille	1,00	-	0,75	(25)	-	-	1,80	140	1,95	8,3

Premier laboratoire de la Commission des liqueurs

Le contrôle de la qualité

«La Commission a recours aux précautions les plus minutieuses pour assurer la pureté et, d'une façon générale, la bonne qualité des produits qu'elle offre au public, précisent les commissaires dans leur premier rapport annuel. Sont seules admises à soumettre des échantillons à la Commission, les maisons de l'étranger qui peuvent produire un certificat de recommandation du directeur de l'administration du département d'agriculture de leur pays. De plus, pour éviter les fraudes, chaque consul est prié, à l'occasion, d'authentifier les certificats provenant du pays qu'il représente au Canada. La Commission a ainsi la certitude de ne traiter qu'avec des maisons sérieuses».

Et ce n'est qu'un début... Les marchandises achetées dans ces conditions des plus sévères sont ensuite analysées par les chimistes officiels de leur pays d'origine, avant l'exportation. Les chimistes du gouvernement fédéral effectuent une autre analyse dès que la marchandise arrive au Canada, avant qu'elle soit analysée une troisième fois par les chimistes de la Commission des liqueurs. On fait état de plus de 2 155 analyses au laboratoire de la Commission en 1923-1924. C'est donc dire qu'hier comme aujourd'hui seuls les produits d'une qualité supérieure sont acceptés: fi, les crapules et la boisson frelatée!

Est-ce donc cette renommée naissante qui fait que bientôt l'Ontario et les autres provinces, les États-Unis même, étudient notre système d'étatisation du commerce des boissons alcooliques? Sans doute le soin qu'on y apporte contribue-t-il à gagner la confiance des gens tout au long des années.

C'est dans ce laboratoire ultra-moderne que sont effectuées toutes les analyses

Analyse des spiritueux

LES DÉBITS DE BOISSONS

Dès 1921 sont instaurés un service d'octroi des permis, un service de surveillance générale et un service secret. Des inspecteurs sont envoyés dans les magasins et dans les débits licenciés.

Un examen minutieux de toutes les demandes de permis est effectué, exigeant une enquête sur le caractère des requérants et de leur établissement ainsi que sur l'utilité des permis dans les endroits où ils sont demandés. On met alors à profit la contribution des membres du clergé, des conseillers municipaux, des médecins, avocats et notaires, afin de répondre aux questions des inspecteurs. En outre, il faut exiger du secrétaire de la municipalité intéressée un certificat témoignant qu'il n'existe aucun règlement prohibitif qui pourrait empêcher l'exploitation des permis sur le territoire en question: n'oublions pas qu'en 1921 trente-quatre comtés sur trente-sept comptent des municipalités régies par un règlement prohibitif...

Plus de 1 800 permis toutes catégories sont accordés entre 1921 et 1923. Il en coûte à l'époque entre cent et quatre cents dollars pour l'obtention d'un permis. Ce prix varie en fonction du genre de commerce (restaurant, hôtel, épicerie, bateau-vapeur...), de l'endroit où il est situé (cité, ville ou autres) et, dans certains cas, de la valeur locative de l'établissement. Le permis est valide pour un an seulement. La vente de boissons alcooliques n'est permise qu'aux personnes ayant atteint l'âge de dix-huit ans, au lieu de vingt-et-un ans comme c'était le cas auparavant; ce n'est qu'en 1941 que la limite d'âge est de nouveau portée à vingt ans. Il faut attendre 1971 avant qu'on ramène l'âge légal à dix-huit ans.

À l'origine, le service de surveillance compte quelque trente-cinq inspecteurs qui, en collaboration avec les autres corps policiers, se chargent de la bonne application de la loi des liqueurs sur tout le territoire de la province de Québec, notamment en ce qui concerne les débits clandestins et le trafic illégal. Il semble raisonnable de croire que les autorités de la Commission mesurent mal l'ampleur du phénomène de contrebande qui devait inévitablement frapper le Québec au cours des années 20. Le premier rapport annuel vante amplement l'efficacité du service de surveillance, de sorte que la «persévérance à poursuivre les délinquants a eu pour effet d'éliminer presque entièrement le commerce illégal». En conséquence, ajoute-t-on, «très peu d'offenses de ce genre sont commises sur notre territoire». Cette année-là, le service de police de la Commission des liqueurs procède à 2 929 investigations. Ce nombre grimpe à 4 614 dès l'année suivante: pour les autorités locales, provinciales et fédérales, c'est le début d'une aventure sans précédent.

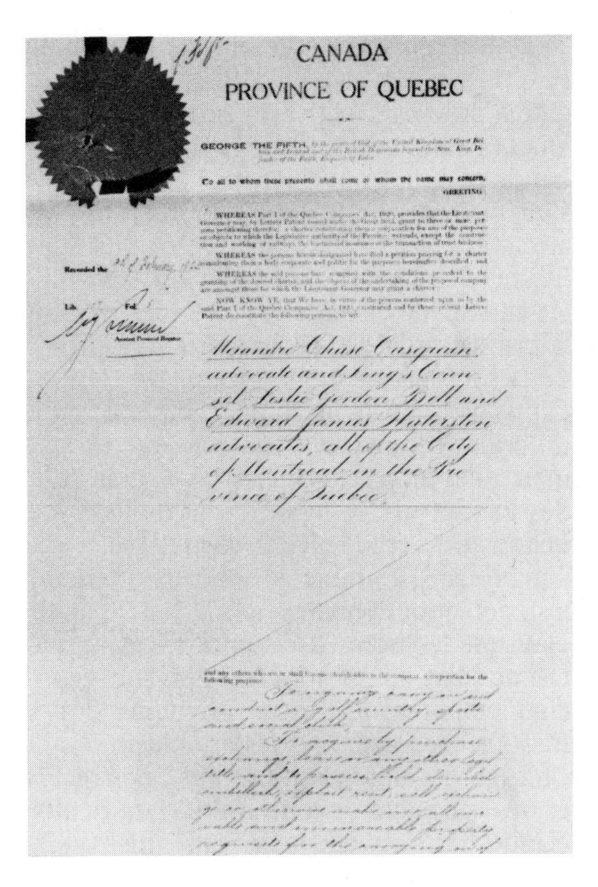
CANADA
PROVINCE OF QUEBEC

Lettres patentes, permis de vente de boissons, 1923

Tableau 2.

Évolution du nombre de permis en vigueur au Québec entre 1921 et 1960

Année	Nombre de permis	Augmentation %
1921-1922	1 861	–
1930-1931	3 108	67
1940-1941	3 502	12,7
1950-1951	5 080	45
1960-1961	7 037	38,5

1921-1930: POLITIQUE ET CONTREBANDE

On se rend vite compte que la prohibition en vigueur aux États-Unis et dans les autres provinces fait de la province de Québec un paradis pour les contrebandiers. Les Américains, par exemple, s'intéressent particulièrement aux whiskies, aux ryes et aux bourbons. C'est pourquoi ils cherchent immédiatement à se ravitailler au-delà des frontières, dans des pays où la distillation et l'exportation de ces produits sont parfaitement légales. Dès le début de la prohibition en 1919, le monde du crime s'empare du contrôle du commerce des alcools aux États-Unis. S'installe dès lors un réseau inextricable de trafiquants. Une épidémie de corruption s'étend dans les milieux policiers et chez les hauts fonctionnaires américains, pendant que les noms d'Al Capone, Legs Diamond et autres sombres personnages circulent, et vont jusqu'à provoquer des frissons chez ceux qui les entendent. Chicago devient la capitale des *bootleggers* et des gangsters de tout acabit. Des débits clandestins s'ouvrent aux États-Unis, offrant à leur clientèle des alcools de mauvaise qualité moyennant des sommes exorbitantes. Débits bon marché, classe moyenne ou de grand luxe, tout le monde y trouve son compte.

Au Québec pourtant, il semble difficile au tout début de mesurer la gravité de la situation. Le commerce clandestin s'installe tranquillement, mais on ne s'alarme pas outre mesure. Sans doute les commissaires comptent-ils sur le service de surveillance pour enrayer les méfaits apparents; mais les méfaits apparents ne sont en réalité que la pointe de l'iceberg...

En 1922, le tourisme est très florissant au Québec. On vient de l'Ontario et des États-Unis dans les restaurants, dans les hôtels... et dans les magasins de la Commission des liqueurs. Les directeurs de la Commission estiment que 84% des vins et spiritueux vendus dans la région de Montréal l'ont été à des étrangers. Des cercles récréatifs d'Ottawa s'établissent à Aylmer, près de Hull. Cette région, de même que toutes celles qui sont situées près des frontières tant américaines qu'ontariennes, connaissent un essor considérable... «dangereusement» considérable. Aux frontières canadiennes, par exemple, les hôtels Méridien, Johnson et Le Canada font des affaires d'or.

Pendant ce temps, le *New York Herald* propose la régie québécoise en modèle aux législateurs américains. Le *New York Times* fait l'éloge de la loi des liqueurs pendant que *La Presse,* dans son édition du 5 mai 1923, parle d'une «grande expérience sociale». Cette expérience sociale poursuivie dans la province attire sur la Commission l'attention de ceux qui, à l'étranger, cherchent une solution au problème complexe de l'alcool:

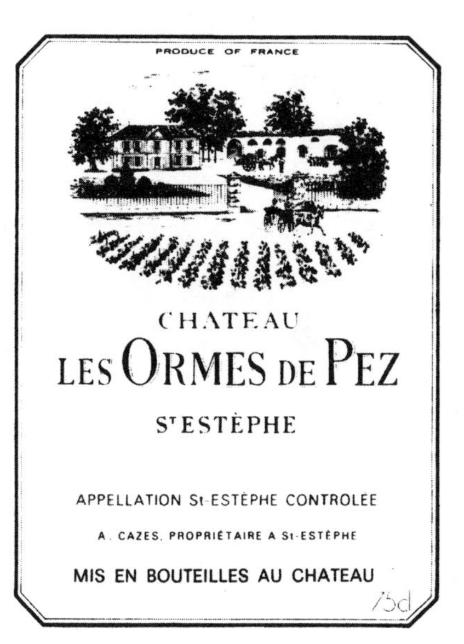

«Il ne se passe pas une semaine, presque pas de jour même, sans que des demandes de renseignements nous arrivent, ou sans qu'un visiteur vienne se renseigner sur place, sur notre organisation et les résultats qu'elle donne. On est venu nous voir de presque toutes les provinces du Canada et des États de la République américaine. Des enquêteurs hollandais, français, anglais, néo-zélandais sont passés par nos bureaux». (Extrait du rapport annuel de la Commission des liqueurs de Québec pour 1922-1923).

D'un côté, on reconnaît que la loi des liqueurs respecte les libertés individuelles et favorise la répression des abus. D'un autre côté, les mouvements de tempérance font pression et dénoncent ce règlement. Quoi qu'il en soit, cette loi a permis à la province de récolter des recettes importantes, sans lesquelles la loi de l'Assistance publique, avec son célèbre «Sou du Pauvre», n'aurait probalement pas pu voir le jour. Sur ce dernier point, Sauvé, lui, en appelle de l'absurdité:

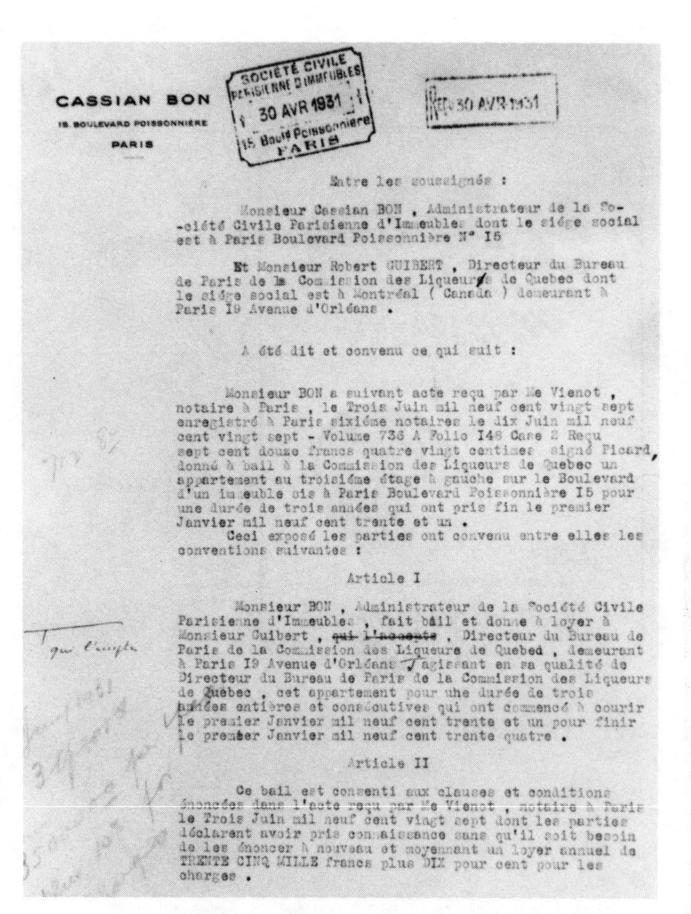

CASSIAN BON
15, BOULEVARD POISSONNIÈRE
PARIS

SOCIÉTÉ CIVILE PARISIENNE D'IMMEUBLES 30 AVR 1931 15 Boul'd Poissonnière PARIS

30 AVR 1931

Entre les soussignés :

Monsieur Cassian BON , Administrateur de la Société Civile Parisienne d'Immeubles dont le siége social est à Paris Boulevard Poissonnière N° 15

Et Monsieur Robert GUIBERT , Directeur du Bureau de Paris de la Commission des Liqueurs de Quebec dont le siége social est à Montréal (Canada) demeurant à Paris 19 Avenue d'Orléans .

A été dit et convenu ce qui suit :

Monsieur BON a suivant acte reçu par Me Vienot , notaire à Paris , le Trois Juin mil neuf cent vingt sept enregistré à Paris sixiéme notaires le dix Juin mil neuf cent vingt sept - Volume 736 A Folio 148 Case 2 Reçu sept cent douze francs quatre vingt centimes signé Picard, donné à bail à la Commission des Liqueurs de Quebec un appartement au troisiéme étage à gauche sur le Boulevard d'un immeuble sis à Paris Boulevard Poissonnière 15 pour une durée de trois années qui ont pris fin le premier Janvier mil neuf cent trente et un .

Ceci exposé les parties ont convenu entre elles les conventions suivantes :

Article I

Monsieur BON , Administrateur de la Société Civile Parisienne d'Immeubles , fait bail et donne à loyer à Monsieur Guibert , ~~qui l'accepte~~ , Directeur du Bureau de Paris de la Commission des Liqueurs de Quebec , demeurant à Paris 19 Avenue d'Orléans qui l'accepte agissant en sa qualité de Directeur du Bureau de Paris de la Commission des Liqueurs de Québec , cet appartement pour une durée de trois années entières et consécutives qui ont commencé à courir le premier Janvier mil neuf cent trente et un pour finir le premier Janvier mil neuf cent trente quatre .

Article II

Ce bail est consenti aux clauses et conditions énoncées dans l'acte reçu par Me Vienot , notaire à Paris le Trois Juin mil neuf cent vingt sept dont les parties déclarent avoir pris connaissance sans qu'il soit besoin de les énoncer à nouveau et moyennant un loyer annuel de TRENTE CINQ MILLE francs plus DIX pour cent pour les charges .

Bail du bureau de Paris, 1931

«Le gouvernement force les prêtres éducateurs et les religieuses hospitalières à accepter de l'argent provenant d'une mesure qu'ils ont toujours condamnée!» Certes, la loi des liqueurs a son cortège de fidèles critiques. Mais pour le moment, l'organisation connaît un succès inespéré et reste exempte de cette corruption qui, trop souvent, gagne les grandes sociétés. Taschereau n'en demande pas plus...

Dans son bureau de la Commission des liqueurs, Georges Simard s'occupe de bloquer toute tentative de patronage. On le sollicite pour un permis de vente, un poste à la Commission ou encore pour la levée d'une amende. Des fournisseurs se font recommander et des députés fédéraux et provinciaux présentent des candidats. En 1922, les députés s'impatientent. Leur popularité est à la baisse et ils en accusent Simard et son imperméabilité aux recommandations. Mais les positions de ce dernier sont tout à fait immuables.

Le conseiller législatif Léonide Perron, quant à lui, refuse obstinément de continuer à perdre ses élections à Montréal à cause de l'entêtement du président de la Commission des liqueurs. Simard est finalement poussé au pied du mur: il doit se soumettre ou se démettre. Il démissionne en 1923 et réintègre son poste de conseiller législatif. Ce sera là un changement d'importance pour la Commission des liqueurs. La nouvelle présidence est accordée à M. L.B. Cordeau.

Salle de réunion de la Commission des liqueurs de Québec

En 1923, les autorités commencent à ouvrir des yeux étonnés et inquiets sur la menace du commerce illicite. Des arrestations sont pratiquées sur des *bootleggers* américains qui fabriquent des étiquettes et des timbres à l'image de ceux de la Commission des liqueurs. C'est là un procédé assez courant qui vise à faire croire à un produit de qualité alors qu'il s'agit d'alcool frelaté. D'autres personnes, étrangères à la province et se disant autorisées par la Commission, enlèvent littéralement à leur propriétaire des liqueurs légalement en leur possession. Les *blind pigs,* ou débits clandestins, prolifèrent au Québec, et certains commerçants non autorisés s'approvisionnent aux magasins de la Commission des liqueurs pour effectuer leurs opérations de contrebande.

On découvre alors que le Québec fourmille de contrebandiers locaux et étrangers qui opèrent à des échelles plus ou moins grandes. La contrebande devient un sport, un commerce presque établi au grand jour, qui procure de *l'emploi* à des marins, à des distributeurs clandestins, à des camionneurs, à des commerçants et à ceux qui, nombreux, pratiquent ce commerce *à temps partiel.* Les Canadiens-français sont choyés. Le commerce clandestin, littéralement, permettra à plusieurs fils de contrebandiers de poursuivre leurs études et de vivre confortablement...

Pendant ce temps, des Américains rentrant d'Europe voyagent de préférence sur la ligne canadienne, exempte de prohibition. Congressistes, hommes d'affaires et vacanciers viennent volontiers se désaltérer au Québec. Plus près des frontières, Hull et Valleyfield s'enrichissent. Les quatre magasins de la Commission des liqueurs établis dans ces villes (deux dans chaque ville) enregistrent des ventes spectaculaires: pour l'exercice 1923-1924, les magasins de Hull récoltent 1 250 000$ et ceux de Valleyfield, 1 000 000$. À titre de comparaison, la ville de Québec, avec ses neuf magasins, enregistre des ventes, pour la même période, de 2 200 000$!

À Montréal, 963 débits clandestins sont découverts pendant l'année par le service de surveillance de la Commission. Le nouveau président se résigne: «Malgré nos efforts, explique-t-il dans son rapport annuel de 1923-1924, nous savons que les débits clandestins existent toujours et que nous ne réussirons jamais à faire fermer toutes ces maisons d'une manière permanente. Notre expérience nous démontre qu'aussitôt que des recherches et des arrestations sont faites dans un de ces débits la maison recommence à servir au même usage illégal presque immédiatement après. Dans plusieurs cas, le propriétaire s'arrange de façon à ne pas être connu en faisant faire par un employé son commerce illicite.» Aux États-Unis, on estime qu'il y a plus du double de *speakeasies* (débits clandestins) qu'il n'y avait de bars, de tavernes et de saloons avant le vote du 18e amendement. On voit même dans les rues de Chicago des citoyens exaspérés afficher une note sur la porte de leur résidence, indiquant de cette façon qu'ils n'y opèrent pas un débit d'alcool. Et la prohibition, dit-on, est pour le peuple. Chez les riches, les meilleures boissons coulent à flots. Les productions d'alcool canadien grimpent très haut pour être introduites en contrebande aux États-Unis. Entre 1921 et 1923, les actions des quatre principales sociétés canadiennes productrices de boissons alcooliques augmentent de 315% sur la bourse des valeurs.

L'épidémie se propage par voie de terre, par voie de mer et même par voie des airs. Les îles de Saint-Pierre et Miquelon constituent des lieux d'approvisionnement privilégiés. Dans tous les ports du continent, les navires des contrebandiers d'alcool sont appelés *rum-runners.* À certains moments, plus d'une centaine de ces bateaux se dandinent, ancrés dans la mer, alignés, attendant tout juste à l'extérieur des eaux territoriales de déverser leur précieuse cargaison dans des vedettes venues du rivage. On a baptisé cette ligne *Rum Row* (Allée du Rhum). Ingénieux, les *rum-runners* se dotent d'un dispositif crachant un épais nuage de fumée noire pour semer les garde-côtes qui les surveillent. Au pays comme à l'extérieur, les profits de tout ce trafic illégal donnent très vite naissance à un monde clandestin qu'il est désormais impossible de démanteler.

Depuis la démission de Georges Simard, la Commission des liqueurs semble s'éloigner des méthodes rigoureuses. D'instrument de tempérance qu'elle devait être à l'origine, on accuse la régie de l'alcool de devenir le centre d'organisation et de propagande du parti au pouvoir, à l'instar de plusieurs autres entreprises gouvernementales. L'opposition réclame une enquête sur les opérations de la Commission des liqueurs. Le gouvernement, qui auparavant déclarait formellement qu'il ne rendrait jamais ses comptes, garde jalousement son secret pendant quelques semaines. Mais l'opinion est sur le qui-vive et des nuages de scandale s'amoncellent à l'horizon. Une enquête est finalement ouverte au début de l'année 1925 devant le Comité des comptes publics. Cependant, l'enquête est bientôt ajournée sans que rien de décisif ne soit établi.

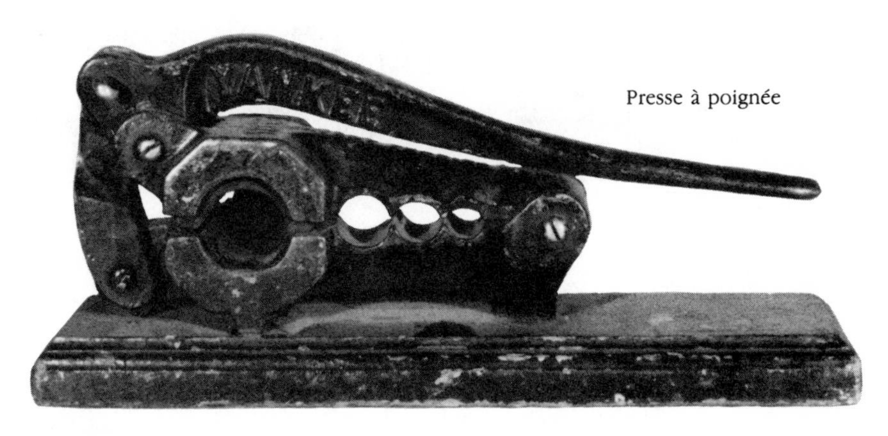

Presse à poignée

Le commerce illicite, cependant, va toujours bon train. Afin de rendre plus active la chasse aux *bootleggers* qui font le transport des caisses de bonnes bouteilles entre les États-Unis et la province de Québec, une patrouille constituée d'inspecteurs de la Commission des liqueurs est formée au cours de l'été 1924. Les inspecteurs de cette patrouille sont mis en faction aux routes conduisant de la frontière américaine à notre province.

Il est intéressant de constater qu'un véritable déploiement d'imagination est mis au service de la contrebande afin de tromper les inspecteurs. Les autorités provinciales et fédérales s'emploient tant bien que mal à démasquer les escrocs et font des découvertes pour le moins étonnantes : on cache l'alcool dans des tubes de caoutchouc bouclés aux deux extrémités et enroulés autour du corps; on en remplit des biberons; on en camoufle dans une cargaison d'arbres de Noël, qui disparaît mystérieusement aussitôt les inspecteurs alertés... À Saint-François, un pêcheur éberlué voit mordre à son hameçon 108 bouteilles de scotch, soit la majorité des 136 bouteilles volées quelques jours plus tôt dans un magasin de la Commission des liqueurs. Et à Buffalo, les douaniers saisissent sur un de leurs concitoyens deux douzaines d'oeufs vidés par un trou infime, remplis de whysky canadien, puis obturés!

Le mot *bootlegging* vient de *boot* (botte) et *legging* (jambière que l'on portait à l'époque). Les colons américains cachaient l'alcool dans leurs bottes pour le revendre aux Amérindiens.

Les contrebandiers réussissaient à imiter parfaitement les étiquettes officielles de la Commission des liqueurs. Celle-ci a donc commencé à imprimer des étiquettes sur papier filigrané.

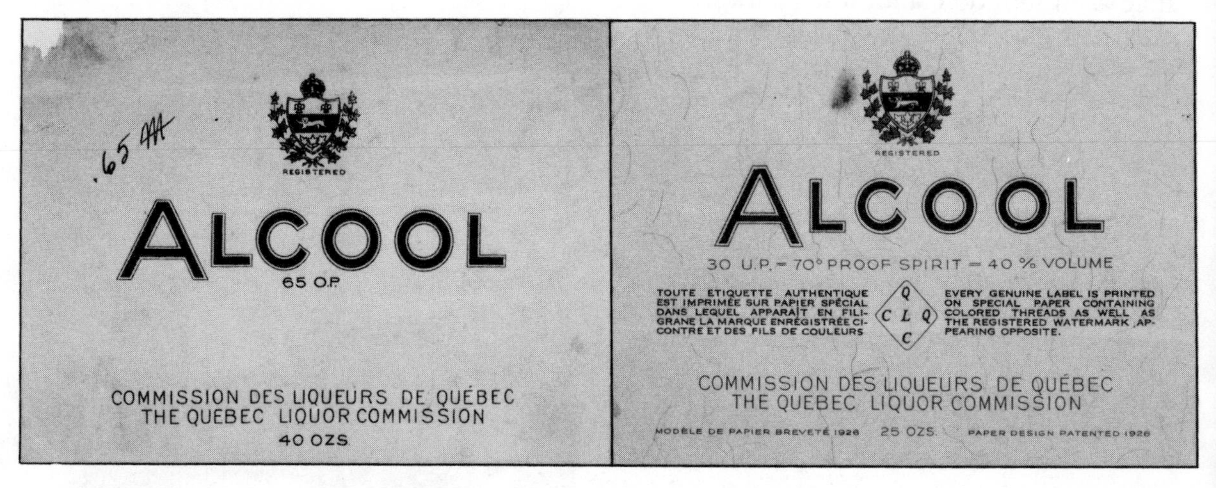

PRODUIT DE LA SOCIÉTÉ ANONYME DUBONNET
PARIS – FRANCE
VIN
PRODUCE OF FRANCE
PRODUCE OF FRANCE
"Dubonnet"
CONTENU 26 ONCES LIQ.
Cet excellent Vin est toujours employé avec succès lorsqu'il s'agit de fortifier l'Estomac, combattre le manque d'Appétit, la faiblesse l'épuisement, c'est le Vin le plus TONIQUE et le plus FORTIFIANT.
SE MÉFIER DES CONTREFAÇONS
DÉPOSÉ CONFORMÉMENT A LA LOI
IMP. DEBAR. PARIS-REIMS

J.&S. VIOLET FRÈRES
1866
THUIR
FRANCE
MARQUE DEPOSÉE
VIOLET FRÈRES
BYRRH
GESCHÜTZTE MARKE
MARCA REGISTRADA
TRADE MARK
BYRRH
VIOLET

Cette liste de prix a
été publiée en 1922

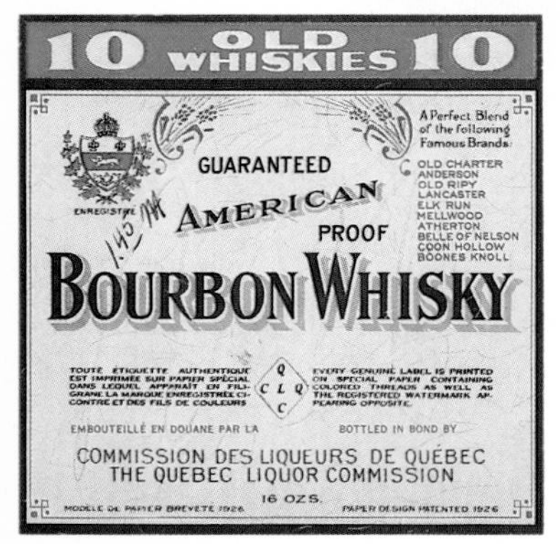

Le scandale des douanes

Un volume de contrebande si impressionnant ne peut aboutir qu'à un scandale à l'échelle du pays. Le Canada fournit les matières premières à une industrie hors-la-loi représentant plusieurs milliards de dollars. Le gouvernement fédéral, pourtant, demeure plus ou moins indifférent à la chose. On évoque surtout l'impossibilité de garantir l'étanchéité entre deux pays adjacents, dont l'un est *sec* et l'autre *humide*. Mais bientôt, les contrebandiers d'alcool estiment que trop de temps et d'essence sont gaspillés par un voyage à vide. Ils développent un nouveau système à double sens: en plus de faire le voyage du retour chargés d'alcool, ils effectuent leur venue au Canada débordants de marchandises américaines, tels le tabac et les textiles. Cette fraude atteint des proportions telles que l'industrie canadienne proteste avec force auprès du gouvernement fédéral, déclarant qu'on l'accule à la faillite. Après plusieurs plaintes restées sans réponse, les industries canadiennes fondent une association de protection du commerce afin d'obliger le gouvernement à agir. L'enquêteur en chef du ministère des Finances, Walter Duncan, est mis sur la piste.

Il démasque peu après l'un des plus rusés malfaiteurs du Canada, J.A.E. Bisaillon, agent de prévention en chef des Douanes à Montréal. Au nom de la loi, Bisaillon saisit l'alcool qu'il revend ensuite sous le couvert d'une compagnie prête-nom. Un bateau qu'il confisque réapparaît mystérieusement au quai de son chalet... À Beebe Plain, près de Rock Island, Bisaillon possède une ferme qui s'étend des deux côtés de la frontière canado-américaine; des textiles sortent du côté américain pour entrer du côté canadien sans avoir été dédouanés. Bisaillon est décidément très astucieux... Lorsque les inspecteurs de la Commission des liqueurs saisissent une barge contenant 24 000 tonneaux d'alcool, Bisaillon, alléguant qu'il y a infraction à une loi fédérale, en prend possession, revend l'alcool et dépose 69 000$ dans son propre compte en banque.

D'autres éléments sont découverts par l'agent Duncan, à la suite de quoi l'Association de protection du commerce dépose toutes les preuves qu'elle possède devant Mackenzie King. Devant le silence de ce dernier, l'opposition étale le scandale au grand jour en février 1926 et son chef réclame une enquête parlementaire. Le comité spécial, composé de neuf membres, interroge 224 témoins. Le 18 juin 1926, il conclut à la dégradation des services du ministère des Douanes et Accises. Bisaillon est alors poursuivi au criminel, six agents du Québec sont congédiés et trois autres fonctionnaires sont mis à la retraite sur-le-champ.

Mais ce rapport ne satisfait pas l'opposition, qui estime que plusieurs autres scandales peuvent être mis au jour. Du 17 novembre 1926 au 14 septembre 1927, les audiences publiques se poursuivent. Le 15 octobre, le comité conclut à une contrebande *presque généralisée* à certains endroits du Canada et à de *graves irrégularités* ayant occasionné des pertes de revenus substantielles au pays. On demande donc le congédiement des receveurs de douanes de Windsor, de Toronto, de Vancouver et de Régina.

On a constaté des cas de fraude dans des entreprises qui importent des fleurs, de la soie, des pierres tombales, des vêtements, des médicaments, du sel, des chaussures et quoi encore! Dans un cas extrême, à Niagara Falls, la commission d'enquête n'arrive même pas à découvrir la nature licite du commerce d'un importateur... s'il en avait une!

Les cas de fraude fiscale sont cependant les plus graves et les plus nombreux chez les commerçants de spiritueux: on *oublie* de payer des droits de douane, on fabrique de fausses étiquettes *Marchandise acquittée,* etc.

Il ne fait aucun doute que ces enquêtes donnent un coup de fouet aux inspecteurs du service des Douanes et Accises: en 1926-1927, la valeur des marchandises saisies s'établit à 426 746$; l'année suivante, elle monte à 3 154 078$.

Heureusement, le 2 mars 1929, la loi Jones est signée aux États-Unis par le président Coolidge. Elle inflige cinq ans de prison et 10 000$ d'amende aux contrevenants à la loi prohibitive. Si ces sanctions n'influencent pas le commerce des gros contrebandiers, elles semblent tout au moins ralentir les plus petits.

À la Commission des liqueurs, les inspecteurs peuvent enfin respirer. Le volume des liqueurs passées en contrebande diminue graduellement. Au cours des années 20, les autres provinces ont emboîté le pas en instituant elles aussi des régies provinciales. Les commissaires font le bilan dans leur rapport annuel, en 1930-1931: «La Commission des liqueurs existe depuis déjà dix ans. Elle a été établie à la suite d'une longue agitation poursuivie dans notre province pour mettre fin aux abus du commerce des spiritueux. On peut juger du succès de cette expérience par la disparition absolue de l'agitation sérieuse que le commerce des alcools a si longtemps soulevée.

C'est que la loi des liqueurs du Québec a atteint le but que les législateurs rêvaient d'atteindre; elle a enrayé efficacement les ravages de l'alcoolisme et fait de notre province l'une des régions les plus tempérantes du globe...»

Enfin, trois ans plus tard, soit en 1933, on met un terme à la prohibition aux États-Unis. De 4 035 919$ qu'il était en 1921-1922, le revenu net de la Commission des liqueurs s'est élevé à 20 080 613$ en 1929-1930, au plus fort de la prohibition américaine, pour retomber à 5 339 436$ pour l'exercice 1933-1934.

Tableau 3. Évolution du nombre d'investigations et causes — district de Montréal, entre 1923 et 1930

Année	Nombre de plaintes	Condamnations à l'emprisonnement	Nombre de saisies	Recettes brutes de la Commission $
1923-1924	3 823	670	1 905	19 800 000
1924-1925	4 806	1 104	1 432	17 900 000
1925-1926	5 328	1 305	1 887	19 000 000
1926-1927	5 934	1 147	2 550	22 400 000
1927-1928	6 527	1 037	2 634	24 200 000
1928-1929	6 291	905	1 933	27 000 000
1929-1930	7 561	1 298	1 852	27 500 000
1930-1931	7 191	1 149	1 513	22 700 000
1931-1932	6 970	1 219	1 741	18 000 000

INGÉRENCE POLITIQUE

En 1927, pendant la campagne électorale provinciale, sont évoquées dans le programme conservateur les principales réclamations de l'épiscopat, de la presse antinationaliste, des syndicats ouvriers et de l'Union catholique des cultivateurs: observance de la loi du dimanche, commission des accidents du travail, crédit agricole et... «cessation de l'arbitraire, du favoritisme, des abus, des dépenses injustifiables de la Commission des liqueurs». Camilien Houde a en outre l'idée de permettre la vente des vins par les épiciers, idée qui ne sera mise en pratique que cinquante et un ans plus tard.

En 1928, la Commission des liqueurs franchit le cap des cent succursales. Il s'effectue en moyenne 1 085 transactions par jour dans le seul magasin de la rue Peel, à Montréal, et la moyenne quotidienne des ventes de ce magasin est de 3 500$.

C'est à peu près à cette époque que l'on prend conscience de l'impact économique réel de la société d'État dans la province. Peu après, l'aspect fiscal du commerce des boissons alcooliques par un monopole d'État a été reconnu. Dès 1928, la Loi sur l'importation des liqueurs enivrantes vient ainsi consacrer un système fiscal intégré qui accorde aux provinces

Cafétéria des cadres au Pied-du-Courant

l'exclusivité de l'importation et du commerce des boissons alcooliques. En 1930-1931, les commissaires constatent dans leur rapport annuel que la formule est intéressante: «...Tout en donnant ces résultats, d'une valeur sociale si importante, la Commission des liqueurs faisait tomber dans le trésor public de notre province des revenus considérables. Là-dessus la Commission a versé au gouvernement provincial 63 millions, soit une moyenne de six millions de piastres par année.»

«Il est intéressant de comparer le revenu que la Commission des liqueurs a ainsi donné au gouvernement avec les

Cafétéria des employés au Pied-du-Courant

revenus que le Trésor public retirait sous le régime du commerce privé licencié. L'annuaire statistique du Québec nous apprend que de 1909 à 1918, tous les établissements licenciés, aux contributions desquels il faut ajouter le revenu des amendes, ont versé dans le Trésor public 7 460 000$, soit environ 829 000$ par année. C'est-à-dire qu'à une époque où le nombre de débits de boissons dans la province était très élevé et où la consommation des spiritueux par tête était plus considérable que de nos jours, le Trésor public retirait de ce commerce sept fois moins de revenus que la Commission des liqueurs ne lui en fournit.»

Au début des années 30, il semble en effet que la présence de l'État dans le commerce des boissons alcooliques soit acceptée et approuvée par la population en général. En 1934, la police de la Commission des liqueurs est rattachée au ministère de la Justice. Le rôle de la société d'État en est d'autant plus précis et peut-être davantage axé sur l'administration.

En 1936, les libéraux perdent leurs élections après plus de seize années au pouvoir. Maurice Duplessis, de l'Union Nationale, est élu. Immédiatement, l'administration provinciale subit des changements profonds. Le conseil des ministres remplace les hauts fonctionnaires provinciaux, ainsi que les avocats de la Commission des liqueurs. Le conseil a recours à un moyen extrême pour forcer le président et les membres de la Commission à démissionner, réduisant leur traitement à un misérable dollar par année. Le président Cordeau proteste avec force et menace de s'adresser aux tribunaux. Peine perdue: il est remplacé par J.A. Savoie.

Pendant les années qui suivent, on joue à la chaise musicale (à la chaise politique?...). En 1939, le libéral Godbout reprend le pouvoir et Savoie est remplacé par Édouard Tellier. Cinq ans plus tard, Duplessis est réélu, et Tellier est à son tour remplacé par le juge Édouard Archambault.

On va même jusqu'à raconter qu'à l'annonce d'un changement de pouvoir, les cartes de poinçon des ouvriers disparaissent tandis que ceux-ci se voient suspendus pour une *période indéterminée.* Il est certain cependant que jusqu'aux années 60, il faut se faire tout petit dans le monde de la politique si on veut garder son emploi: gare à celui qui affiche ses préférences! Nul doute que l'avènement des associations syndicales, en 1964, contribue à rétablir ce malheureux état de faits.

On illustre la situation qui prévaut à la Commission des liqueurs comme partout ailleurs durant cette période particulièrement chaotique en racontant cette histoire véridique: celle de deux frères, dont l'un est rouge et l'autre bleu, qui se partagent la gérance d'une succursale! On devine que celui qui a préféré Duplessis a pu jouir d'un aussi long règne que le sien!

Roncarelli contre Duplessis

L'affaire Roncarelli est un bon exemple des méthodes employées à cette époque, mêlant politique, affaires et religion: au printemps 1945, les Témoins de Jéhovah mènent une campagne intensive au Québec. Leur approche est provocante et agressive. Les plaintes s'accumulent et les Témoins sont arrêtés par centaines. Survient alors un personnage du nom de Frank Roncarelli, restaurateur, qui verse les cautions exigées, à raison de 390 entre 1944 et 1946. Libres à nouveau, les Témoins de Jéhovah s'acharnent de plus belle.

En novembre 1945, les Témoins distribuent une circulaire audacieuse: «La haine de Québec pour Dieu, pour Christ et pour la liberté est un sujet de honte pour le Canada.» Les milieux catholiques protestent avec violence et une enquête est instituée.

On découvre alors que Roncarelli, généreux verseur de cautions pour ces fauteurs de trouble, est détenteur d'un permis de la Commission des liqueurs pour son restaurant de la rue Crescent. Une descente de police est effectuée le 4 décembre au Quaff-Café de Roncarelli. Son permis est supprimé sur une initiative conforme au pouvoir discrétionnaire des commissaires. En effet, à cette époque, on considère le permis comme un *privilège* et non comme un *droit*. Évidemment, Roncarelli furieux annonce des poursuites contre la Commission des liqueurs de Québec de sorte que soudain, partout au pays, on ne parle plus que de l'affaire Roncarelli.

Duplessis et le restaurateur vont de procès en procès. Finalement, le 12 juin 1959, la Cour Suprême condamne Duplessis à payer 46 132$ pour dommages et intérêts. Avec l'astuce d'un vieux routier de la scène publique, Duplessis arrive à transformer cette cuisante défaite juridique en une victoire politique...

Tonnellerie de la
Commission des
liqueurs, 1930

LES ANNÉES DE GUERRE

Si les années 20 ont amené une abondance d'abus au chapitre du commerce des boissons alcooliques, les années de guerre, elles, apportent le rationnement. Aux difficultés d'approvisionnement correspond une demande de plus en plus forte pour les boissons alcooliques. C'est que la guerre fournit du travail à quantité de gens qui n'auraient pu auparavant se permettre d'acheter des produits dits de luxe.

Le gouvernement fédéral autorise alors la Commission des liqueurs de Québec à acheter une quantité déterminée de produits distillés, soit au pays, soit à l'étranger. Mais déjà, les distilleries canadiennes fonctionnent à plein rendement afin de servir l'œuvre nationale: l'alcool produit sert à fabriquer des munitions, des instruments, de la peinture, des produits médicaux, et très peu d'alcool est destiné à la consommation. La Commission publie des affiches encourageant la population à boire moins pour verser *jusqu'à la limite de ses moyens* des fonds aux Obligations de la Victoire (ancêtres de nos actuelles Obligations d'épargne) afin de fournir au pays l'argent dont il a besoin. L'écart manifestement croissant entre l'offre et la demande oblige les commissaires à réagir. La demande est si forte que, certains jours, les stocks disponibles à un magasin s'épuisent avant même l'heure de fermeture de l'établissement. Après plusieurs appels à la coopération du public, la Commission se voit dans l'obligation d'imposer des quotas de vente.

Désormais, pour obtenir des boissons alcooliques, il faut se procurer à la Commission des liqueurs un *permis d'acheter des alcools et spiritueux*. Ce permis est présenté sous forme d'un livret de coupons personnel et non transférable.

Une affiche publiée par la Commission des liqueurs de Québec pendant le second conflit mondial

La quantité maximale d'alcools et spiritueux autorisée est de quarante onces par quinzaine. Un contrôle est appliqué en étampant à chaque achat un coupon antidaté.

Nous revoilà cependant aux prises avec le problème de contrebande et d'alcool de mauvaise qualité. Dans leur esprit crasse les contrebandiers voient là, on s'en doute, une occasion unique de faire un peu d'argent. De pair avec ces malfaiteurs, des citoyens échangent leurs coupons d'alcool contre d'autres denrées, utilisent leurs coupons au maximum pour se créer des réserves, ou encore pour revendre l'alcool à d'autres personnes. Les bonnes liqueurs se font rares et quelques employés des succursales en profitent pour faire main basse sur un *sous-commerce* des plus lucratifs. Aux coupons, certains commis préfèrent des billets de deux, cinq ou dix dollars qu'ils peuvent empocher, et on *oublie* la règle: souvent, seul un bon pourboire mérite à l'acheteur une bouteille. Cette pratique est néanmoins dangereuse: des inspecteurs de la Commission, habillés en civil, sont chargés de voir à la bonne application des règlements. Ils se présentent au comptoir et testent les employés en leur glissant des billets. Ceux qui sont pris au piège sont congédiés. Cette pratique illicite disparaît avec la fin du second conflit mondial.

Par suite d'ordonnances fédérales, la teneur en alcool des boissons alcooliques ne doit plus dépasser 40%

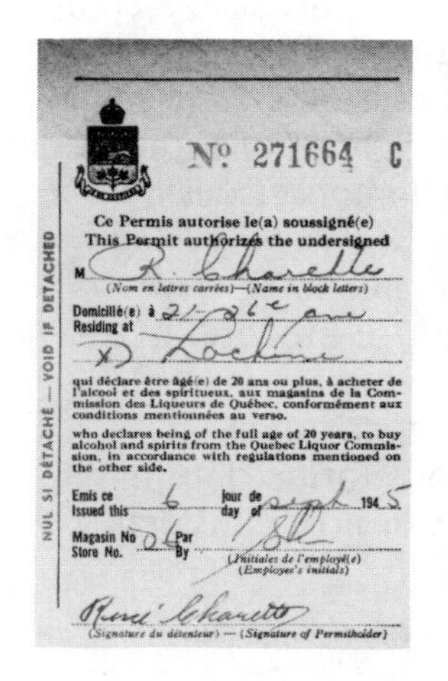
Nº 271664 C

Ce Permis autorise le(a) soussigné(e)
This Permit authorizes the undersigned

M. R. Charette
(Nom en lettres carrées)—(Name in block letters)

Domicilié(e) à / Residing at: 21 – 26e ave, Lachine

qui déclare être âgé(e) de 20 ans ou plus, à acheter de l'alcool et des spiritueux, aux magasins de la Commission des Liqueurs de Québec, conformément aux conditions mentionnées au verso.

who declares being of the full age of 20 years, to buy alcohol and spirits from the Quebec Liquor Commission, in accordance with regulations mentioned on the other side.

Emis ce / Issued this 6 jour de / day of sept 1945

Magasin No / Store No. 26 Par / By

(Initiales de l'employé(e)) (Employee's initials)

René Charette
(Signature du détenteur) — (Signature of Permitholder)

NUL SI DÉTACHÉ — VOID IF DETACHED

COPIE DU MAGASIN
STORE COPY

DATE	ONCES — OUNCES				
Quinzaine commençant 16 Oct. Oct. 16 Half Month beginning	10	10	10	1	1
	2	2	2	1	1
Quinzaine commençant 1 Oct. Oct. 1 Half Month beginning	10	10	10	1	1
	2	2	2	1	1
Quinzaine commençant 16 Sept. Sept. 16 Half Month beginning	10	10	10	1	1
	2	2	2	1	1
Quinzaine commençant 1 Sept. Sept. 1 Half Month beginning	10	10	10	1	1
	2	2	2	1	1
Quinzaine commençant 16 Nov. Nov. 16 Half Month beginning	10	10	10	1	1
	2	2	2	1	1
Quinzaine commençant 1 Nov. Nov. 1 Half Month beginning	10	10	10	1	1
	2	2	2	1	1

LES MOUVEMENTS DE TEMPÉRANCE

Esprit de vin,
si je ne savais ton nom,
je t'appellerais démon…

Shakespeare

Il serait faux de croire que la loi des liqueurs a suffi à taire les doléances des sociétés de tempérance. Bien au contraire, puisque les deux camps (prohibitionniste et anti-prohibitionniste) se sont démarqués encore davantage dans leurs luttes. Les campagnes de tempérance, menées principalement par l'épiscopat et les sociétés à caractère religieux, se sont étendues jusqu'aux journaux, jusqu'à la politique, jusque dans l'intimité des foyers. Encore une fois, la loi des liqueurs est à la source de discussions enflammées. Les employés de la Commission des liqueurs, par exemple, sont formellement exclus des Chevaliers de Colomb. En effet, l'organisme refuse d'admettre dans ses rangs toute personne intéressée au commerce de l'alcool.

À l'origine, les mouvements de tempérance se sont concentrés sur la prohibition totale de l'alcool. Des tracts ont été distribués, des ralliements organisés, et la revue *La Tempérance* publie en 1910 un cahier de *Cantiques et chants de tempérance*, avec des chansons aux titres évocateurs tels que *Dieu-le-veut, Vive l'eau, Le diable en bouteille* et *En buvant.*

Les Ligues du Sacré-Coeur, créées en 1894, apparaissent pour la première fois à Montréal en 1909, sous l'égide des Jésuites.

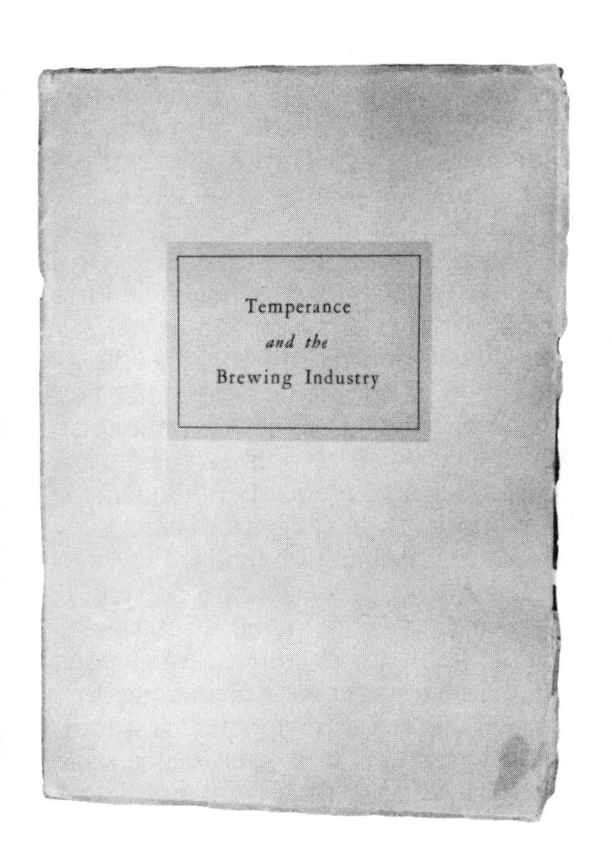

Le premier cercle Lacordaire est né au Massachussetts en 1911. Il s'agit d'une association amicale anti-alcoolique pour hommes et jeunes gens. Son homologue féminin est le cercle Sainte-Jeanne d'Arc, pour dames et demoiselles. Le premier cercle Lacordaire s'établit au Québec en 1915. En 1945, 38 000 membres font partie des cercles Lacordaire et Sainte-Jeanne d'Arc. Leur devise est: *Honneur, Santé, Bonheur. Dieu premier servi.*

En 1924, la publication du rapport Coderre sur la police montréalaise jette le scandale parmi les ligues et comités de toutes sortes: en effet, ce rapport fait état de cas de corruption grave chez les agents municipaux, qui se font les protecteurs des tenanciers de débits clandestins en partageant les profits avec eux.

Les sociétés de tempérance sont bien organisées. En 1926, le Révérend Père P.A. Roy, de l'Action Catholique, prêche cette vertu avec zèle. Il écrit dans *Croisade de tempérance*, en 1926: «...vous tous, vous rappelant que le sang des preux coule dans vos veines, vous allez vous lever comme des braves, vous allez prendre en main l'arme victorieuse du salut, vous allez saisir la Croix, la Croix Noire, la Croix de Tempérance, aux cris mille fois répétés de: *Dieu le veut! Dieu le veut!*»

Dans chaque paroisse, la cheville ouvrière de la Société de tempérance est le conseil, composé de sept membres. Des règlements stricts sont élaborés par chaque société, qui émet périodiquement des rapports. Le règlement des cercles Lacordaire et Sainte-Jeanne d'Arc stipule, par exemple, que les membres doivent, en présence d'un prêtre, prendre l'engagement de s'abstenir complètement et pour toujours de toute boisson alcoolique. La sobriété, dit-on à cette époque, c'est tout de même noble... mais l'abstinence seule représente un sacrifice à la mesure de notre dieu.

Peu à peu, la cible visée par les mouvements de tempérance passe du problème de l'alcool à celui de l'alcoolisme. On considère alors que l'être humain devient inévitablement alcoolique en buvant tous les jours une petite quantité de boisson à haute teneur alcoolique: «Trois onces (six cuillerées à soupe) suffisent pour alcooliser un individu en vingt-quatre mois», affirment les Clercs de Saint-Viateur dans *Quelques vérités sur l'alcoolisme*. Si l'ivrognerie est caractérisée par la quantité excessive de liqueur consommée, l'alcoolisme se traduit par une fréquence immodérée, même à petites doses.

Les autorités de la Commission des liqueurs, elles, constatent avec satisfaction la tendance des Québécois à se tourner vers la consommation des vins. Entre 1922 et 1930, celle-ci augmente de 220%, alors que la consommation des spiritueux n'augmente que de 11%.

Les rubriques *Aspect moral* et *Ivrognerie* des rapports annuels rapportent en outre que le pourcentage de délits graves pour la population québécoise, par rapport au reste du pays et sachant qu'elle constitue 28% de la population canadienne, passe de 20,3% en 1919 à seulement 17,5% en 1926. Le nombre d'arrestations pour ivresse passe de 525 par dix mille habitants en 1920, à Montréal, à moins de 250 par dix mille habitants en 1926. Dans les deux cas, la situation s'est nettement améliorée.

Les commissaires ajoutent dans leur rapport annuel pour l'exercice 1930-1931: «En même temps qu'elle produisait ces résultats si satisfaisants pour les apôtres de la tempérance dans notre province, la Loi des liqueurs du Québec organisait le commerce des spiritueux de façon à satisfaire tous ceux qui jugent que le fait de boire un verre de boisson n'est pas en soi un mal et qu'il n'appartient donc pas à l'État de supprimer entièrement la vente des liqueurs alcooliques.»

On a vu plus tôt que la loi des liqueurs, à partir de 1930, était généralement bien acceptée. C'est un fait. Mais on s'aperçoit bientôt que si la loi est adéquate, elle n'est pas toujours appliquée... Ainsi, l'épiscopat en appelle au rôle correctif de l'État lorsqu'il prie les autorités civiles, en 1938, de veiller à faire appliquer «en toute loyauté et rigueur» la Loi des liqueurs alcooliques, et à réprimer efficacement les transgressions, «en particulier la vente des spiritueux et de la bière le dimanche».

On sait pourtant que les lois, sans le respect et l'appui de l'opinion publique, restent sans résultat: «On ne rend pas les peuples vertueux et tempérants par décret», écrit l'épiscopat dans *L'Eau-de-feu, Lettre sur la tempérance*, en 1939.

La mini-réforme que la loi des liqueurs subit en 1941 a-t-elle eu pour but d'amadouer les sociétés de tempérance? Peut-être, partiellement... Les catégories de permis sont modifiées, et on resserre la réglementation portant sur la limite d'âge (vingt ans au lieu de dix-huit), les heures de fermeture des débits de boissons, et les articles concernant la publicité des boissons alcooliques. Nouvelle loi, meilleure application, peut-être. Oh que non! En 1947, les Ligues du Sacré-Coeur comptent bien se faire entendre à ce sujet: après une enquête minutieuse dans de nombreux bars de Montréal et de la province, elles protestent auprès du gouvernement contre les violations ouvertes et impunies de la loi des liqueurs, sans obtenir grande réaction. En 1948, l'assemblée épiscopale en vient à considérer de plus en plus nécessaire l'intensification de la croisade de tempérance.

La tempérance, c'est le bonheur à bon marché.

Franklin

Aux grands maux, les grands remèdes: en 1952, l'Action Catholique encourage la population à signer une pétition pour «la stricte observance de tous les articles de la loi des liqueurs et la sanction rigoureuse contre les délinquants». Elle recueille de cette façon plus de 800 000 signatures et présente sa requête au premier ministre Duplessis, qui répond vaguement: «... nous devons remercier l'épiscopat d'avoir attiré l'attention sur les façons d'améliorer la situation...» Au cours du même débat en Chambre, il ajoute: «... il est humainement impossible de faire mieux!»

L'épiscopat n'est pourtant pas le seul à se plaindre de la situation: à la même époque, la Chambre de commerce, l'Union des cultivateurs catholiques, les Chevaliers de Colomb et la Société médicale de Montréal ont tour à tour prié le gouvernement de faire observer la loi des liqueurs. En 1953, la Fédération générale des Ligues du Sacré-Coeur attire l'attention du public en diffusant une série de douze articles parus dans *le Devoir,* reliés en brochure, résumant le débat. On y dénonce la non-observance de la loi et l'indifférence des autorités à cet égard, mais aussi les effectifs policiers insuffisants et les méfaits de la publicité. On tente aussi de démontrer qu'il existe à la Commission des liqueurs une *politique désordonnée* dans l'octroi des permis.

En juin 1953, on évoque la nécessité de créer un comité d'étude sur le problème de l'alcool, et on exige une refonte de la loi des liqueurs. La première maison Domrémy est fondée en 1956, un an avant l'Institut d'étude sur l'alcoolisme.

En fait, il est clair qu'à cette période ce n'est pas tant la loi des liqueurs qui est contestée que sa mauvaise application, et les abus qu'elle entraîne.

Un comité d'étude

Au cours de cette même année 1953, les associations professionnelles de licenciés déposent le Mémoire du comité d'étude sur le problème social de la vente et de la consommation des liqueurs alcooliques dans la province de Québec, un comité fondé le 1er mai 1951. Philosophes, sociologues, statisticiens, juristes et représentants autorisés des associations de licenciés ont été consultés sur les divers aspects du problème. Ce document de quelque trois cents pages, étoffé de données statistiques et d'études multiples, vise avant tout à jeter les bases d'un programme d'action et d'éducation «qui aurait l'avantage d'être basé sur la réalité et de tenir compte de tous les intérêts en cause, en ayant toujours pour but ultime le respect de l'ordre public et des bonnes mœurs». Les épiciers, taverniers, hôteliers et restaurateurs licenciés y sont dûment représentés.

Une enquête menée dans 11 comtés prohibitionnistes (l'étude révèle que «1 144 municipalités de la province, sur un total de 1 596, sont régies par une réglementation prohibitive...») affirme que ladite prohibition n'est observée nulle part. L'approvisionnement se fait couramment dans les magasins licenciés, les débits clandestins, ou par l'entremise des chauffeurs de taxis... La bière se vend 1$ la bouteille et les spiritueux se détaillent à 10$ pour 26 onces, soit plus du double du prix régulier. On recommande par conséquent l'abolition de la loi de prohibition locale pour la remplacer par des *prescriptions positives*.

Les épiciers licenciés, hôteliers et taverniers formulent pour leur part plusieurs recommandations ayant trait tant aux heures d'ouverture et de fermeture qu'à la vente le dimanche et à l'octroi irrégulier des permis. En somme, l'uniformisation de la loi est grandement recherchée.

D'un côté, donc, les sociétés de tempérance réclament à hauts cris une plus grande sévérité, et de l'autre, les hôteliers et restaurateurs demandent en quelque sorte une libéralisation raisonnable. Il faudra cependant attendre 1961 avant qu'un changement réel n'intervienne.

Sceau / pochoir

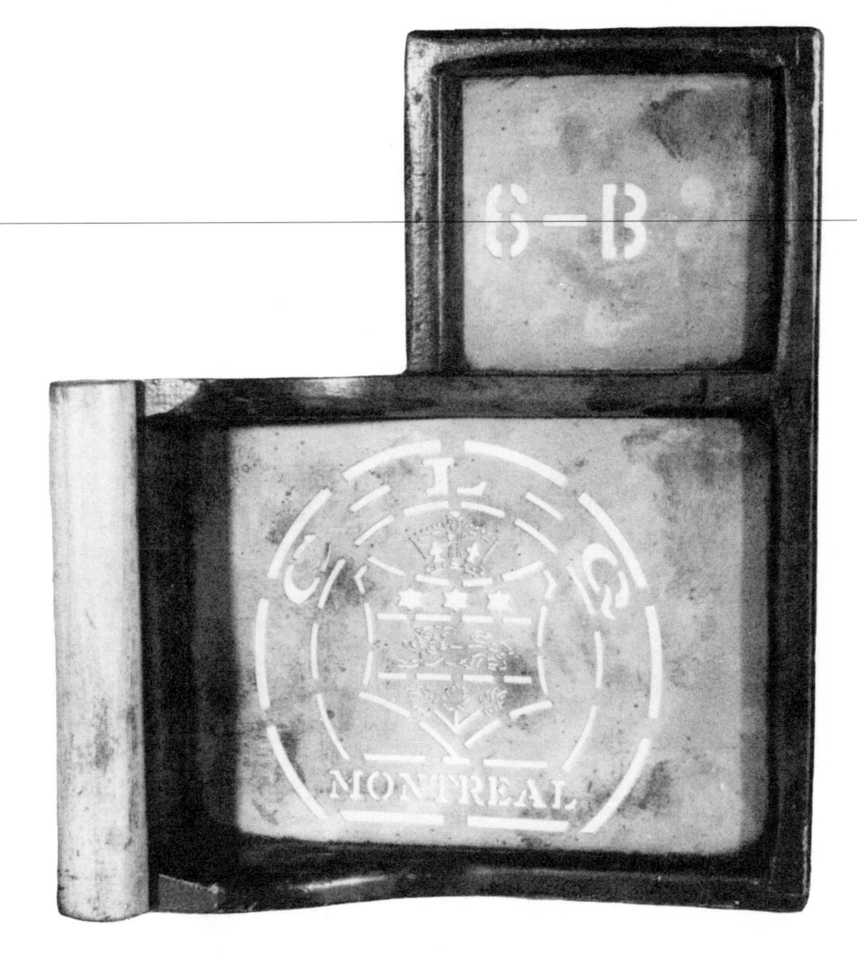

LA POLICE DES LIQUEURS

Montréal, 1954, un des nombreux clubs de la rue Saint-Laurent. Deux individus entrent, qu'on ne remarque même pas. Ils sont comme tous les autres clients : chemises à carreaux, pantalons tachés, cheveux coupés ras. Ils sont mal rasés, mais c'est le moindre de leurs soucis. Ils font la moue et on le leur rend bien.

Max est dans un coin, affalé, ivre mort comme d'habitude. Les deux individus le lorgnent d'un oeil rapide et vont s'asseoir à une table.

Le serveur prend leur commande, puis ramasse d'un geste machinal la bouteille à moitié pleine que Max ne finira jamais de boire : il s'est endormi. Le serveur se dandine au son de la musique western, tourne le dos à ses clients et, discrètement, vide le fond de la bière de Max dans une autre bouteille à moitié vide (qu'il s'agisse de la même marque ou non). Il pose un bouchon sur la bouteille : une autre *consommation maison* ! Attention, serveur...

Les deux hommes se lèvent, impassibles, et passent de l'autre côté du comptoir : « Police des liqueurs, ne bougez plus... »

Le service de surveillance de la Commission des liqueurs, fusionné en 1934 avec la Police provinciale, cède la place dans les années 40 à la Police des liqueurs, une section bien distincte de la Police provinciale. En 1944, la Police des liqueurs, ainsi que la Police provinciale en général, fait l'objet d'une enquête présidée par le juge Cannon. Ce corps policier est composé d'inspecteurs et d'agents armés qui, en uniforme ou en civil, un peu comme des détectives, sont chargés d'assurer le bon ordre et l'application de la loi des liqueurs. Descentes et perquisitions sont effectuées à partir des plaintes reçues, d'informations anonymes ou pas.

Règlement concernant
les permis d'auberges

COMMISSION DES LIQUEURS DE QUÉBEC

RENSEIGNEMENTS CONCERNANT LES PERMIS D'AUBERGE

1° Une auberge est un établissement exploité régulièrement, pourvu d'aménagements spéciaux, où, en considération d'un paiement, les voyageurs trouvent habituellement à manger et à loger, et comprenant au moins trente chambres, s'il est situé dans les cités de Québec et Montréal, au moins vingt chambres s'il est situé dans une autre cité ou ville, au moins six chambres s'il est situé ailleurs dans la région A., et au moins dix chambres, dans les autres cas.

2° Une chambre est une pièce d'une auberge, aménagée pour le coucher des voyageurs ou du personnel et pourvue d'un ameublement convenable à cette fin. Elle ne comprend pas les chalets ou camps de tourisme. Chaque chambre doit avoir une porte donnant sur un corridor et être pourvue d'au moins une fenêtre extérieure.

3° Le mot "repas" désigne un repas dont le prix est de quarante cents ou plus, abstraction faite du prix de la bière ou du vin servi avec les aliments.

4° Tout détenteur d'un permis d'auberge peut vendre à un voyageur des vins et bières que lui et ses convives doivent consommer sur place pendant leur repas seulement.

5° Cependant, dans la région A. seulement, les auberges ayant obtenu un permis spécial peuvent vendre à un voyageur des vins et bières qui doivent être consommés sur place.

6° Dans une municipalité de village, ou dans une municipalité rurale, tout détenteur d'un permis d'auberge peut vendre des bières à la bouteille pour être emportées ou livrées au dehors, pourvu qu'un permis spécial lui ait été octroyé à cet effet par la Commission.

7° Il est interdit aux détenteurs d'un permis d'auberge de vendre des bières et vins à toute personne âgée de moins de vingt ans, à toute personne apparemment en état d'ivresse et à toute personne interdite.

8° La vente ou la livraison des bières et vins est interdite:
a) A Montréal, entre deux heures et huit heures du matin;
b) A Québec, entre une heure et huit heures du matin;
c) Ailleurs, entre minuit et huit heures du matin.

Les dimanches et jours de fêtes, les auberges peuvent vendre de la bière et du vin avec repas seulement, et cela entre une heure de l'après-midi et neuf heures du soir.

La vente des bières et vins n'est donc pas permise les dimanches et jours de fêtes entre minuit la veille et une heure de l'après-midi, et entre neuf heures du soir et huit heures le lendemain matin.

9° Aucun vin ou bière ne doit être vendu ou servi dans une auberge, sauf dans les salles désignées par la Commission. Il est interdit de vendre ou de livrer du vin ou de la bière dans les chambres, dans tous les cas.

10° Il est interdit aux détenteurs d'un permis d'auberge d'encaisser les chèques ou autres lettres de créance, émis en paiement de salaire.

11° La publicité par enseigne des vins et bières est interdite à l'extérieur des auberges. La publicité à l'intérieur doit être approuvée par la Commission.

12° Le détenteur d'un permis d'auberge doit tenir un système de livres et documents concernant ses achats de vins et de bières, et indiquant la quantité, le prix, la date de chaque achat et le nom du fournisseur. Ces livres et documents doivent être tenus à la disposition de la Commission. Celle-ci peut exiger des détenteurs d'un permis d'auberge des rapports périodiques sur leurs ventes et achats de vins et de bières.

13° Il est interdit de donner, dans une auberge, des représentations quelconques, ou de permettre d'y danser sans le consentement de la Commission.

14° Les droits exigibles pour la vente des vins et des bières dans une auberge sont les suivants:

A. — Pendant les repas et en dehors des repas:
aa) A Montréal.................. $400.00
bb) Autres cités ou villes......... 200.00
cc) Ailleurs..................... 75.00

B. — Pendant les repas seulement:
aa) A Montréal.................. $100.00
bb) Autres cités ou villes......... 50.00
cc) Ailleurs..................... 25.00

C. L. Q. Formule No 561

Mais regardons la chose de plus près. Il est intéressant de noter le rôle prépondérant que le service de surveillance, tant celui de la Commission des liqueurs que celui de la Police des liqueurs, a pu jouer dans l'évolution de l'hôtellerie et de la restauration au Québec. La propreté de l'établissement, de même que la qualité du service, le respect des heures d'ouverture et de fermeture et l'aménagement mobilier, sont autant d'éléments sur lesquels les inspecteurs ont dû veiller. Lisons à ce sujet cet extrait du rapport annuel de 1926 de la Commission des liqueurs de Québec: «...Bien peu, apparemment, conçoivent l'énorme expansion que peut prendre le tourisme en cette province, si nous avons soin de créer un système d'hôtellerie qui réponde aux exigences légitimes du touriste. Les attraits naturels de la province ne suffiront jamais à retenir chez nous le voyageur en quête de repos et de distractions, si nous ne lui offrons bon gîte et bonne table. Nous avons la satisfaction de constater le progrès marqué depuis le début de notre campagne (...) Durant le dernier exercice, 520 hôtels ont été visités par nos représentants. De ce nombre, 27 ont pu être classés dans la catégorie des établissements de première classe, 256 dans la catégorie de deuxième classe, 208 dans la troisième et 29 dans la quatrième (...) La situation... est encore loin d'être ce que nous voudrions, mais nous nous acheminons graduellement vers un but bien défini.»

C'est donc ce service, surveillance interne de la Commission et de la Police des liqueurs, qui a contribué pour une large part à l'élaboration de normes et de règlements qui font aujourd'hui du réseau de l'hôtellerie et des restaurants du Québec l'un des plus appréciés et des plus accueillants qui soient.

Même pendant les années 50, plusieurs municipalités sont encore régies par des règlements prohibitifs. La surveillance durant la période des Fêtes est tout particulièrement rigoureuse. Mais c'est à longueur d'année que l'on se surveille, à l'approche de la Police des liqueurs. Le mot est passé: «Gare! la police est dans le coin...» La ville est sur le qui-vive.

Les alcools saisis sont amenés au bureau local, où l'on procède à un inventaire mensuel très serré. L'alcool prend ensuite la route de Montréal et, lorsqu'il est de mauvaise qualité, on le vide dans les égouts sous la surveillance officielle de la Gendarmerie royale du Canada.

C'est au cours des années 60 que la Police des liqueurs est réintégrée à la Sûreté du Québec, qui pourra compter plus tard sur la collaboration des corps policiers municipaux.

LA COMMISSION FÊTE SES QUARANTE ANS

La loi des liqueurs alcooliques n'a guère subi de réformes majeures entre 1921 et 1961. Seule la réforme de 1941 est venue la modifier en surface.

En 1959, le juge Lucien Dugas occupe la présidence de la Commission des liqueurs en remplacement d'Édouard Rivard, qui a été en poste depuis 1946. En 1960, la préoccupation de l'alcoolisme refait surface et donne naissance au bill 12.

Bien qu'il n'ait jamais été sanctionné, ce projet de loi proposait la création d'un *Comité anti-alcoolique du Québec*. Le comité aurait eu pour mandat de s'enquérir de l'étendue du problème de l'alcoolisme au Québec, d'étudier les moyens pour y remédier, et d'organiser une campagne publique d'information propre à faire régresser l'alcoolisme. On laisse tomber ce projet de loi après première lecture.

La Commission des liqueurs de Québec a quarante ans; donc, pendant quarante ans, elle a dû tenter de justifier la présence de l'État dans le commerce des boissons alcooliques.

Alors que la période des années 1920-1930 marque surtout la lutte sociale de l'entreprise d'État, les années 30, elles, apportent son intégration, et les années 40 à 60, la consolidation de l'entreprise.

Le tableau suivant témoigne par ailleurs de la vitalité du commerce des boissons alcooliques qui, sauf en temps de crise, a constamment évolué :

Tableau 4. Évolution des ventes entre 1921 et 1960

Année	Ventes ($)	Versé au provincial ($)	%	Versé au fédéral ($)	%
1921-1922	15 212 801	3 892 398	25,6	5 166 436	33,9
1929-1930	27 539 966	10 280 728	37,3	9 299 967	33,8
1939-1940	17 991 145	7 150 000	39,7	6 552 740	36,4
1949-1950	52 537 751	26 474 884	50,4	15 740 057	30
1959-1960	101 936 167	45 037 946	44,2	30 351 174	29,8

Comme le démontrent les montants annuels des ventes, les revenus vont en s'accroissant tout au long des années 20. Cette augmentation est sans nul doute causée par le nombre considérable de « touristes » qui s'approvisionnent au Québec pendant la prohibition américaine. Peu après, la crise des années 30 apporte une baisse substantielle des revenus. Enfin, la guerre de 1939-1945 et le regain économique du plan Marshall apportent ensuite une croissance plus soutenue.

Le début des années 60 voit la Commission des liqueurs aux prises avec l'attitude quelque peu amère de divers groupes qui tentent désespérément (et depuis longtemps) de s'y faire entendre. À l'intérieur même de l'organisme, on semble manquer de souffle...

LA RÉGIE DES ALCOOLS DU QUÉBEC (1961-1971)

LE BILL 34

Duplessis est mort en septembre 1959, divers scandales mis au jour par les libéraux dans les mois qui suivent précipitent la prise de pouvoir du libéral Jean Lesage aux élections du 22 juin 1960. *L'équipe du tonnerre* entraîne dans son sillage la Révolution tranquille et, avec elle, une effervescence idéologique sans précédent au Québec. Le recul de l'influence de l'Église soumet peu à peu la province à la gouverne des courants de pensée les plus divers. Après quarante ans d'évolution et la mise en veilleuse d'un certain dynamisme au sein de la Commission des liqueurs au cours des dix dernières années, la loi des liqueurs devient inapplicable et, par conséquent, inappliquée. Les interventions de plus en plus insistantes des divers groupes de pression appellent au changement. Survient alors l'ombre grave et nébuleuse du Législateur, qui impose aux politiciens la rédaction du bill 34: il faut une réforme.

Le projet de loi est soumis à l'opinion publique le 16 février 1961. Il semble favoriser, dans sa structure, une certaine libéralisation du commerce des alcools, tout en appliquant plus rigoureusement les restrictions imposées. Les associations intéressées à proposer des modifications sont invitées à se faire entendre devant le Comité des bills publics. La diversité des idées est d'abord mise en lumière par des milliers de lettres envoyées au parlement. Certains citoyens recommandent même un retour pur et simple à la prohibition! Le 22 février, les délégués d'une quarantaine d'associations se pressent dans la salle de délibérations, et encore une fois Québec se voit confronté à un problème de taille: comment, en effet, concilier les recommandations d'organismes aussi divers et aux buts aussi divergents que ceux des associations d'hôteliers, taverniers, restaurateurs et autres commerçants, avec celles de l'épiscopat, des Ligues du Sacré-Coeur, et de l'Institut d'étude sur l'alcoolisme?...

C'est dire que le commerce de l'alcool suscite plus que jamais un vif intérêt de la part du public et des groupes intéressés. Après tant d'années de revendications, les associations de tous genres ne vont pas perdre la chance de dire leur mot!

Les mémoires sont donc soumis, les comités entendus, et, après plusieurs jours de délibérations souvent orageuses, le bill 34 est sanctionné le 13 avril 1961.

Désormais, la loi des alcools est régie par un organisme composé de deux administrations distinctes, l'une relevant du ministère de la Justice, composée de cinq membres et chargée d'octroyer, refuser, modifier, suspendre ou transférer les permis; et l'autre relevant du ministère des Finances et responsable d'effectuer le commerce des boissons alcooliques. Les activités commerciales de la corporation sont sous le contrôle absolu et exclusif de l'administration, en l'occurrence le juge Lucien Dugas.

La Régie nomme un gérant à Montréal et un autre à Québec.

La nouvelle loi

La fonction commerciale séparée de la fonction du contrôle des permis souligne nettement l'importance qu'on accorde désormais au commerce et à ses possibilités d'expansion. On considère que les deux unités ont des fonctions trop différentes pour répondre d'un seul et même système.

L'innovation la plus apparente de la nouvelle loi se rapporte à la classification des permis en 23 catégories, selon le genre d'établissement exploité. Toutes les demandes doivent désormais faire l'objet d'avis publics dans les journaux. Cette reclassification des permis entraîne par ailleurs le remplacement de tous les permis déjà existants; il s'agit là d'un travail des plus fastidieux, on peut s'en douter...

Les heures d'ouverture et la loi du dimanche étant à la source de nombreuses protestations, on établit ce qui suit: la plupart des établissements ont le droit de vendre des boissons alcooliques entre huit heures et deux heures pendant les jours non fériés et, considérant que le dimanche est un jour férié, de midi à minuit pendant les jours fériés, à l'occasion d'un repas seulement.

En conséquence, les peines pour les contraventions à la loi se font plus nombreuses et plus sévères. Par exemple, quelqu'un qui revend clandestinement de l'alcool acheté légalement est passible d'une amende d'au moins deux cents dollars et d'au plus cinq cents dollars pour une première offense, et, pour une deuxième offense, de cinq cents et mille dollars.

La loi comprend par ailleurs un article qui pourrait en étonner plusieurs: «Tout homme marié qui vit et réside avec son épouse à l'occasion où celle-ci commet une infraction à la présente loi, qu'elle soit ou non marchande publique, peut être poursuivi et condamné de la même manière que s'il s'était lui-même rendu coupable de cette infraction.» (Loi de la Régie des alcools du Québec, 9-10 Élisabeth II, ch. 86, section XVII, article 160). Que ces messieurs se le tiennent pour dit!

De plus ou moins passive qu'elle a pu être sous la Commission des liqueurs, l'entreprise d'État profite de la prochaine décennie pour devenir un organisme au dynamisme novateur. Une *révolution tranquille* à l'intérieur même de la Régie correspond au mouvement social extérieur et y apporte un second souffle. Cette période de transition pour la société d'État a lieu sous le signe d'une modernisation qui ne se fait pas sans heurts, mais qui, en bout de ligne, se révèle des plus constructives. La Régie des alcools du Québec se veut en quelque sorte l'organisme qui pose les bases sur lesquelles la future S.A.Q. opérera. Cette période de gestation appelle donc l'ajustement souvent pénible à une nouvelle qualité de vie.

Les établissements licenciés

La Régie des alcools n'est pas au bout de ses peines. Après le long travail de reclassification des établissements licenciés, des critiques fidèles de la société d'État se plaignent encore du nombre excessif de permis accordés, sans pourtant tenir compte des facteurs qui déterminent cet accroissement du nombre de permis. On dit en 1963-1964, dans le rapport annuel: «L'on constatera... que c'est à tort que l'on parle de la multiplication inconsidérée des permis, au point d'en faire un mythe auquel ont recours tous ceux qui critiquent la Régie.

«Lorsque la Régie a été constituée, il existait dans la province un grand nombre d'établissements répondant à toutes les exigences de la loi, qui n'avaient pas de permis ou qui détenaient des permis nettement insuffisants. La Régie a dû régulariser leur situation et accorder à leurs propriétaires les permis que demandait l'exploitation de leurs établissements.»

Une deuxième régularisation doit être entreprise dans le cas des établissements qui, nombreux, n'ont pas de permis mais bien une *tolérance* qui consiste à payer, illégalement bien sûr, les inspecteurs qui les visitent afin d'obtenir leur protection, leur *tolérance*. Ce système de tolérance ayant eu cours pendant plusieurs années, il semble que les autorités de la Régie aient jugé inévitable de légaliser l'exploitation de ces établissements en leur octroyant de facto des permis valides.

Il faut aussi considérer une révolution des moeurs de la société, dont découle l'abolition des règlements prohibitifs dans plusieurs municipalités. Sans oublier les sommes considérables qui sont investies dans l'industrie hôtelière, à l'aube des années 60, parfois en prévision de l'affluence de voyageurs attendus lors de l'Expo 67, d'où l'émission d'un plus grand nombre de permis.

Il semble enfin que la vague de réforme sociale l'emporte sur les critiques souvent injustifiées d'un certain puritanisme conservateur. Avec les années, les barrières érigées contre la consommation des boissons alcooliques tombent graduellement au profit d'une plus grande curiosité et d'un raffinement du goût des Québécois.

Tableau 5. Évolution du nombre de permis en vigueur au Québec entre 1961 et 1970

Année	Nombre de permis	Augmentation %
1961-1962	7 709	9,5
1962-1963	9 075	17,7
1963-1964	9 324	2,7
1964-1965	9 492	1,8
1965-1966	10 135	6,8
1966-1967	11 011	8,6
1967-1968	–	–
1968-1969	11 883	7,9
1969-1970	12 756	7,3

LA SYNDICALISATION

En 1950, l'embauche devient compliquée tellement les conditions de travail des ouvriers sont difficiles : salaires trop bas, heures supplémentaires mal payées, favoritisme politique. Plusieurs employés se voient même contraints, malgré l'interdiction qui leur en est faite, d'occuper un deuxième emploi parallèlement à celui qu'ils exercent à la Commission des liqueurs.

Le mouvement syndical au Québec est en plein développement durant les années 50 même en subissant l'aversion notoire que le régime Duplessis lui porte. En 1948, l'institution d'un code du travail limite le droit de grève et la liberté syndicale; en 1953, les projets de loi 19 et 20 limitent à leur tour le droit d'organisation syndicale, suivis en 1954 par le projet de loi Guindon, qui prévoit enlever l'accréditation syndicale aux regroupements des secteurs public et parapublic qui auraient recours à la grève. À chaque occasion, les syndicats s'organisent en front commun pour dénoncer Duplessis et s'appuyer sur le gouvernement fédéral qui, en période de guerre, a reconnu le principe de liberté syndicale et même favorisé le régime de conventions collectives.

Toujours en 1962, le juge Lucien Dugas passe à la tête de l'organisme de surveillance et c'est Lorne G. Power qui devient l'administrateur de la Régie jusqu'en 1966. Dans la société d'État, les choses s'apprêtent à changer pour de bon...

Dès 1953, certains ouvriers de la Commission des liqueurs sont approchés par l'Union des distillateurs en vue d'une première tentative de syndicalisation. L'idée est cependant tuée dans l'œuf par les dirigeants qui, informés de la situation, prennent les mesures qui s'imposent un peu partout à cette époque. Ils congédient quatre des cinq employés impliqués dans cette affaire.

Avec la mort de Duplessis et l'arrivée de Lesage au pouvoir, les syndicats deviennent des partenaires sociaux majeurs. C'est maintenant au tour des organismes publics et parapublics, en particulier les hôpitaux et le milieu de l'enseignement, de faire pression. La perche est tendue et les ouvriers de la Régie des alcools entendent bien eux aussi faire valoir leurs intérêts.

En 1960, la C.T.C.C. (Confédération des travailleurs catholiques du Canada), parachevant son processus de déconfessionnalisation, fait place à la C.S.N. (Confédération des syndicats nationaux). Un an plus tard, un petit noyau de fonctionnaires provinciaux de Montréal et d'employés de la Régie des alcools forment un syndicat. La loi limitant leur droit d'association avec la C.S.N., ils obtiennent de cette dernière une entente de service. Les syndicalistes, eux, veulent davantage. Ils sondent le terrain auprès des employés afin de jauger leurs chances de former un « vrai » syndicat. Autour d'eux, la partie patronale de la Régie affiche deux attitudes : ou le projet n'est pas pris au sérieux, ou il inquiète les dirigeants qui voient poindre à l'horizon un chambardement complet des normes du travail. La C.S.N., entre-temps, continue de soutenir les employés de la Régie des alcools et, en 1962, dépose un mémoire revendiquant le droit d'association complet pour les fonctionnaires du gouvernement. Cette demande est à la source de la phrase historique du premier ministre Lesage, qui répond laconiquement : « La Reine ne négocie pas avec ses sujets. »

« Qu'à cela ne tienne... », se disent les ouvriers dont la volonté, un peu teintée de pessimisme, se consolide de plus belle quelques mois plus tard. Des travailleurs animés d'une farouche détermination commencent à faire une longue tournée des établissements de la Régie pour tenter de convaincre leurs camarades de signer les cartes de membres du nouveau syndicat. Le groupe, alors constitué d'actifs militants, tels Eugène Hébert, Robert Deblois et Lionel Bonenfant pour ne nommer que ceux-là, passe des mois à sillonner le Québec. Pour obtenir l'accréditation, au moins 51% des employés doivent consentir à signer les cartes de membres fournies par la C.S.N. Les employés sont difficiles à convaincre : ils ont peur du changement, peur de perdre leur emploi... sans compter que la syndicalisation d'un organisme paragouvernemental, ça ne s'est jamais vu ! Pour motiver les employés à signer, on leur offre une assurance de 1 000 $ à la signature de la convention.

La tournée est enfin couronnée de succès : 51% des employés ont signé leur carte de membre et la demande d'accréditation est déposée le 5 octobre 1962 auprès du ministère du Travail. Requête refusée : la Loi des relations ouvrières stipule qu'une distinction doit être faite entre les corps de métiers, en l'occurrence les ouvriers et les employés des magasins et bureaux.

Quelle déception amère pour les instigateurs du syndicat ! Se décourageront-ils pour autant ? Pas du tout... Ils repartent de zéro. Cette fois, deux syndicats distincts, réunis par une direction unique, seront proposés, subtilité visant à détruire l'argument du Comité des relations ouvrières. Il s'agit cette fois-ci non seulement de reprendre tout le travail qui avait été fait précédemment, mais surtout de convaincre la masse des sceptiques que cette nouvelle tentative va réussir...

Ce qui ne tarde pas. Une nouvelle requête portant la signature de 2 200 membres sur une possibilité de 2 942 est adressée au Comité des relations ouvrières. Les militants trépignent d'impatience.

Le 31 juillet 1964, grande première dans l'histoire du syndicalisme au Québec ; double première en fait, puisque le nouveau syndicat, avec sa structure unique en son genre, est le premier du secteur public à être reconnu comme tel par le gouvernement.

Le nouveau syndicat regroupe de façon totalement autonome deux groupes, soit le Syndicat des ouvriers de la Régie des alcools et le Syndicat des fonctionnaires de la Régie des alcools. Ils sont affiliés à la C.S.N., ont chacun leur exécutif et sont chapeautés par un exécutif commun. Ils comptent 1 173 employés, dont l'âge moyen est de cinquante-deux ans.

Deux mois après cette grande victoire, le droit de grève est accordé au secteur public en vertu du nouveau Code du travail, suivi en 1965 de la Loi de la Fonction publique. C'est l'avènement du mouvement syndicaliste dans le secteur public au Québec.

DU 4 DÉCEMBRE 1964 AU 19 FÉVRIER 1965: PREMIÈRE GRÈVE

Doit-on s'étonner des maladresses commises de part et d'autre durant la première ronde de négociations? Pas vraiment. D'abord la C.S.N., qui en est à sa toute première négociation avec l'État, a surtout voulu faire preuve de fermeté. L'inexpérience des deux parties en matière de négociation ne tarde pas à se faire sentir de même que le manque de préparation de l'État pour mener à terme un travail aussi complexe que celui de la classification et de l'évaluation des tâches.

Les enjeux de cette première négociation portent avant tout sur la régularisation des conditions de travail et le règlement des clauses normatives. En effet, on note à ce moment une absence quasi totale de statut d'emploi à la Régie des alcools, et des salaires moindres que partout ailleurs. À l'époque, le salaire moyen est de 57,65$ par semaine, soit 27$ de moins que le salaire moyen versé aux salariés québécois et 50$ de moins que le salaire moyen versé dans les brasseries et distilleries canadiennes, lequel est de 111,16$. Le syndicat demande par conséquent une augmentation moyenne de 25$ par semaine. Il obtient finalement 18$, mais non sans avoir recours à la première grève.

La grève est déclenchée le 4 décembre 1964, après trois mois de négociations. Elle est votée par les syndiqués dans une proportion de 97,8%. Rattrapage salarial et sécurité d'emploi sont au coeur des discussions. Les parties se connaissent peu et la négociation a lieu sous le signe de la méfiance.

Finalement, la grève se solde en février 1965 par des acquis importants, dont la régularisation des conditions de travail, la sécurité d'emploi, la reconnaissance des droits d'avancement et, surtout, des hausses de traitement intéressantes.

Il importe de s'arrêter sur la syndicalisation des employés de la Régie des alcools puisqu'il s'agit d'une histoire unique. Les *gars de la R.A.Q.*, en effet, furent aux avant-postes dans la lutte acharnée pour la reconnaissance syndicale conduite à l'aube des années 60 par le secteur public au Québec. Leur bataille fut menée non seulement pour eux-mêmes; elle ouvrit la voie à tous les syndiqués du secteur public. Ce sont eux qui, les premiers, ont dû tenir bon lors des premières négociations entre le gouvernement provincial et ses employés, en 1964.

Dans leur milieu de travail, les *gars de la R.A.Q.* ont pu tourner la page sur les abus dont trop d'employés ont quelquefois été les témoins, sinon les victimes. Les étapes de la syndicalisation auront permis aux employés et dirigeants de la Régie de mieux se connaître au vu et au su du grand public.

L'affaire des terrains de Ville LaSalle

L'affaire des terrains de Ville LaSalle demeure encore aujourd'hui un événement des plus confus. Il s'agit d'une histoire à la trame compliquée, dans laquelle les intermédiaires se perdent dans de nombreux et obscurs dédales.

À l'automne 1965, le gouvernement annonce que la Régie va déménager à Ville LaSalle ses installations du Pied-du-Courant. Le 17 novembre, la Régie achète trois terrains de *Global Holding Inc.*, qui appartient à *Cangro Bermuda Ltd,* société constituée aux Bermudes. Dans les dix jours qui précèdent la transaction, une spéculation fait gonfler le prix des terrains de un million de dollars, de sorte qu'un profit de cinq cent mille dollars est déposé à la Banque des Bermudes, au crédit de *Cangro Bermuda Ltd.*

La Presse, dans son édition du 28 janvier 1966, s'empare de l'affaire. Une enquête est instituée relativement à l'acquisition d'immeubles par la Régie dans l'île de Montréal entre le 1er janvier 1964 et le 1er février 1966. La commission d'enquête, présidée par le juge montréalais A.I. Smith, dépose son rapport le 20 mars 1967 sans avoir pu identifier la ou les personnes qui ont reçu le bénéfice du profit désordonné résultant de la vente de ces terrains.

Ce malheureux incident alerte l'opinion publique et accapare les journaux pendant plusieurs mois. À la suite de cette enquête, la loi de la Régie des alcools est modifiée le 9 août 1967 par la saction du bill 83. Comme on conclut dans le rapport Smith que l'administration de la Régie par un seul homme est un fardeau trop lourd, un conseil d'administration de cinq membres va dorénavant être mis au service d'un directeur général et d'un directeur général adjoint. Roger Laverdure entre en fonction en 1967 à titre de directeur général.

EXPO 67: UNE PORTE SUR LE MONDE

À Montréal, une activité fébrile précède la tenue d'un événement majeur au pays. Partout, on ne parle que de l'Exposition universelle, pendant que le maire Drapeau gonfle le torse devant son métro tout récemment inauguré. Montréal fête son 325e anniversaire et elle se prépare à enfiler une parure de grand bal pour recevoir chez elle les pays du monde entier. Ville-Marie s'est transformée en *Terre des Hommes*.

Voilà une occasion de choix pour la Régie des alcools. La participation de l'entreprise d'État à Expo 67 marque ses premiers pas vers une collaboration plus engagée avec l'industrie locale et outre-mer, qui mène vers une diversification de sa clientèle. Plusieurs mois à l'avance, le service des permis doit se préparer à octroyer des permis spéciaux. Un important budget est mis à la disposition de la régie pour l'installation du kiosque qu'elle compte exploiter à l'Expo. Une *Liste spéciale Expo* est élaborée, pour le bénéfice des commissaires généraux des pays participants, détaillant les boissons alcooliques devant être vendues par ces pays. En tout, quatre-vingt-dix pays sont représentés lorsque l'Exposition ouvre ses portes aux visiteurs le 28 avril 1967. Couronnée de succès, la participation active de la Régie à cet événement donne le ton à une collaboration accrue entre la Régie des alcools, sa clientèle et l'industrie des boissons alcooliques, collaboration qui s'affermira avec l'avènement de la S.A.Q.

DU 26 JUIN AU 22 NOVEMBRE 1968: DEUXIÈME GRÈVE

En 1968, la reconnaissance du syndicat est acquise. Mais le gouvernement d'alors compte adopter une attitude beaucoup plus ferme envers les travailleurs du secteur public. La Loi 25, par exemple, première d'une longue série de lois spéciales, impose en février 1967 le retour au travail des enseignants des niveaux primaire et secondaire. En mars 1968, on opte pour la mise en place d'une politique salariale que l'on tente d'imposer à tous les employés payés directement ou indirectement par l'État, et qui comprend entre autres choses une augmentation salariale de 15% sur trois ans.

Le salaire moyen des employés de la Régie des alcools, en 1968, est de 69,81 $ net par semaine. Le syndicat réclame une augmentation de 40,5% sur deux ans afin de rattraper un salaire qu'il considère convenable à 100 $. Le gouvernement offre 7½% pour une année. Les enjeux de cette deuxième ronde de négociations portent donc principalement sur le rattrappage par rapport aux conditions de travail du secteur privé. Le 26 juin 1968, après huit mois de discussions stériles, les syndiqués déclenchent une grève. Pendant cinq mois, les grévistes vivront du fonds de grève et d'un réseau d'entraide.

L'affaire de Vanier

Le 8 novembre 1968, coup de théâtre à Vanier: la Sûreté du Québec procède à la saisie de 9 514 bouteilles d'alcool. La marchandise, prise aux entrepôts des distillateurs Melcher's à Berthierville, était officiellement destinée à la Régie des alcools du Nouveau-Brunswick. Chose étrange, toutes les caisses sont étiquetées R.A.Q.L.B. (Régie des alcools du Québec Liquor Board). Lors du transbordement, à Vanier, la Sûreté du Québec saisit les bouteilles vraisemblablement destinées au marché québécois.

Cette saisie ne manque pas de faire scandale dans la presse. La légalité des gestes de la Régie des alcools du Québec est mise en doute et le gouvernement se voit dans l'obligation d'instituer, dix jours plus tard, une commission d'enquête sur le commerce des boissons alcooliques au Québec, présidée par le juge Lucien Thinel.

Entre-temps, les syndicats obtiennent la conciliation d'un médiateur et mettent fin à leur grève le 22 novembre.

Plus tard, en 1974, le syndicat des ouvriers et celui des employés de magasins et bureaux choisissent de se séparer, jugeant leurs objectifs trop différents pour continuer à travailler sous la même bannière.

DU COMPTOIR AVEC GRILLAGE AU LIBRE-SERVICE

Malgré tous les remous qui ont secoué la Régie des alcools depuis sa naissance en 1961, il serait faux de croire qu'elle a été depuis vouée à la stagnation. Elle a été soumise aux étapes de la modernisation tant administrative qu'opérationnelle et ses dirigeants, à travers mille difficultés, se sont appliqués à poursuivre ses objectifs à long terme.

L'évolution des mœurs entraîne naturellement avec elle une nouvelle ouverture d'esprit au Québec. Il est temps de faire peau neuve dans les succursales de la société d'État. Jusqu'ici, de sombres officines, rappelant l'interdit qui était jeté sur la consommation des boissons alcooliques, affichaient d'immenses placards qui empêchaient le public de voir à l'intérieur de l'établissement. Le client ne pouvait pas voir les produits sur les tables et ne pouvait se fier aux commis de l'époque, qui n'étaient pas spécifiquement formés, pour le renseigner sur les produits disponibles. Il devait donc s'en remettre à son propre jugement ou au jeu parfois onéreux de l'essai et de l'erreur.

Au cours des années 60, le client peut enfin voir et choisir sa marchandise

Plus tard, le grillage est retiré mais les étagères sont installées de côté, et non face à la clientèle, de sorte que le produit n'est pas encore facilement visible. Quelque temps après, on voit disparaître les placards des vitrines et finalement, au début des années 60, le consommateur s'initie au service semi-libre avec l'ouverture de la succursale de la Place Ville-Marie.

Le magasin est entouré d'immenses baies vitrées qui permettent à tous les passants de voir à l'intérieur. L'établissement, moderne, comporte des étagères placées parallèlement au comptoir : le client peut ainsi voir et choisir sa marchandise, puis passer à la caisse, située à la sortie du magasin. Ce service dynamique et efficace connaît une grande popularité au cours des années 60.

En 1970, le premier magasin libre-service est ouvert à Sherbrooke. Cette formule, que l'on connaît fort bien depuis, est mise en oeuvre tout au long des années 70 jusqu'à l'abolition complète des magasins de type conventionnel en 1983.

Parallèlement à la modernisation de ses succursales, la Régie des alcools procède en 1967 à la mécanisation de ses opérations d'embouteillage, de même qu'à l'informatisation de ses procédures comptables et à l'ouverture d'un nouveau centre de distribution à Québec.

La société d'État s'élance maintenant sur le chemin du renouveau.

LE RAPPORT DE LA COMMISSION D'ENQUÊTE SUR LE COMMERCE DES BOISSONS ALCOOLIQUES

Par le décret 3715 du 18 novembre 1968, le Conseil des ministres, agissant en vertu de la Loi des commissions d'enquête, institue la commission d'enquête sur le commerce des boissons alcooliques, sous la présidence du juge Lucien Thinel. Son mandat se définit comme suit:

«a) Faire enquête sur le commerce des boissons alcooliques depuis le 1er janvier 1964;

b) Rechercher les moyens les plus efficaces et les plus économiques pour assurer la surveillance de ce commerce, pour en permettre la poursuite dans l'ordre et pour procurer des revenus essentiels au développement du Québec, sous forme d'impôt ou autrement.»

Ce rapport est à la source de l'organisme actuel, la Société des alcools du Québec. À la suite de nombreux mémoires et de plusieurs audiences publiques, la commission d'enquête jette la base d'une réforme profonde des régimes de surveillance et de commercialisation des boissons alcooliques par une multitude de recommandations qui s'imposent par leur avant-gardisme.

Pendant que le Québec s'est industrialisé, urbanisé, scolarisé et pluralisé, souligne-t-on, que les cadres de vie ont subi une mutation et que la réalité sociale a changé du tout au tout, la loi sur les boissons alcooliques, elle, est demeurée à peu de choses près la même, invitant ainsi aux transgressions et aux fraudes.

Les autorités de l'organisme veulent corriger cet état de fait à la fin des années 60. En somme, les bouleversements survenus au cours de la décennie, outre les mémoires déposés à la commission, ont sans doute permis de mieux cerner les points de la loi qui demandent une réforme. On dit dans le rapport annuel de la Régie des permis d'alcool de 1969-1970: «Les observations du dernier rapport constatent un manque de personnel en qualité et en quantité suffisantes pour effectuer le travail qui est imposé à la Régie des permis d'alcool par la loi; les relations qui devraient exister entre le Service de l'hôtellerie et les autorités de la régie, la campagne de publicité éducative qui pourrait servir d'information tant au public qu'aux détenteurs de permis, et le contrôle des établissements sur une base plus sévère et plus efficace sont des questions sur lesquelles le gouvernement doit se pencher d'une façon positive et immédiate.»

L'objectif principal de la commission d'enquête Thinel est l'analyse critique de la législation actuelle en regard de la société d'aujourd'hui.

S'inspirant des différents mémoires qui leur sont soumis, les commissaires émettent alors quatre-vingt-dix recommandations visant à transformer les termes de la loi alors en vigueur: «...la Régie des alcools est un organisme modérément fonctionnel. Elle réunit deux administrations dont les objectifs et les tâches sont différents: l'une doit surveiller le commerce des boissons alcooliques dans l'intention plus ou moins arrêtée de favoriser la tempérance, l'autre doit vendre des boissons et procurer à l'État des recettes fiscales importantes.»

Il est intéressant de noter que cette dernière remarque avait été formulée cinquante ans plus tôt par Mgr Labrecque, de Chicoutimi, en réaction à la loi des liqueurs de Taschereau, et a été débattue à qui mieux mieux par les sociétés de tempérance. Il a fallu cinquante ans et plusieurs chambardements avant qu'on en tienne compte.

La commission propose donc la création de deux organismes distincts et indépendants: un organisme de surveillance, qui serait la Régie des débits de boissons, et un organisme commercial, soit la Société des alcools.

Pour ce qui est de l'organisme de surveillance, la commission favorise une loi claire, simple et précise, facile à comprendre autant pour ceux qui ont à l'appliquer que pour ceux qui doivent la respecter. Cette loi, plus libérale et plus souple, doit par contre être beaucoup plus rigoureusement appliquée: «La nouvelle régie devrait avant tout s'intéresser au fonctionnement des établissements sous permis et non s'essouffler à émettre des nouveaux permis ou à renouveler les permis existants.»

Afin d'éviter l'arbitraire dans l'octroi des permis, ceux-ci ne doivent plus être considérés comme un *privilège* (on se souviendra de l'importance du terme *privilège* dans l'affaire Roncarelli...), mais bien comme un droit au certificat d'enregistrement pour les magasins de produits alimentaires, qui désormais vendent non seulement la bière, mais aussi le cidre et le vin, et un droit conditionnel pour les établissements où l'on consomme sur place.

De la propagation de la tempérance, on déplace le rôle de cette régie vers la «correction d'un état social qui engendre l'alcoolisme» et l'appui aux organismes tels que l'O.P.T.A.T. (Office de Prévention et Traitement de l'Alcoolisme et Toxicomanie), qui s'occupent de prévention, d'éducation et de traitement.

Un changement important est amorcé en ce qui a trait aux catégories de permis: de vingt-trois, on passe à cinq catégories basées non plus sur la nature de l'établissement, mais sur ses droits de vente. En effet, la classification des permis en vingt-trois catégories a trop souvent donné lieu à la confusion et, par conséquent, à bien des «interprétations» frauduleuses.

Telles sont les principales recommandations du rapport Thinel concernant la Régie des débits de boissons. La plupart d'entre elles sont retenues et mises en application.

Quant à la Société des alcools, le rapport stipule que son objectif est de «mettre à la disposition des consommateurs l'éventail de produits désirés, de la meilleure qualité possible, au moindre coût possible».

La S.A.Q. doit être indépendante des décisions des ministères: «La société, libre de ses mouvements, sera à l'abri des pressions politiques indues.»

Le régime de commercialisation, en gros, se définit ainsi: la société, responsable de l'achat et de l'importation de tous les spiritueux, vins et bières étrangères, est toutefois autorisée à vendre dans ses succursales toutes les boissons alcooliques, y compris la bière canadienne. Les magasins de produits alimentaires, quant à eux, peuvent vendre au détail non seulement la bière canadienne, mais aussi le vin et le cidre.

L'administration, le service des achats, l'entreposage, l'embouteillage et les ventes sont touchés par diverses réformes, dont l'ouverture d'un nouvel entrepôt à Montréal, la modernisation des succursales et l'augmentation de leur nombre, l'instauration d'un service des achats efficace et dynamique, la création d'un service de mise en marché et d'un service de formation du personnel. On recommande enfin que la nouvelle société négocie elle-même ses conventions de travail.

En 1970, à la suite d'un mémoire déposé par la Ville de Montréal auprès de la commission Thinel, les policiers municipaux sont autorisés à faire appliquer la loi des alcools.

Jusqu'à ce moment, en effet, la police de Montréal n'avait juridiction que sur les débits clandestins et les cas où des boissons alcooliques étaient servies à des mineurs. Le 29 juillet 1970, elle obtient l'autorisation d'appliquer toutes les dispositions de la loi de la Régie des alcools, notamment en ce qui concerne les permis de la Régie et les heures de fermeture des débits de boissons.

On peut voir ici que le long travail effectué par la commission Thinel est d'une importance capitale pour l'évolution de la société d'État. Elle a occasionné une réflexion sérieuse des dirigeants de l'entreprise sur les réformes à apporter, et ses recommandations, qui font preuve d'une lucidité exemplaire, sont à la fine pointe de l'efficacité.

Des réformes d'une telle envergure, cependant, ne s'accomplissent pas du jour au lendemain. Il faut du temps, de l'énergie et du courage aux administrateurs de la nouvelle Société des alcools avant de réorganiser un tant soit peu une entreprise qui, en tant que Régie des alcools, fonctionne depuis plus de cinquante ans selon des normes bien ancrées et des habitudes de travail qui semblent immuables. Le rapport Thinel finit en lançant en quelque sorte un défi à ses administrateurs: «Il appartiendra aux fonctionnaires de la Régie des débits de boissons et au personnel de la Société des alcools de démontrer qu'il y a possibilité, au sein d'organismes publics, d'agir avec dynamisme et efficacité...»

L'appel est lancé. Avec un tel mandat, le défi est de taille. Il faut se relever les manches et faire un prodigieux plongeon dans l'organisme actuel pour qu'il en ressorte tout frais, tout neuf, à la mesure de ses nouveaux objectifs, ce qui n'est pas une mince affaire. Les administrateurs de la nouvelle Société des alcools parviendront-ils à tenir le gouvernail dans la bonne direction, contre vents et courants? Allons-y voir!...

LA SOCIÉTÉ DES ALCOOLS DU QUÉBEC (1971-...)

LE BILL 47

En 1971, le gouvernement libéral de Bourassa est au pouvoir et le Québec s'apaise après les remous causés par la crise d'octobre. La sanction du bill 47 en septembre crée la toute nouvelle Société des alcools, cinq mois seulement après le dépôt du rapport de la commission Thinel. Deux entités juridiques et opérationnelles distinctes sont créées, soit:

– La Commission de Contrôle des permis d'alcool du Québec (selon la Loi 44), qui devient en 1980 la Régie des permis d'alcool du Québec (R.P.A.Q.) et qui, entre autres choses, est chargée d'émettre les permis de vente au détail de boissons alcooliques et de contrôler l'exploitation qu'en font les détenteurs. Elle rend compte de ses opérations au ministère de la Justice;

– La Société des alcools du Québec (S.A.Q.) qui doit assurer la continuité des opérations commerciales de l'ancienne régie, soit l'importation, l'achat et la distribution aux détenteurs de permis des boissons alcooliques de fournisseurs québécois, canadiens et étrangers, et la vente au détail de ces boissons (sauf la bière domestique) dans ses succursales.

À la demande du gouvernement québécois, la société exerce en outre un contrôle de la qualité sur tous les produits alcooliques vendus au Québec et conseille le ministère de l'Industrie et du Commerce en ce qui concerne l'émission de permis industriels et la réglementation sur les conditions de fabrication des boissons alcooliques.

Désormais, la S.A.Q. est une société à capital-actions dont l'actionnaire unique, le ministère des Finances, détient la totalité des 300 000 actions autorisées et émises. Le ministère de l'Industrie et du Commerce agit à titre de tuteur de l'entreprise. Le nouveau mandat de la société d'État est d'opérer suivant des critères de rentabilité et d'efficacité administratives.

Par le seul effet de la loi, la S.A.Q. se retrouve ainsi l'héritière choyée d'une entreprise commerciale qui s'étend à la grandeur du Québec, avec ses 2 600 employés, ses 215 succursales et ses 2 500 fournisseurs; avec toutes les commandes données et toutes les ententes conclues par l'ancienne régie; avec les habitudes de travail, les mœurs et les coutumes de cette dernière et avec, en plus, le renouvellement des conventions collectives en cours de négociation.

Simple changement de nom, dira-t-on... Bien plus pourtant puisque la S.A.Q. se veut la conséquence naturelle, avec toutes les réorientations que cela implique, de la *révolution* menée sous la Régie des alcools. L'implantation du syndicat, les besoins nouveaux de la clientèle et les changements amorcés sous l'ancienne administration ont en effet laissé une marque profonde au sein de l'entreprise d'État: le défi S.A.Q. est lancé...

Dès le début, une administration jeune et compétente est mise en place, avec à sa présidence M. Jacques Desmeules. À 37 ans, il est le plus jeune président à avoir accédé à ce poste. Et au terme de la réflexion amorcée sous l'ancienne régie, on établit dès lors une nouvelle orientation dynamique et constructive: «Nous avons voulu relever le défi de l'efficacité et de la rentabilité administratives. Nous avons voulu relever le défi que la Société des alcools, malgré sa situation privilégiée dans un marché où le principe de la concurrence ne joue pas, agisse suivant les mêmes critères que doit s'imposer, pour survivre et progresser, l'entreprise qui vit dans un marché concurrentiel. Nous avons voulu planter le principe de la motivation à l'intérieur de la société, principe qui pousse à faire toujours mieux, dans l'intérêt d'un client que nous nous devons non seulement de servir, mais de bien servir. Nous avons voulu relever le défi de prouver qu'au Québec ce n'est pas nécessairement l'entreprise privée qui donnerait un meilleur service dans la vente des spiritueux et des vins, mais qu'une entreprise paragouvernementale peut faire aussi bien, sinon mieux...» (Extrait du rapport annuel de 1973 de la Société des alcools du Québec)

Une telle volonté d'innover au sein de la société d'État ne va pas sans difficulté: par où commencer? Comment établir des priorités claires lorsque tout reste à faire? Comment procéder à une réforme de fond tout en assurant la continuité des opérations de l'entreprise? Il s'agit en quelque sorte d'un travail... d'équilibriste!

Réorientation des buts, réorientation des structures. À la suite de nombreuses réunions du conseil d'administration, on met en place de nouvelles unités administratives, à la lueur de nouvelles politiques, et on lance plusieurs projets importants. On se penche sur l'avenir en mettant au point une révision des politiques d'achat et des normes d'implantation des succursales... En somme, six grandes divisions opérationnelles sont créées: Vente et mise en marché, Achats et transport, Finances et administration, Opérations et entrepôts, Personnel et relations de travail, Planification et développement. On organise le tout en fonction de valeurs stimulantes: «Pour mieux vous servir», dit-on dès 1973.

Un logo

On accomplit une première réforme visant le grand public, afin qu'il identifie facilement la S.A.Q. Le verre à pied, image élémentaire de consommation, mais aussi reflet d'élégance, de raffinement et, pourquoi pas, de gastronomie, devient en 1973 le logo officiel de la Société des alcools, un logo bientôt reconnu dans toute la province. Un logo riche de symboles : la forme du carré, symbole d'emplacement, de stabilité; la largeur des bandes du carré autour du verre, symbole de sécurité... une toute nouvelle image pour la Société des alcools. La couleur ? Chaude, distinguée, généreuse : bourgogne !

L'ensemble, rappelant la première lettre du mot *Québec*, renforce ainsi son impact visuel.

DE NOUVEAUX PRODUITS QUÉBÉCOIS

En 1971, l'industrie vinicole est à toutes fins pratiques inexistante au Québec. Avec la nouvelle loi, cependant, on peut obtenir un permis industriel pour produire et vendre du vin québécois, avec l'autorisation d'y ajouter un maximum de 20% de vins importés.

L'industrie du cidre, quant à elle, a fait l'objet d'un chapitre complet dans le rapport de la commission Thinel. Jusque-là, en effet, le cidre s'est vendu clandestinement à Rougemont et dans le Pays de la Pomme, sans qu'aucune réglementation ne soit venue en encadrer la vente. En 1965, le bill 85 de l'Assemblée législative prévoyait bien en légaliser la vente et la fabrication, mais ce bill n'a jamais été sanctionné. La Loi de la Société des alcools met cette législation en vigueur.

Un étalage des produits québécois offerts en épicerie

Dès sa première année d'opération, la S.A.Q. prend des mesures visant à favoriser l'implantation de la production vinicole et cidricole au Québec, par le biais de son rôle de consultant auprès du ministère des Finances pour l'émission et le contrôle des permis industriels.

Par des recherches et des recommandations visant à réglementer la fabrication du cidre, la société d'État contribue à assurer une qualité constante à ce produit. Le consommateur et l'industrie du cidre sont ainsi protégés. De plus, 90% des pommes utilisées pour la fabrication du cidre doivent avoir été récoltées au Québec, à la faveur des pomiculteurs de la province.

Un personnel spécialisé est mis à la disposition du gouvernement du Québec, et des services de recherche et de laboratoire sont offerts à l'industrie cidricole. Celle-ci bénéficie en outre de cours sur les nouvelles techniques de production.

Le 25 mars 1972, neuf permis de fabricant de cidre ont été émis et les fabricants ont vendu 295 000 gallons de ce précieux nectar. Devant le succès de leurs produits, plusieurs d'entre eux amorcent même des travaux d'agrandissement.

C'est également au cours de l'année 1972 que sont produits les nouveaux vins québécois. Ici encore, la S.A.Q. joue un rôle économique positif et autonome en assurant une aide technique à l'implantation de cette industrie.

La société d'État repart à neuf. Une foule de posibilités s'offrent au Québec et la S.A.Q. entend bien les explorer elle aussi. Non seulement n'hésite-t-elle pas à investir en étendant son réseau de points de vente, mais elle contribue à l'essor d'entreprises typiquement de chez nous. Grâce à son esprit novateur, l'industrie des boissons alcooliques fait un pas de géant au Québec.

1983
Château
Patache d'Aux
CRU BOURGEOIS
MÉDOC
APPELLATION MÉDOC CONTROLÉE
MIS EN BOUTEILLE AU CHATEAU
75 cl
Société Civile Château Patache d'Aux
Bégadan (Gironde)
PRODUCE OF FRANCE

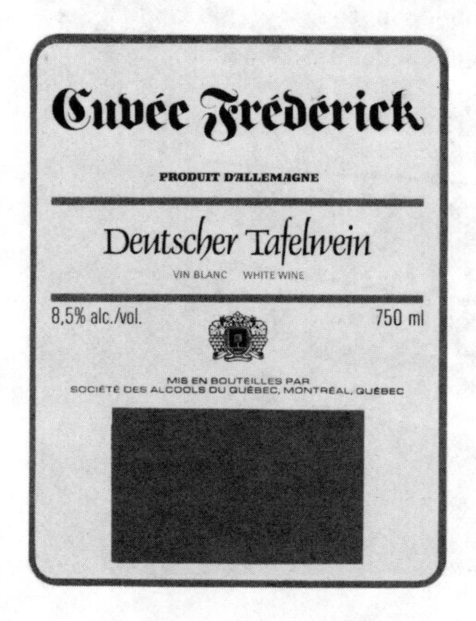

LES MAISONS DES VINS

L'ouverture de la Maison des vins de Québec, en 1973, marque une première en Amérique du Nord. Les Maisons des vins ne sont pas sans rappeler les quelques succursales réservées exclusivement à la vente des vins à l'époque de la Commission des liqueurs. Les commissaires notaient alors avec un brin d'orgueil que les ventes de vins avaient tendance à augmenter au détriment des ventes de boissons fortes. Après avoir été mise au rancart pendant plus de quarante ans, la formule des magasins spécialisés dans la vente des vins est reprise et adaptée au goût du jour.

Les Maisons des vins ne sont qu'un exemple de la créativité mise en oeuvre à la S.A.Q. Elles regroupent sous un même toit, avec un personnel des plus compétents, un centre d'information et de documentation œnologique ouvert au fin connaisseur comme au simple amateur, ainsi qu'aux employés de la S.A.Q. Complément utile du réseau des succursales régulières, les Maisons des vins offrent des produits exclusifs, souvent présentés dans des contenants originaux: vins de grands crus et eaux-de-vie de luxe s'y côtoient amicalement, et les quelque 850 produits en étalage demeurent à la portée de toutes les bourses.

BORDEAUX SUPÉRIEUR

CHATEAU
Le GARDERA

On accorde une attention particulière à l'environnement lors de l'implantation de ces succursales un peu spéciales. Ainsi, la première Maison des vins, sise Place Royale à Québec, occupe un magnifique bâtiment du XVIIe siècle. Plus moderne, une Maison des vins est inaugurée à Montréal en 1975, à l'image de la métropole. Deux ans plus tard, soit en mars 1977, l'Outaouais ouvre aussi sa Maison des vins, Place du Portage à Hull, tandis que Trois-Rivières ouvre la sienne en 1981.

Les Maisons des vins, qui génèrent chaque année des ventes de plus de 10 000 000 $, se veulent l'expression des Québécois d'aujourd'hui, plus aventuriers dans leur choix de vins et spiritueux.

Les années passent avec la réputation d'expertise que se forgent peu à peu les Maisons des vins. L'année 1980 voit la naissance du premier cousin germain des Maisons des vins, soit le Salon des vins, qui permet aux amateurs de vins fins de choisir parmi quelque trois cents marques de produits jusqu'alors disponibles uniquement aux Maisons des vins. Deux de ces Salons sont présentement en opération, en plus des boutiques et marchés des vins et spiritueux.

Et que pensez-vous d'une banque... d'odeurs? En 1984 apparaît sur le marché *Mémovin*, une amusante trouvaille élaborée par Marc Laprise, de la S.A.Q. Il s'agit d'un coffret de cinquante petits flacons contenant chacun une substance chimique odorante répertoriée sous les catégories *fruitée*, *florale*, *épicée* ou autre, et s'adressant aux maîtres d'hôtel, aux sommeliers, aux œnophiles ou aux consommateurs désireux de cultiver leur sens de l'odorat...

UN NOUVEAU SYNDICAT

En juillet 1974 est créé le Syndicat du personnel technique et professionnel de la S.A.Q. Dès 1971, messieurs Paquette et Langlois avaient déposé une requête en accréditation au nom d'une centaine d'employés considérés comme cadres par la S.A.Q., mais affectés à des tâches plutôt professionnelles, techniques ou de secrétariat. Pendant environ deux ans, plusieurs syndicats de la Fonction publique tentent de prendre cette requête à leur compte, mais c'est finalement le groupe indépendant des techniciens, secrétaires et professionnels qui est accrédité en 1974.

Depuis la naissance de la S.A.Q., et ce courant de pensée va en s'affermissant avec les années, les dirigeants prennent conscience d'une force d'équipe au sein de l'entreprise, force qui ne peut subsister qu'au moyen d'une communication saine. La S.A.Q. reconnaît ses responsabilités d'employeur en mettant sur pied, après son service de formation, des programmes de santé et de sécurité au travail, de primes aux suggestions, de préparation à la retraite, de même qu'un comité d'étude sur la condition de la femme dans l'entreprise, et un autre favorisant l'embauche des handicapés.

En ce qui concerne le personnel, le rapport Thinel recommandait en 1971 une rationalisation des effectifs. Grâce à la présence des syndicats et à la nouvelle philosophie des dirigeants, une réduction du personnel, s'étendant sur plusieurs années, est effectuée non pas par un recours aux mises à pied, mais par le gel des postes laissés vacants par les démissionnaires et les retraités.

Et à l'aube de l'exercice 1984-1985, une autre première a lieu en Amérique du Nord sur le plan syndical: une convention collective innovatrice est signée avec le Syndicat des travailleurs de la Société des alcools du Québec, ouvrant la porte à la négociation continue des clauses normatives durant toute la durée de la convention.

Aujourd'hui, on parle de motivation et d'énergie à la S.A.Q., avec les quelque 2 400 emplois qu'elle procure. «La qualité sur toute la ligne», telle est la devise découlant de relations saines et d'une volonté de réussir.

Le Syndicat des travailleurs regroupe environ 750 employés, agissant de concert avec le Syndicat du personnel technique et professionnel (240 employés), le Syndicat des employés de magasins et bureaux (2 500 employés incluant les occasionnels et les employés à mi-temps), et les diverses associations dont font partie les cadres et les directeurs.

Tableau 6. Évolution des effectifs entre 1971 et 1986

Année	Nombre d'employés	Différence %
1971-1972	2 442	–
1975-1976	2 564	5
1980-1981	2 812	9,7
1985-1986	2 167	(22,9)

LES SALONS PROMOTIONNELS

En 1974, la S.A.Q. ouvrait un premier kiosque au Salon international de l'agriculture et de l'alimentation. Depuis, le milieu commercial a exploité à fond cette formule par l'élaboration d'une vaste gamme de salons spécialisés ou destinés au grand public. Pour les entreprises, il s'agit là d'une belle occasion de soigner leur image et d'aller chercher une meilleure connaissance du public cible. Une autre façon d'ajuster leurs politiques administratives et commerciales aux besoins et attentes du consommateur: vive les communications!

L'industrie des boissons alcooliques profite elle aussi de cette vague d'expositions et va même jusqu'à en créer certaines à sa mesure. C'est ainsi qu'est inauguré en 1982 le Salon international des vins et spiritueux. Les quelque 30 000 visiteurs qui circulent au Salon la première année peuvent se procurer des billets de dégustation pour une valeur variant de 50¢ à 5$, selon le produit. Ces billets leur permettent de goûter les produits exposés par les participants. Impliquée tant dans l'organisation du Salon qu'à titre d'exposant et de soutien aux autres exposants, la S.A.Q. fournit des ressources humaines et techniques considérables pour faire de ce salon une réussite et un lieu d'échange privilégié des divers milieux de l'industrie.

C'est au salon de 1982, d'ailleurs, que la société d'État inaugure ÉMILIE, un programme informatique livrant les secrets du mariage des vins et des mets. À cet effet, 6 000 listes de vins sont imprimées, se combinant avec une liste de 800 plats représentant l'éventail des préférences des Québécois en matière de bien manger. Simple d'utilisation, l'ordinateur continue de renseigner les visiteurs à l'occasion d'autres salons.

Car la S.A.Q. est présente, entre autres choses, à des salons aussi divers que ceux de la Femme, de l'Habitation, des expositions Vinexpo à Bordeaux (France), Rest-Hôte à Québec et Rendez-vous et le Super Salon de l'alimentation à Montréal. On ne s'étonne pas qu'en 1985 elle ait reçu un prix pour la meilleure performance au Salon Rendez-vous 85.

Aujourd'hui, les salons sont au coeur même des échanges entre l'industrie et le public. Salons, dégustations et conférences permettent en outre aux connaisseurs comme aux amateurs d'échanger et de se renseigner sur les boissons commercialisées au Québec et sur la façon de les servir.

Un kiosque de la Société des alcools du Québec

LE CENTRE DE DISTRIBUTION DE MONTRÉAL

Pour beaucoup de personnes, l'histoire du vin qui est dégusté tranquillement au souper ou en soirée débute sur les tablettes d'un détaillant autorisé. Pourtant, avant même d'arriver en magasin, le vin fait de nombreux détours.

À cet effet, le Centre de distribution de la S.A.Q. à Montréal est un impressionnant complexe de réception, entreposage, transformation et livraison des boissons alcooliques. L'idée d'un centre de distribution jaillit dès 1966, alors que les installations du Pied-du-Courant ne suffisent plus à la demande croissante de la clientèle. L'idée mijote pendant quelque temps dans les cerveaux des experts concepteurs puis, peu après la création de la S.A.Q., un projet est mis en branle pour la construction et l'aménagement de ce complexe, unique en son genre. On trouve alors dans l'est de Montréal un terrain appartenant aux Sœurs Grises. L'endroit, accessible par plusieurs routes, est idéal. Le Centre de distribution de Montréal bâti en 1977 a été conçu sur mesure, selon les besoins de l'entreprise, par une équipe compétente dont les membres, associés à la S.A.Q. depuis longtemps, la connaissent bien.

Le Centre de distribution de Québec

La salle de contrôle du Centre de distribution de Montréal

L'entrepôt

Un pinardier

Une ligne
d'embouteillage

Cuverie

Ici comme en 1921, des visiteurs étrangers piqués par la curiosité traversent au Québec afin de s'informer du système. Tout, de la conception à la formule financière, est original. De plus, l'établissement seul occupe une surface équivalant à celle de sept terrains de football! Plusieurs types d'opérations sont effectués au Centre, comme le traitement des vins en vrac pour la mise en bouteilles, la réception des produits déjà embouteillés, la distribution, le traitement informatique des données, le contrôle de la qualité, etc. Le Centre de distribution de Montréal a d'ailleurs fait l'objet d'un documentaire. Des visites industrielles y sont organisées régulièrement.

Le cheminement du vin commence par le transport de sa contrée d'origine au Québec. Un vin importé en vrac, par exemple, peut être chargé soit dans des barils de plastique, soit dans des containers-citernes en acier inoxydable contenant l'équivalent de quatre-vingt-cinq barils de cinquante gallons. Ces derniers occasionnent moins de manipulations que les barils et offrent l'avantage d'une durée de conservation supérieure grace au maintien d'une température constante. La S.A.Q. adopte cette formule de transport pour la première fois à la fin de l'année 1974.

Un autre mode de transport apparaît en 1978. Il s'agit des *pinardiers*, ou navires-citernes, qui mouillent dans le port de Montréal huit ou neuf fois au cours de la saison de navigation, soit d'avril à décembre. Les capacités de chargement du pinardier sont étonnantes: en un seul voyage, il transporte dans ses 22 cuves l'équivalent de 3 millions de bouteilles de vin. Décharger un pinardier peut prendre jusqu'à 26 heures.

Lorsqu'ils sont chargés à capacité, certains pinardiers émergent à peine de l'eau. Il suffit de vagues d'à peine un mètre, pour le moins fréquentes en pleine mer, pour submerger complètement le pont avant, entre la proue et le poste de pilotage. Avis aux amateurs de sensations fortes...

Des camions-citernes (beaucoup de camions-citernes!) transportent le vin du port de Montréal au Centre de distribution où on procède à son déchargement.

Des cuves ultramodernes reçoivent le vin. Très impressionnants, ces réservoirs ont une capacité variant entre 227 et 4 546 hectolitres, ou 5 000 et 100 000 gallons. La plus grande de ces cuves a la hauteur d'un immeuble de cinq étages!

Les spiritueux occupent à eux seuls 23 cuves, pour une capacité totale de 8 000 hectolitres.

Sous un plancher grillagé, un système de canalisation indépendant muni de valves automatiques relie chaque cuve à des tableaux de transfert. En tout, 21 kilomètres de tuyauterie sillonnent le Centre. Ce système crée une grande souplesse d'opération, tout en garantissant la sécurité et la propreté des manipulations. Tous les réservoirs sont équipés d'un système automatique assurant une couche d'azote suffisante pour protéger le vin contre les dangers d'oxydation.

De plus, chaque réservoir est relié à un dispositif de lavage automatique, adaptable selon les exigences. En moyenne, les cuves sont nettoyées trois fois après chaque vidange, soit une fois à l'eau foide, une fois à l'eau chaude, et une troisième fois à la vapeur. Ce procédé assure la propreté des cuves dans lesquelles le vin est entreposé.

On peut voir ici que les spécialistes ne laissent rien au hasard. Les réservoirs propres, c'est au tour de notre noble boisson d'être purifiée à la salle de filtration. À ce sujet, d'ailleurs, ouvrons une parenthèse pour ceux qui s'inquiètent de ce que le vin est filtré à travers des plaques d'amiante : qu'ils soient rassurés ! Des études prouvent qu'un vin rouge filtré à travers des plaques d'amiante pendant une minute seulement contient quatre fois moins de fibres d'amiante que, par exemple, l'eau bue à Sainte-Foy (4 microgrammes contre 16), et deux fois moins que l'eau de consommation à Montréal (4 microgrammes contre 8). En effet, la fibre d'amiante ayant des propriétés électrostatiques, les plaques filtrantes qui contiennent de telles fibres débarrassent le vin de ses résidus par un effet de tamisage, mais aussi par électricité statique. Ajoutons qu'il a été prouvé que les particules d'amiante normalement présentes dans le vin sont éliminées plus efficacement par un filtre à plaques d'amiante que par tout autre filtre dit conventionnel. Voilà qui devrait suffire à calmer les esprits inquiets.

Continuons notre visite du Centre de distribution de Montréal. Après filtration, les vins sont assemblés (c'est-à-dire mélangés à d'autres vins) selon les normes établies par le service de contrôle de la qualité de la S.A.Q., puis filtrés une deuxième fois avant d'être embouteillés.

Des bouteilles vides partent donc en expédition sur de longues tables d'acier inoxydable jusqu'au poste de soutirage, où elles sont remplies de bon vin.

L'embouteilleuse, qui procède par rotation, produit environ 200 bouteilles de format 750 mL par minute (12 000 bouteilles par heure).

Une deuxième ligne d'embouteillage traite les vins et les spiritueux à un rythme variant entre 3 500 et 6 500 bouteilles par heure, selon le format.

Les viniers de 4 L sont remplis à raison de 250 unités par heure sur une quatrième chaîne semi-automatisée. Les viniers format 20 L, enfin, sont traités à raison d'environ 30 unités par heure.

On se souvient que la société d'État a commencé ses opérations d'embouteillage en 1922. Après la mécanisation des opérations en 1967, la S.A.Q. décide au milieu des années 70 de moderniser ses installations par étapes successives, dont la dernière en date de 1984. À présent, ce secteur maintient une production annuelle qui dépasse 35 millions de bouteilles. En 1985, 29,7% du volume des vins vendus ont été embouteillés par la S.A.Q.

Une fois remplie, la bouteille passe à la bouchonneuse pour y recevoir le liège, et ensuite à la capsuleuse, à l'étiqueteuse et finalement à la mise en caisses. Toutes ces interventions sont automatisées.
À partir d'une salle de contrôle des plus sophistiquées, des opérateurs veillent constamment au bon fonctionnement des machines qui assurent le cheminement des liquides vers la mise en bouteilles.
Il appartient donc à l'opérateur de programmer les opérations et d'actionner les multiples éléments mécaniques qui les régissent. Le tableau de contrôle, avec ses manettes, ses clignotants et ses écrans, représente le schéma des différentes phases de réception, d'entreposage et d'acheminement des vins et spiritueux.

La plus vieille ligne d'embouteillage en Amérique du Nord était située sur la rue Dalhousie à Québec dès 1922

En 1985, la S.A.Q. mettait en bouteilles 12 marques de spiritueux et 75 marques de vin, pour un grand total de 27 millions de bouteilles. Parmi les mieux connus, mentionnons dans la catégorie des spiritueux, l'armagnac Mousquetaire, les cognacs V.S. et V.S.O.P., les rhums l'Aviso brun ou blanc, la vodka Kamouraska, le scotch McIntosh et le caribou; dans la catégorie des vins, les bordeaux Grand Supérieur Premières Côtes et le Girondin, les bourgognes Les Deux Sarments Mâcon et Nuits de la Saint-Jean Beaujolais, le Corbières V.D.Q.S. du Languedoc et Roussillon, le Côtes-du-Rhône de Rhône et Provence; les vins de table tels le Choix de France, la Cuvée des Patriotes, l'Héritage de France, la Réserve du Cellier et le Perce-Neige; mentionnons enfin plusieurs sélections Domaines et Châteaux toujours bien appréciées.

Lorsque ces produits sont étiquetés et placés dans des caisses dûment identifiées, ils sont acheminés vers la réception par un réseau de convoyeurs d'une longueur de 5,21 kilomètres. L'entrepôt du Centre de distribution peut contenir environ 1 500 000 caisses (ou 18 millions de bouteilles) placées sur un rayonnage métallique à 5 niveaux.

Il convient de s'arrêter à l'entrepôt du Centre. Ici, les concepteurs internes ont imaginé un système des plus ingénieux pour l'entreposage et la mise en réserve. On devine qu'un stock aussi important demande quelques onces d'ingéniosité...!

Les opérations du Centre de distribution de Montréal sont informatisées

1977
Château Bellevue
BORDEAUX
APPELLATION BORDEAUX CONTRÔLÉE
VIN DE FRANCE SPÉCIALEMENT SÉLECTIONNÉ
AUPRÈS DE LA MAISON
HOREAU-BEYLOT & CIE
ET MIS EN BOUTEILLES PAR
S ALCOOLS DU QUÉBEC, MONTRÉAL, QUÉBEC
12% alc./
11% alc./vol.
Feu Follet
4L
VIN IMPORTÉ ET MIS EN BOUTEILLES PAR
SOCIÉTÉ DES ALCOOLS DU QUÉBEC, MONTRÉAL, QUÉBEC
MANOIR DE MONTMAY
1978
APPELLATION CONTRÔ
RED
WINE
11% alc./vol.
Côtes
du Rhôn
MÂCON-LUGNY SAINT-PIERRE
1978
APPELLATION MÂCON-LUGNY CONTRÔLÉE
VIN DE FRANCE SPÉCIALEMENT SÉLECTIONNÉ AUPRÈS DE LA MAISON
BOUCHARD PÈRE & FILS
ET MIS EN BOUTEILLES PAR
750 ml
SOCIÉTÉ DES ALCOOLS DU QUÉBEC
MONTRÉAL, QUÉBEC
12% alc./vol.
375 ml
11% alc./vol.
BELLE
FLAMME
12,5% alc./vol.
VIN ROUGE DE FRANCE • RED WI
Vin choisi et élevé par Soredis, négoc
GRAND VIN DE GRAVES
GRAVES
N GRAVES CONTRÔLÉE
12% alc
MENT SÉLECTIONNÉ AUPRÈS DE LA
CASTEL FRÈRES
IS EN BOUTEILLES PAR
OLS DU QUÉBEC, MONTRÉAL, QUÉB
Château
DES TONNELLES
1977
FRONSAC
Château
nçois Brugier
DEAUX SUPÉRIEUR
ON BORDEAUX SUPÉRIEUR CONTRÔLÉE
CHIANTI
DENOMINAZIONE DI ORIGINE CONTROLL
VIN ROUGE
IMPORTÉ ET MIS EN
IMPORTED AND
SOCIÉTÉ DES ALCO
MONTRÉAL
11,5% alc./vol.
Domaine
de Saint-R
GRAND VIN DE BORDEAUX
CHÂTEAU
LOUSTEAUNEUF
médoc
APPELLATION MÉDOC CONTRÔLÉE
VIN DE FRANCE SPÉCIALEMENT SÉLECTIONNÉ AUPRÈS DE
L'UNION POUR LA COMMERCIALISATION ET
LE CONDITIONNEMENT À L'EXPORTATION DE BORDEAUX,
ET MIS EN BOUTEILLES PAR
SOCIÉTÉ DES ALCOOLS D
MÂCON
APPELLATION MÂCON CONTRÔLÉE
VIN IMPORTÉ DE FRANCE ET MIS EN BOUTEILLES PAR
SOCIÉTÉ DES ALCOOLS DU QUÉBEC
MONTRÉAL, QUÉBEC
11% alc./v
1,5 l
12% alc./vol.
CORAILLEUR®
DÉPOSÉE

Soulignons d'abord que les allées aménagées entre les étagères n'ont que deux mètres de largeur (contre une mesure standard de quatre mètres), pour une utilisation maximale de l'espace. Des chariots de manutention de type tridirectionnel sont utilisés pour les manipulations. Or, les allées étant restreintes et les marchandises à placer très lourdes, il a fallu trouver un moyen de précision pour aller déposer les stocks sur les étagères... Pour éviter tout risque d'erreur, on a installé des rails pour guider les chariots, et on a nivelé le plancher au laser afin de s'assurer qu'il soit très exactement plat (la tolérance maximale est de 0,8 mm pour 1 mètre...). C'est ainsi que les concepteurs de cet ingénieux système ont assuré la cohérence des données entre les différents éléments (chariots, étagères, planchers) pour une opération optimale. De plus, la marchandise est positionnée sur le rayonnage par un programme informatique qui garde en même temps en mémoire l'inventaire de l'entrepôt. Un autre programme exécute les commandes des succursales et grossistes en alimentation.

Dans son ensemble, le concept du Centre de distribution de Montréal (par son originalité et sa précision) place une fois encore la S.A.Q., et par le fait même le Québec, à la fine pointe de la technologie. Le Centre de distribution de Montréal peut recevoir et expédier environ 40 000 caisses de vins et spiritueux par jour.

Bon. Le vin est filtré, mis en bouteilles, prêt à partir. Un instant! Avons-nous oublié le contrôle de la qualité, une étape essentielle de la réception des vins et spiritueux?

Citons un extrait du rapport annuel de la Commission des liqueurs, qui illustre bien l'importance accordée à ce service dès le départ: «Il convient d'insister sur le fait que la presque totalité des analyses sont *des analyses complètes*, c'est-à-dire comportant toutes les déterminations délicates utiles pour permettre d'établir des conclusions aussi sûres que possible.»

C'était en 1924. Bien sûr, les modalités ou les méthodes d'analyse ont été améliorées au cours des années, sinon carrément changées. En effet, aujourd'hui, il faut plus que la simple détermination du pourcentage d'alcool et la mesure du pH (degré d'acidité) d'un produit pour répondre aux exigences du consommateur... Néanmoins, les objectifs fondamentaux sont toujours demeurés les mêmes, à savoir: l'appréciation globale d'un produit sur les plans organoleptique, chimique et physique, sans oublier la vérification de son authenticité.

C'est notamment par son service de contrôle de la qualité que la S.A.Q. se distingue de toutes les autres entreprises au marché exclusif. Connaissant les diverses contraintes qui ont pesé sur son histoire, sa raison d'être et ses structures, la société d'État peut en effet s'enorgueillir de la stabilité et de la fiabilité de ce service. Considéré comme un des plus efficaces en Amérique, le laboratoire de la S.A.Q. sert parfois de modèle aux étrangers. Alors qu'en quelques États des États-Unis et en certaines provinces canadiennes la méthode de vérification a longtemps consisté dans l'inspection de produits après leur distribution en magasin, la S.A.Q. exerce son contrôle de façon systématique, à travers toutes les étapes de l'arrivage, de la manutention de la marchandise à sa mise en bouteilles. Chaque année, plus de 25 000 échantillons de vins et de spiritueux sont prélevés pour analyse.

Dans un premier temps, les produits sont soumis à un test de dégustation, pour s'assurer qu'à chaque nouvelle commande ces produits correspondent à un certain standard de qualité. C'est une évaluation sensorielle, par laquelle on établit le bilan des qualités et des défauts d'un produit et que l'on confie à un panel de dégustateurs.

Une analyse chimique et microbiologique est ensuite effectuée en laboratoire.

Par absorption atomique, on détermine la concentration de différents minéraux (potassium, sodium, calcium, fer, cuivre...) présents dans les produits, ce qui renseigne sur la composition et la stabilité de ces mêmes produits.

Par chromatographie en phase gazeuse, on détermine d'une façon quantitative les différents aldéhydes, alcools et esters présents dans le vin ou le spiritueux.

Par chromatographie en phase liquide, on détermine, d'une façon quantitative également, les différents acides et sucres présents dans le vin.

L'analyse microbiologique consiste à déterminer le nombre de levures et de bactéries présentes dans le vin, afin de s'assurer de sa stabilité.

En septembre 1984, l'installation d'un analyseur modulaire a permis l'automatisation d'un ensemble de techniques jusque-là effectuées manuellement. Cet appareil procède simultanément à la détermination de huit composés chimiques différents. Au plan de l'analyse chimique des vins, c'est le seul appareil au Canada qui peut réaliser une telle performance.

Voilà donc le résultat de soixante-cinq ans d'expérience dans la mise en bouteilles, le contrôle de la qualité et l'importation des boissons alcooliques. Aujourd'hui, depuis leur fabrication jusqu'à leur mise en marché, nos vins et spiritueux sont traités avec tous les soins qu'ils méritent.

En plus de celui de Montréal, la S.A.Q. dispose d'un centre de distribution à Québec et de plusieurs établissements à travers la province.

UNE GAMME DE PRODUITS

Le nombre de produits distribués par la S.A.Q. va de pair avec l'évolution du goût des consommateurs. La variété de ces produits et de leur présentation est un bon indicateur des transformations survenues au cours des dernières années. En 1986, la S.A.Q. fait affaire avec 1 200 fournisseurs. Elle distribue 2 684 produits de tous formats, dont notamment 664 marques de spiritueux et 1 987 marques de vins.

Tableau 7. **Évolution du nombre de produits tous formats disponibles depuis 1922**

Année	Nombre de produits	Année	Nombre de produits
1922	383	1960	1 014
1933	810	1970	1 286
1939	829	1980	2 572
1950	926	1986	2 684

On peut donc constater ici l'importance accordée à une gamme de produits complète et les progrès particulièrement marqués depuis les premières années, d'une part, et durant les années 70, d'autre part. Cette grande variété de produits provient de plus de quarante pays différents, dont la France, l'Italie, la Grande-Bretagne, l'Espagne et le Portugal.

Depuis l'avènement de la S.A.Q., les consommateurs peuvent en outre bénéficier d'une présentation plus attrayante des produits. Il est loin le temps où bouteilles et étiquettes avaient une allure banale et sévère! Ce toilettage des bouteilles accompagne le lancement de produits adaptés au marché, tels le caribou, la Cuvée 1534-1984, la Cuvée du Bonhomme, lors du carnaval, ou les sélections *Domaines* et *Châteaux*. On effectue des tests de mise en marché, avec le demi-format pour le gin et la vodka, les miniatures ou le format 200 mL pour les vins effervescents.

Et tout récemment, le vinier 4L était mis à la disposition du consommateur. Le vinier est une boîte de carton fort dans laquelle est inséré un sac de plastique muni d'une valve distributrice. Il remplace les cruches d'autrefois et se veut avantageux par sa commodité de rangement et de service, et par la durée de conservation du vin. En 1986, finalement, on innove en présentant sur une base expérimentale le vin... au robinet!

On doit donc au service des achats et de la mise en marché d'avoir favorisé une diversification des produits, mais aussi d'avoir mis l'accent sur les produits à prix modiques, parmi lesquels ses marques maison. L'embouteillage et la commercialisation de ses marques maison permettent à la S.A.Q. de réaliser des bénéfices additionnels sans compter que ces produits offrent un excellent rapport qualité/prix.

Quand les Amérindiens chassaient le caribou dans nos forêts du nord, ils en buvaient le sang chaud, mélangé à de l'alcool, aussitôt l'animal abattu. Plus tard, le sang de caribou se raréfiant, chasseurs et trappeurs adoptèrent ce nom pour désigner un mélange d'alcool et de vin du pays. La tradition veut que l'on sorte le violon et le caribou lors de grandes fêtes populaires et soirées familiales.

LE VIN À L'ÉPICERIE DU COIN...

En 1978, M. Jacques Desmeules quitte la S.A.Q. après un mandat bien rempli. C'est M. Daniel Wermenlinger qui le remplace.

Le 18 septembre de cette même année, une agitation gagne le Québec, et la petite épicerie de Roger Gadoury, boulevard Rosemont, se remplit plus que d'habitude. Une petite révolution a lieu au Québec où, pour la première fois depuis la sanction de la loi des liqueurs alcooliques en 1921, le monopole d'État sur le commerce des boissons alcooliques est ébranlé: on permet dorénavant la vente des vins en épiceries, et M. Rodrigue Tremblay, ministre de l'Industrie et du Commerce, achète ses premières bouteilles chez l'épicier montréalais.

Quelques semaines plus tard, la S.A.Q. compte déjà 7 000 points de vente supplémentaires et 17 millions de bouteilles de vin et de cidre ont été livrées aux grossistes et distributeurs de produits alimentaires afin d'être distribuées aux détenteurs de permis d'épicerie.

Trente produits de qualité contrôlée sont distribués dans un présentoir spécial dont les deux tiers sont réservés d'office aux produits québécois. Dix marques de cidre sont également sélectionnées.

Une formation rudimentaire est assurée aux grossistes et aux détaillants. Chaque produit est disposé en un endroit bien précis dans les présentoirs, qui accueillent également une documentation de base sur les vins.

La Loi 21 permettant la vente de vin dans les épiceries représente en somme l'aboutissement d'un projet de longue date puisqu'il s'agit là d'une des grandes recommandations du rapport de la commission Thinel. Encore une fois, le Québec se place à l'avant-garde par rapport aux autres provinces. Celles-ci, d'ailleurs, s'intéressent de près au projet.

Un règlement adopté le 13 février 1980 vient assouplir certaines règles de commercialisation. Désormais, le nombre de produits est porté à 58, et l'obligation d'utiliser le présentoir de la S.A.Q. est abolie. En outre, l'épicier se voit accorder une plus grande liberté de choix à l'intérieur des produits désignés. Aujourd'hui, les restrictions quant au nombre de produits ont été abolies.

Que dire de cette nouvelle politique sinon qu'elle permet enfin de réduire les disparités régionales dans la mise en marché des vins, et que le consommateur a un plus grand accès à ces produits, grâce aux dépanneurs ouverts parfois jusqu'à 23 heures et même les dimanches!...

En plus de favoriser le développement des entreprises vinicoles et cidricoles québécoises, la commercialisation des vins dans les épiceries a contribué à une hausse du volume global des ventes de vin. Mais ce changement de cap dans les habitudes des Québécois était plus que socio-économique; il représentait en quelque sorte un changement culturel: et vive le vin!

Tableau 8. **Ventes des vins et cidres aux épiceries et dépanneurs depuis 1978, en millions de litres**

Année	Vins embouteillés par la S.A.Q.	Vins de fabrication québécoise	Cidres des fabricants québécois	Total ($)	Augm.
1978-1979	4,8	4,5	0,9	25 400 000	-
1979-1980*	11,6	12,3	1,3	69 300 000	172,8
1980-1981	9	11,3	0,9	67 900 000	(2)
1981-1982	8,5	12,5	0,6	74 900 000	10,3
1982-1983	7,8	12,2	0,6	81 500 000	8,8
1983-1984	7,8	13,7	1,3	97 300 000	19,4
1984-1985	7,4	16,6	2,3	118 000 000	21,3
1985-1986*	7,3	19,8	2,4	139 400 000	18,1

* Grève dans les succursales de la S.A.Q.

Trente produits de qualité contrôlée sont distribués dans ce présentoir spécial, fourni par la S.A.Q. aux épiciers

...ET DANS LES BRASSERIES

Après les épiceries, c'est au tour des brasseries, en janvier 1981, de vendre le cidre et le vin en fût. Cette innovation change la routine dans les brasseries : en effet, elle leur permet d'attirer une clientèle friande de vins et qui, jusque-là, ne les fréquentait qu'occasionnellement. La Loi 55 élargit donc encore davantage le réseau de distribution des vins.

SUCCÈS SUR TOUTE LA LIGNE: AUTO-FINANCEMENT

En 1979, la S.A.Q. s'autofinance! Jusque-là, les besoins de financement de la Société des alcools ont été entièrement assumés par le ministère des Finances du gouvernement du Québec. Mais dès le début de l'année 1979, la société d'État commence à subvenir elle-même aux besoins de financement de ses opérations et dans l'acquisition des biens et immobilisations nécessaires à l'exécution de la partie commerciale de son mandat. Ce changement majeur témoigne d'une plus grande autonomie financière et opérationnelle. Après avoir longtemps été régie par le gouvernement, la société d'État laisse une marque de plus en plus personnelle dans son milieu d'action.

UN TEMPS DE RÉFLEXION

En 1981, Rodrigue Biron est nommé ministre de l'Industrie, du Commerce et du Tourisme. Au cours de la dernière décennie, l'industrie des boissons alcooliques s'est organisée au Québec, et tout au long de l'année 1981 une multitude d'opinions touchant de près ou de loin l'industrie des vins et spiritueux sont émises par le biais de mémoires, de brochures, d'articles de journaux ou encore d'émissions de radio et de télévision. Observations, critiques et recommandations visent surtout certains aspects de ce milieu où les champs d'activités de la S.A.Q. lui sont assignés de par la loi. En fait, les représentants du secteur privé réagissent surtout au plan quinquennal déposé en avril 1980 par la S.A.Q., qui projette, entre autres choses, d'étendre l'ampleur de sa production. On crie à l'injustice, voire à la trahison.

On annonce finalement pour février 1982 la convocation d'une table de consultation entre les différents intervenants, qu'ils viennent du milieu de l'alimentation, de la fabrication des boissons alcooliques ou de la vente au détail.

Il s'agit en quelque sorte d'un temps de réflexion pour la S.A.Q., pendant que les secteurs de l'industrie sont invités à explorer de nouvelles avenues. On recommande que la S.A.Q. abandonne ses opérations d'embouteillage et la production de ses marques maison comme on souhaite remplacer le système actuel de dividendes par un système de majoration fiscale explicite, pour élaborer une véritable stratégie de développement de l'industrie québécoise des boissons alcooliques.

Événement historique, la table de consultation du 26 février 1982 a au moins permis aux parties en cause d'exprimer leurs points de vue et de dissiper un malaise grandissant depuis quelques années. Toutefois, il a été impossible de régler sur-le-champ toutes les doléances des participants, ou de combler les demandes plus ou moins contradictoires en provenance d'un aussi vaste secteur de l'activité économique.

Le ministre de l'Industrie et du Commerce, M. Rodrigue Biron, a profité de cette rencontre privilégiée pour entendre les représentants et, éventuellement, entreprendre des négociations autour d'une restructuration possible de la S.A.Q. Le ministre déclare, à l'issue de cette journée, que c'est le «début d'un temps nouveau» et qu'il faut désormais que cette industrie ait des retombées économiques réelles dans l'ensemble de la province.

Cette consultation aboutit finalement, en 1983, à un compromis: aucun changement spectaculaire, mais plutôt une amélioration sensible de la situation.

Ainsi la Loi 29, en juin 1983, reformule les modalités de commercialisation des vins en épicerie. D'abord, on abolit le principe de consignation pour les distributeurs et ceux-ci achètent les boissons alcooliques pour les revendre aux épiciers. De plus, à l'intérieur des catégories de vins autorisés, les épiciers sont désormais libre du choix des vins et du mode d'étalage de leurs produits. Cette liberté va d'ailleurs en s'accroissant, jusqu'à ce qu'en mars 1986, les restrictions concernant les quantités maximales de marques et formats tombent complètement.

D'autre part, la Loi 29 touche de près l'industrie vinicole du Québec. Son objectif fondamental est de favoriser, par une plus grande libéralisation, le maximum de retombées économiques au Québec. Ainsi, les fabricants de vin québécois sont autorisés à embouteiller des vins en provenance de l'extérieur du Québec, mélangés ou non aux produits qu'ils vinifient, sous les marques dont ils sont les propriétaires exclusifs, ou sous toutes autres marques pour le compte des fournisseurs propriétaires desdites marques.

La société d'État ne tourne pas le dos à ses responsabilités économiques. Et si on a quelquefois perçu la S.A.Q. comme étant tyrannique ou tentaculaire, elle se veut avant tout un véritable partenaire de l'évolution industrielle du Québec.

PRODUITS DE LUXE, PRIX RAISONNABLES

Hier comme aujourd'hui, le prix des vins et spiritueux au Québec et au Canada suscite bien des haussements de sourcils. On rouspète pendant des semaines lorsqu'ils sont augmentés et, si on décide de les diminuer, on en profite pour acheter sans culpabilité ses marques favorites. Pourtant, il est difficile de s'imaginer, à moins d'être au coeur de l'industrie, comment, en gros, ces prix sont fixés.

L'opinion populaire imagine un analyste cruel et extravagant qui, selon ses humeurs, le temps qu'il fait ou le goût de son café, décide du prix des marchandises. Souvent, les gens blâment ou applaudissent le tout-puissant gouvernement, ou louchent un peu du côté des autres provinces.

«Les comparaisons sont toujours oiseuses», signale le dicton populaire. Et les prix des boissons alcooliques d'un endroit à l'autre n'échappent pas à cette règle: deux provinces, deux marchés, deux systèmes de commercialisation. «Un choix de société», dit Jocelyn Tremblay, actuel président de la S.A.Q.

Au Québec, les facteurs qui influencent directement le prix de nos vins et spiritueux correspondent aux réalités suivantes: prix de vente du producteur, taux de change, taxes de douanes et d'accises, taxe fédérale, frais de transport, marge de profit de la S.A.Q. et taxe provinciale.

Ainsi, un ou l'ensemble de ces facteurs peut intervenir dans le prix des boissons alcooliques. Noter qu'aucune influence n'est accordée aux humeurs de la température ou des étiqueteurs!...

L'intérieur de la Maison des vins de Québec

Maison des vins de Hull

Voûtes de la
Maison des vins
de Québec

Une succursale
moderne

Maison des vins
de Québec

LA S.A.Q. ET LA LUTTE CONTRE L'ALCOOLISME

Depuis 1921, et plus particulièrement depuis le second conflit mondial, le commerce de l'alcool est devenu un phénomène social et un facteur économique. Les boissons elles-mêmes et tout ce qui les entoure constituent maintenant une réalité complexe et délicate. Elles sont un breuvage social, une source d'emplois et de revenus, mais elles peuvent être aussi la cause de graves problèmes médicaux, émotifs et sociaux.

Avec le temps, la consommation plus répandue des boissons alcooliques est acceptée, les tabous sont tombés. Mais en ce qui concerne l'alcoolisme même, il en va tout autrement. Alors qu'on a longtemps parlé « d'ivrogne » pour désigner l'alcoolique, on a aujourd'hui tendance à chuchoter son nom et à passer bien vite par-dessus le sujet, de peur d'en sortir quelque peu écorché : chut ! C'est peut-être bien héréditaire, ou pis encore : contagieux !

Évidemment, il n'en est rien. L'alcoolique est simplement aux prises avec une maladie physique et psychologique des plus insidieuses et dont le principal symptôme est une incontrôlable surconsommation d'alcool. L'alcoolique n'est pas nécessairement méchant, ni violent, ni même visiblement atteint. Il y a autant de types d'alcooliques qu'il y a de types d'individus. Ces mécanismes sont davantage compris aujourd'hui. Les techniques de désintoxication et de traitement ont changé en conséquence. Elles se penchent davantage sur le vécu et l'émotivité qu'elles ne le faisaient auparavant.

Bien qu'il n'y ait pas d'approche universelle pour le traitement de ce type de problème, il existe une vaste gamme de services de consultation et de traitement, depuis les services communautaires d'orientation jusqu'aux services de soins médicaux intensifs en hôpitaux. On estime par ailleurs qu'au Canada un demi-million de personnes sont alcooliques ou dépendantes de l'alcool, et que plus d'un million boivent au point de s'exposer à des risques.

On organise depuis quelques années des campagnes de sensibilisation à l'alcoolisme et on procède à des levées de fonds auprès du public : la prévention est de rigueur.

Consciente du rôle qu'elle a à jouer, la S.A.Q. n'a cessé depuis sa naissance de se préoccuper des abus causés par l'alcoolisme, par des messages d'intérêt public sur la modération, par des études commandées sur la situation de l'alcoolisme au Québec, par la mise en place de programmes de prévention, par des consultations auprès des comités de lutte contre l'alcoolisme, par des moyens de sensibilisation des Québécois sur les divers aspects de la consommation des vins et spiritueux, et tout particulièrement en cherchant depuis soixante-cinq ans à favoriser la consommation du vin plutôt que celle des boissons fortes. À ce sujet, les statistiques sont éloquentes :

Tableau 9. Ventilation des ventes par catégorie de produits au Québec, en pourcentage du volume, depuis 1976

Année	Vins	Spiritueux	Autres*
1976-1977	53,7	44,9	1,4
1977-1978	56	42,6	1,4
1978-1979	60,2	37,6	2,2
1979-1980	64,7	32,8	2,3
1980-1981	63,8	34,2	2
1981-1982	65,7	32,6	1,7
1982-1983	67,2	31	1,8
1983-1984	68,6	29	2,4
1984-1985	69,8	26,9	3,3
1985-1986	72	25	3

Tableau 10. Consommation canadienne de vin, bière et spiritueux, per capita, par province, en 1984, en litres – 15 ans et plus

Province	Vin	Rang	Spiritueux	Rang	Bière	Rang
Québec	12,5	4	5,2	12	109,3	5
Terre-Neuve	3,8	12	9,2	9	116,5	3
Île-du-Prince-Édouard	5,8	10	9,1	10	92,3	10
Nouvelle-Écosse	7,5	8	9,7	7	91,6	11
Nouveau-Brunswick	5,6	11	6,8	11	94,8	9
Ontario	11,4	5	9,3	8	109,9	4
Manitoba	8,5	7	10,1	6	103	6
Saskatchewan	6,6	9	11	5	87,2	12
Alberta	12,6	3	13,7	3	100	7
Colombie-britannique	19,4	2	11,3	4	99,9	8
Yukon	21,2	1	18,2	1	182,8	1
T.-N.-O.	8,6	6	16,1	2	118,9	2
Canada	12	–	8,9	–	105,6	–

* Source : Statistiques Canada, Catalogue 63-202

Une grande partie du rôle social de la société d'État consiste donc dans l'éducation du public, par l'information et l'incitation au bon usage, de même que dans l'exercice d'un contrôle rigoureux sur l'accessibilité des boissons alcooliques aux mineurs.

Au tout début des années 80, on peut voir ce message explicite défiler sur nos écrans de télévision: «La modération a bien meilleur goût.» Chaque année, des campagnes de modération spéciales sont lancées par la S.A.Q. à l'époque de Noël, du Carnaval d'hiver et de la Fête nationale du Québec.

Tempérance en 1921, modération en 1980... autres temps, autres termes! Mais un seul et même message: l'abstinence n'est pas nécessairement la seule solution aux abus d'alcool, ni la meilleure.

Et il n'y a pas que le public qui est sensibilisé au problème. Les employeurs, qui auparavant congédiaient souvent celui ou celle qui était aux prises avec une toxicomanie, mettent à présent sur pied des programmes de soutien et de traitement à leur intention. Déjà, en avril 1982, un comité de la S.A.Q. se voit octroyer le mandat d'étudier les avenues possibles pour une action commune et inédite syndicat-employeur afin de proposer un programme d'aide aux toxicomanes de l'entreprise. Un an plus tard, soit en juin 1983, le Programme d'aide au personnel (P.A.P.) est né, offrant une aide aux toxicomanes et aux employés qui ont des problèmes personnels ou familiaux. Un budget de 200 000 $ lui est accordé en 1985-1986 et il a permis à ce jour d'aider plusieurs dizaines d'employés.

Les membres de l'équipe de coordination s'impliquent en outre dans les activités de l'Association des intervenants en toxicomanies du Québec (A.I.T.Q.) et de l'Association québécoise des personnes-ressources en programmes d'aide (AQPRAI). La S.A.Q. a aussi offert une aide financière à ces deux organismes.

La S.A.Q. a contribué financièrement aux Maisons Domrémy et, en 1985, elle a remis la somme de 100 000 $ à la Fondation Jean Lapointe à l'occasion du téléthon pour la levée de fonds de cet organisme.

En 1985, on s'alarme de ce que plus de 50% des accidents d'automobile sont causés par des abus d'alcool. Les slogans ne suffisent plus: il faut sévir. La Loi fédérale C-19, en décembre 1985, impose de lourdes sanctions aux conducteurs en état d'ébriété: «L'alcool au volant, c'est criminel!» Et ceux qui n'observent pas la règle doivent payer une amende de 300 $ pour une première infraction, avec interdiction complète de conduire durant trois mois. Deuxième offense: quatorze jours de prison et suspension du permis. Troisième offense: trois mois de prison avec interdiction formelle de conduire un véhicule pendant un an. De quoi se dégriser, et en vitesse! Des autocollants sont apposés partout dans les villes, et les médias couvrent l'événement avec toute l'importance qu'il mérite. Les 24 et 31 décembre 1985, la S.A.Q. a compensé une partie du manque à gagner pour le service gratuit offert aux usagers du métro et des autobus de la S.T.C.U.M., C.T.L., C.T.C.U.Q. et C.T.R.S.M.

Pour l'avenir, la S.A.Q. songe à développer un programme préventif conçu spécialement pour les jeunes, puisqu'ils sont de plus en plus touchés par ce genre d'abus. Le but de toutes ces campagnes est la prévention par l'information, comme l'explique le vice-président aux Affaires publiques de la S.A.Q., M. Jean-Louis Poirier: «Nous croyons qu'en contribuant à fournir les éléments d'information nécessaires, le public sera davantage en mesure de prendre des décisions éclairées.» Le problème de l'alcoolisme est loin d'être réglé au Québec. Mais la S.A.Q., de concert avec plusieurs autres organismes, contribue à influencer l'opinion publique par des campagnes préventives.

La modération
a bien meilleur
goût...
Société des alcools du Québec

UNE OUVERTURE SUR LE MONDE

Si c'est depuis des siècles que l'homme transporte le vin, il s'est bien peu préoccupé avant 1983 d'étudier les conséquences de ce transport sur sa qualité et sur sa conservation. Or, compte tenu des quantités énormes de vin qui transitent de par le monde chaque année, il est devenu de plus en plus urgent de se pencher sur la question du transport.

C'est à la lumière de ces réflexions que M. Jocelyn Tremblay, alors directeur du contrôle de la qualité à la S.A.Q., propose l'élaboration d'un Symposium international sur le transport des vins, en avril 1984, sous le patronage de l'Office international de la vigne et du vin et en collaboration avec l'Union internationale des œnologues.

Le comité d'organisation, composé exclusivement de cadres de la S.A.Q., sous la présidence de M. Jean-Louis Poirier, entreprend d'abord une vaste campagne de promotion pour inviter tous les intervenants intéressés à participer au Symposium. À cet effet, on prévoit notamment la participation à deux importantes expositions, soit *The Second International Wine Exposition of America* et le célèbre *Vinexpo* de Bordeaux en France.

Le Symposium, tenu au Centre Sheraton à Montréal, réunit les plus grands spécialistes de l'œnologie et du transport maritime, de même que les importateurs et exportateurs et les représentants des régies provinciales du Canada. Quatre cents participants, conférenciers et journalistes y assistent. Des exposés y sont présentés sur le transport des vins et sur les méthodes les plus efficaces pour veiller à la préservation de la marchandise. Certaines de ces mesures déboucheront d'ailleurs sur l'adoption de normes internationales en matière de transport et de conservation des vins. Déjà, l'application des plus récentes méthodes d'isolation, peu après le Symposium, permettent à la S.A.Q. d'économiser des sommes importantes par une meilleure distribution des arrivages en période froide et par une diminution d'inventaire.

Grâce à ce symposium, le Québec et la S.A.Q. étendent leur renommée d'excellence dans des domaines spécialisés. À preuve, la S.A.Q. est aujourd'hui membre observateur de l'Office international de la vigne et du vin, et membre participant de la Fédération internationale des marchands en gros de vins, spiritueux, liqueurs et eaux-de-vie. Au plaisir d'accueillir la communauté internationale des vins, le Symposium joint celui d'ajouter au prestige de la S.A.Q.

RUMEURS DE PRIVATISATION

C'est le 25 octobre 1983 que le ministère de l'Industrie et du Commerce annonce la nomination de M. Jean-Guy Lord à la présidence de la S.A.Q., à la suite du départ quelques mois plus tôt de M. Daniel Wermenlinger. Cette nomination est pour tous la confirmation qu'il y aura bientôt des changements d'importance au sein de la Société des alcools...

M. Lord a été mis en poste pour effectuer un rapprochement entre la S.A.Q. et l'industrie privée des boissons alcooliques.

À présent, avec la libéralisation du commerce du vin et de sa fabrication, le ministère de l'Industrie et du Commerce en est à se demander si c'est l'État qui doit être propriétaire des 360 succursales. Et si ce n'est pas l'État, ce ne peut être que le secteur privé...

On s'étonne. On proteste. C'est en effet le début d'une longue bataille qui sera menée, d'une part, par Jean-Guy Lord et Rodrigue Biron, ministre de l'Industrie, du Commerce et du Tourisme, et d'autre part, par le syndicat et les autres parties concernées par la privatisation de la S.A.Q.

On propose d'abord des coopératives. Le raisonnement, en gros, est le suivant: pourquoi n'y aurait-il pas des coopératives de travailleurs, qu'on pourrait faire financer par les caisses populaires ou par des institutions financières pour qu'ils puissent acquérir les inventaires et atteindre une certaine autonomie?

En juin 1984, environ 150 employés manifestent un grand intérêt pour ce projet de coopératives et forment 33 groupes prêts à y collaborer.

Cependant, le syndicat proclame que cette formule va à l'encontre du Code du travail et obtient une injonction pour bloquer les discussions entreprises à Québec à ce propos.

Une autre formule est proposée en avril 1985. Il s'agit cette fois-ci du mode de franchisage. Cent vingt-neuf succursales sont ainsi mises en vente par voie d'appel d'offres publiques, sans toutefois obtenir le succès escompté. En octobre, M. Biron reporte l'adjudication des succursales au mois de janvier 1986. Et sur ces entrefaits, les employés déclenchent la grève en novembre 1985. Pour une période de trois semaines, à l'approche des Fêtes, le commerce est perturbé.

Les libéraux, qui prennent le pouvoir en janvier 1986, rejettent la formule du franchisage et reportent le dossier à une date indéterminée.

C'est le Dr Jocelyn Tremblay qui succède à M. Jean-Guy Lord à la présidence de la S.A.Q. La nomination de M. Tremblay provoque une surprise d'autant plus agréable qu'il s'agit du premier président choisi par le Conseil des ministres parmi le personnel déjà en place. Pour la nouvelle année, le mot d'ordre à la S.A.Q. est LA QUALITÉ SUR TOUTE LA LIGNE...

LES CONNAISSEURS

Parlant de qualité, ce n'est certes pas par hasard que la S.A.Q. lance en 1977, à la télévision, dans les magazines et les journaux, une campagne publicitaire d'envergure sous le thème: «Les Connaisseurs».

En effet, il fut un temps où les seules connaissances acquises au fil de l'expérience suffisaient. Tant au plan de l'administration que des tehniques, les exigences n'étaient pas aussi vastes et sévères qu'elles le sont aujourd'hui. Et en magasins, le nombre de produits était beaucoup moins grand. On se contentait donc d'en afficher la liste. La clientèle, de toute façon, n'était pas très aventureuse lorsqu'il s'agissait de choisir une boisson...

La demande a pourtant changé; l'avènement des succursales *libres-services* et la prodigieuse accélération du progrès technique, économique et social ont pour conséquence l'impossibilité de répondre adéquatement aux nouveaux objectifs de la S.A.Q. en se reposant uniquement sur du personnel formé de façon plus ou moins aléatoire.

Dans ces conditions, la S.A.Q. se dote en 1976 d'un Service de formation et de perfectionnement. Les objectifs de ce service visent l'efficacité, la réduction des coûts d'opération, la productivité et, bien sûr, le service à la clientèle. À la base, trois programmes sont offerts: cours sur les vins, sur la gestion, et cours individuels. La caractéristique principale de ces cours: transmettre des connaissances pratiques directement applicables dans l'entreprise.

En 1986, le service comprend une vingtaine de programmes. Plus de 4 500 employés ont déjà participé à ces cours, qui vont de la gestion préventive des accidents à l'œnologie et à la pratique du management. Bien sûr, le thème «Les Connaisseurs» ne touche pas que ceux qui sont en mesure de conseiller la clientèle sur le mariage des vins et des mets, mais représente aussi les nombreux experts œuvrant parmi le personnel de la S.A.Q., que ce soit à la sélection des produits, au transport, à l'embouteillage, au contrôle de la qualité...

En magasin, par exemple, l'employé, de vendeur qu'il a été pendant près de soixante ans, se conforme aux principes d'excellence de la S.A.Q. en devenant véritablement un Connaisseur. Pour mériter le titre de conseiller en vins, l'employé doit avoir suivi avec succès un cours d'une durée de deux ans.

Aujourd'hui, une liste affichée au mur ne suffit plus au consommateur. C'est ainsi que le conseiller en vins, connaissant le vaste échantillonnage des produits tant réguliers que de spécialité, guide le client dans ses achats de vins et de spiritueux. Son rôle est de promouvoir un produit culturel; il se veut donc un informateur et, indirectement, un éducateur. Il partage une mine de renseignements grâce à ses connaissances et à sa culture personnelles.

Ces compétences toutes neuves sont à l'appui en 1983 d'une série de dégustations de produits en succursales. Chaque année, 2 500 000 personnes ont ainsi l'occasion d'échantillonner et de découvrir des vins et spiritueux spécialement choisis.

On est même allé plus loin. Sur son élan, l'initiative a été trop appréciée du grand public pour ne pas lui offrir aussi des séances d'éducation populaire en magasin. Elles débutent par une visite des lieux, permettant ainsi au groupe de se familiariser avec les différents produits. Puis des soirées thématiques sur la tenue de bar, par exemple, se déroulent pour le plus grand plaisir d'une clientèle particulièrement avide d'information.

Récapitulons: les produits ont changé, ainsi que leur présentation et la façon de les faire connaître. Qu'en est-il des magasins? Ils se sont d'abord modernisés, puis le réseau s'est ramifié en succursales spécialisées (Maisons et Salons des vins, etc.)

Nombre de succursales ont été relocalisées ou transformées en libres-services au cours des années 70:

Nous sommes bien loin en effet des comptoirs grillagés, loin du sentiment de culpabilité qui s'emparait des clients dès qu'ils mettaient les pieds dans ces locaux sombres et interdits...

En 1986, en plus de sept comptoirs de vente établis chez les fabricants québécois, des 36 agences de vins et spiritueux situées dans les municipalités à faible densité, des quelques boutiques terrestres installées aux frontières et des 3 boutiques hors-taxe dans les aéroports du Québec, la S.A.Q. exploite 358 succursales et 4 Maisons des vins à travers la province. Le comptoir postal, pour sa part, réalise un chiffre d'affaires annuel d'environ 500 000$. Deux magasins spécialisés sont aussi ouverts aux clients hôteliers et restaurateurs, et un service est exploité pour ceux qui désirent procéder à des achats d'importations privées.

Tableau 11. Ventilation du nombre de succursales conventionnelles/libres-services entre 1970 et 1982

Année	Nombre libres-services	Nombre conventionnelles	Total	Libre-service %
1970	21	222	243	8,6
1975	170	113	283	60,1
1979	306	59	365	83,8
1982	351	8	359	97,8

L'aménagement se veut plus moderne; on installe des présentoirs, on offre des brochures, des conseils...

Le réseau des succursales de la S.A.Q. doit aujourd'hui son caractère unique à une atmosphère qui lui est propre et qui, surtout, est uniforme à travers la province. Cet environnement contribue à donner au client l'impression et le sentiment que le produit qu'il y achète n'est pas un produit comme les autres et qu'il doit être consommé avec les mêmes égards qui ont entouré sa fabrication et sa mise en marché.

LES FESTIVINS

De plus en plus, la S.A.Q. s'ouvre à son milieu d'action. Si elle a pu sembler menaçante il y a quelques décennies, on apprécie aujourd'hui le rôle pivot qu'elle exerce admirablement bien dans l'industrie des boissons alcooliques au Québec. De pair avec les collaborateurs du milieu, donc, elle a contribué à transformer l'image et la perception de l'alcool dans notre province. Seulement, des efforts doivent continuer à être déployés en vue d'informer le public et, peut-être, de le guider vers certains produits de qualité qu'il découvre graduellement. C'est dans ce but qu'une première campagne thématique sur le Portugal et ses vins s'est tenue en avril 1976 dans les succursales de la S.A.Q. L'idée est reprise et améliorée en 1981 avec les *Festivins*, qui consistent dans une série de promotions axées sur de grandes régions ou des pays producteurs de vin. La culture de ces pays, leurs coutumes et, bien sûr, leurs vins, sont célébrés dans les succursales par des affiches touristiques, des drapeaux, des dépliants, des brochures sur leurs vins... De plus, chaque succursale met en évidence, par des étalages spéciaux, les vins du pays ou de la région choisi(e).

Le premier *festivin*, par exemple, portait sur l'Italie. Il a été organisé en collaboration avec la délégation commerciale d'Italie et l'Office du Tourisme italien. Ce sont, bien sûr, d'excellentes occasions de consolider les relations commerciales avec ces pays.

Pour chacun de ces *festivins*, l'aide apportée par les organismes représentant les pays impliqués se traduit par l'organisation, conjointement avec la S.A.Q., de dégustations techniques commentées à l'intention des directeurs de succursales. Ces dégustations, reprises par la suite en magasins, permettent au personnel de mieux connaître les vins en vedette et d'être plus en mesure de renseigner le consommateur.

On voit donc se préciser ici le rôle culturel et éducatif de la S.A.Q. Une série de réalisations promotionnelles met l'accent sur cet aspect informatif des vins et spiritueux. Par exemple, on diffusa en 1974 la série télévisée «Les Boivin», téléroman de quinze minutes couvrant toutes les facettes du service des vins. Par la suite, de nombreuses émissions de radio et de télévision sont mises en ondes avec la collaboration du personnel de la S.A.Q., toujours dans le but d'informer le consommateur sur le service des vins et des spiritueux.

D'autres campagnes thématiques sont organisées régulièrement. Que l'on songe seulement au goût de soleil et d'exotisme que nous inspirait la campagne «Sous les tropiques», ou encore, en 1986, le «Festival gastronomique des cinq continents», qui présente une série de quinze recettes internationales, toutes plus succulentes les unes que les autres et combinées à des boissons provenant des pays vedettes...

Si le goût des Québécois a évolué au cours des dernières années et qu'ils sont plus que jamais enclins à savourer quelque boisson exotique, il reste cependant un produit qui, chez nous, n'a plus besoin de présentation. Tambours, roulez, trompettes, sonnez: voici le vin nouveau!

LE BEAUJOLAIS NOUVEAU: UNE TRADITION AU QUÉBEC

C'est le mois de novembre et il fait gris au Québec. On dit que c'est une journée comme les autres. Des passants à l'œil morne rouspètent contre le froid et l'humidité qui leur collent à la peau. Un peu plus loin, un attroupement: ah? Des gens bravent le froid dans une file pas tout à fait indienne, le regard brillant d'envie. Les portes s'ouvrent et ils se bousculent à l'intérieur, sans merci: oh? En moins de quelques heures, des milliers de Québécois rentreront à la maison, triomphants: «J'en ai une! J'ai eu mon beaujolais nouveau!»

Aaah! Chaque année, et la tradition est bien implantée au Québec, les Québécois brisent la grisaille de l'automne en relevant «le défi beaujolais». C'est en 1975 que le Québec recevait ses premières cargaisons de vin primeur. Deux cents caisses ont été importées la première année, mais ce n'est qu'à partir des années suivantes que s'est développé l'engouement que l'on connaît actuellement pour le beaujolais nouveau. À partir de 1980, plusieurs compagnies aériennes s'impliquent dans le transport du vin nouveau, ce qui permet sa mise en vente à Montréal la même journée que sa mise en marché à Paris. En 1985, douze avions ont été nécessaires au transport de ces vins, dont quatre Boeing 747.

Le beaujolais nouveau est produit dans une région de France, entre Lyon et Mâcon. Quelle est donc la différence entre un beaujolais primeur et un beaujolais normal? Le temps... En effet, la transformation du jus de raisin en primeur prend un mois ou moins, alors que le beaujolais normal est vieilli en cuves et en fûts pendant au moins un autre mois avant d'être mis en vente. L'appellation *vin de primeur* désigne donc simplement un vin qui a le droit d'être commercialisé un mois avant les autres vins produits dans la même région, dans la période qui suit les vendanges. Il existe cependant d'autres vins rouges, rosés ou blancs qui peuvent porter la mention *primeur*. L'appellation *nouveau*, quant à elle, signifie simplement que le vin provient de la récolte de l'année. Le beaujolais est de loin le plus connu des vins de primeur pour la simple raison qu'il est de loin le meilleur. On le dit *gouleyant*, terme rabelaisien indiquant qu'il se boit en longues et rapides lampées au lieu d'être dégusté à petites gorgées comme les vins plus nobles. Là réside en partie le secret de son succès: c'est un vin gai, sans prétention.

Tableau 12. Évolution des achats de vins nouveaux à la S.A.Q. depuis 1975

Année	Caisses	Produit	Prix ($)	Total (caisses)
1975	200	Beaujolais	4,95	200
1980	5 900	Beaujolais	7,95	8 100
	2 200	Côtes-du-Rhône	6,45	
1985	20 336	Beaujolais	9,95	27 336
	3 000	Beaujolais-villages	9,95	
	4 000	Côtes-du-Rhône	8,95	

Pendant la première moitié du siècle, le beaujolais est la boisson des travailleurs, qui le mettent souvent en bouteilles chez eux. Aux alentours de Lyon, c'est avec impatience que les amateurs de beaujolais attendent le vin nouveau. Ce n'est qu'au milieu des années 60 que les Parisiens découvrent le beaujolais, qu'ils avaient considéré jusque-là comme une curiosité locale, au même titre que le whisky japonais. C'est à ce moment qu'entre en scène Georges Duboeuf, le «père du beaujolais primeur». Celui-ci a commencé sa carrière en se rendant à Paris tous les ans pour y faire la tournée des restaurants, les invitant à essayer son vin.

Duboeuf décide un jour de mettre en bouteilles un beaujolais plus jeune. Ô hérésie! Les traditionalistes protestent, alléguant qu'il est insensé de boucher un bon vin à une date aussi précoce que la mi-décembre; c'est que jusque-là on avait attendu jusqu'à Pâques...

Duboeuf, n'écoutant que son instinct, aura raison d'eux; ses vins sont les plus frais, les plus légers et les plus fruités. De là l'intérêt international porté au beaujolais nouveau.

À Romanèche-Thorins, en 1970, deux dégustateurs anglais se lancent à la blague un défi: «Qui arrivera le premier à Londres avec la première caisse de vin nouveau?» C'était là le point d'amarre d'une longue tradition, la «Course au beaujolais nouveau», qui devint par la suite une véritable institution nationale.

Aujourd'hui la mise en vente du beaujolais primeur donne lieu à une bousculade sans égal tant à Montréal qu'à Bruxelles, New York, La Haye ou Hong Kong. Mais la fête du vin nouveau n'aurait pas sa raison d'être si ce n'était la qualité des vins nouveaux. Beaujolais, beaujolais-villages et côtes-du-rhône sont sélectionnés selon des critères très précis.

Les fournisseurs intéressés doivent soumettre des échantillons de leur vin primeur. Quatre-vingt-quatre de ces échantillons ont été soumis en 1985. Ces produits sont ensuite remis au service de Gestion de la qualité de la S.A.Q. pour analyses, où une notation de vingt points est donnée à chacun. Ces échantillons sont ensuite soumis à des commissions de dégustateurs venant de la presse, des groupes gastronomiques, de confréries vinophiles ou autres. La décision finale est prise en comparant les prix et en accordant une préférence au produit ayant été le mieux coté.

En 1985, le vin nouveau a été distribué dans 337 succursales à travers la province, soit une augmentation de 270% par rapport à 1982, alors qu'il n'était disponible que dans 91 points de vente.

Le beaujolais primeur est un vin que l'on boit jeune et frais (11°C). Il est recommandé de le consommer au cours du mois qui suit sa mise en marché. Il peut accompagner des mets rustiques, tels les charcuteries et les rôtis, les andouillettes, le boudin et le poulet. C'est dans un esprit de fête et d'allégresse que l'on se doit de déguster ce bon vin.

CONCLUSION

Nous avons vu, dans les chapitres précédents, comment le commerce de l'alcool s'est structuré au Québec depuis la venue des Vikings sur notre territoire. L'accueil qui lui a été réservé était parfois favorable, parfois hostile, mais toujours il a été présent dans notre société. D'abord géré par des particuliers, le commerce des boissons alcooliques passe aux mains de l'État en 1921. Pendant soixante-cinq ans, la société d'État a fait des pieds et des mains pour faire valoir une législation et une gestion saines et efficaces. Aujourd'hui, c'est avec toute la vigueur de ses soixante-cinq années d'expérience que la S.A.Q. maintient avec le public et avec ses collaborateurs de l'industrie, des relations mutuellement profitables, à la mesure de sa réputation d'excellence.

Nous avons fait un tour d'horizon du commerce des boissons alcooliques au Québec. Qu'en est-il cependant des consommateurs et de leurs goûts? Sommes-nous bien loin aujourd'hui de ce que buvaient nos premiers colons? Comment et pourquoi le comportement du consommateur s'est-il modifié à travers l'Histoire? Le chapitre qui suit, LES QUÉBÉCOIS ET LE VIN, apporte de nombreuses réponses à toutes ces interrogations.

MICHEL PHANEUF

LES QUÉBÉCOIS ET LE VIN

Nous sommes sortis du tunnel
de la grande noirceur,
les rayons de la lumière
et de la civilisation
nous ont atteints.

Roger Champoux, 1978

«Tous les buveurs d'eau sont des méchants, c'est bien prouvé par le déluge!», semble dire Pierre Petel.

INTRODUCTION

Le trente-huitième dîner du club gastronomique Prosper Montagné eut lieu par une belle soirée de septembre 1972. Portant smoking et insigne, les membres de ce groupe éclectique s'étaient retrouvés à La Sapinière, l'un des établissements les plus renommés de la province. C'est dans le cadre bucolique de la campagne laurentienne que les joyeux dîneurs s'étaient donné rendez-vous pour apprécier la cuisine inspirée du chef Marcel Kretz ainsi que les superbes vins que le propriétaire, Jean-Louis Dufresne, avait montés de sa fabuleuse cave.

Un dîner impressionnant! Pour se faire la bouche, on commença par passer en revue cinq champagnes, dont le fameux Dom Pérignon 1961. De façon à bien disposer ses convives, le chef Kretz imagina des médaillons de homard en aspic, des carolines de foie gras truffées, du caviar russe et de l'esturgeon fumé. Après cette séance apéritive savamment orchestrée, les disciples de Prosper Montagné s'installèrent autour de la grande table montée en fer à cheval. Pour présider l'assemblée, le prince des gastronomes lui-même, Gérard Delage. Dix-huit ans plus tôt, c'est ce personnage légendaire qui avait fondé ce club prestigieux, et c'est à lui ce soir-là que le maître d'hôtel vint respectueusement présenter chacun des plats et que le sommelier versait les premières gouttes des grands vins choisis.

La lecture de la carte a de quoi inciter au péché de gourmandise le plus pénitent des bénédictins. Potage au cerfeuil frais et verre de Xérès Fino. Bar rayé de l'Atlantique à la Bercy accompagné d'un Puligny-Montrachet les Pucelles 1966. Suprême de canard col-vert aux raisins escorté d'un Château Talbot 1964. Carré de chevreau farci en crépine servi avec salsifis, cresson et têtes de violon; un plat somptueux rehaussé d'un Beaune Grèves Tastevinage 1961. Salade de mâche du jardin du chef et verre d'eau de source (vin et vinaigre sont comme frères ennemis). Fromage d'Oka de la réserve spéciale des Pères Trappistes, vieux cheddar et bleu l'Hermite de Saint-Benoit, en compagnie d'un Chambertin 1964. Comme dernières délices, les bleuets des Laurentides dans leur eau-de-vie, mariés à un Château Lafaurie Peyraguay 1957. Ce grand sauternes obligea Gérard Delage à lever les yeux au ciel, comme pour remercier le Créateur de tant de bontés en une même soirée. « Tu es un sensuel, Gérard! », se moquera son voisin. Pour conclure, un café de Colombie trié sur le volet et une eau-de-vie de mirabelle servie bien fraîche. Les cigarettes spéciales de tabac turc furent aussi offertes. À la toute fin du dîner seulement, car comme le faisait vigoureusement observer Roger Champoux à la lecture des règlements du club : « Celui qui fume en mangeant ne mérite pas le titre de gourmet. »

Pour les quarante convives réunis ce soir-là à Val-David, ce dîner est resté mémorable. Quant à ceux qui n'ont pas eu la chance d'y assister, ils peuvent toujours se régaler l'esprit, à défaut du palais, en voyant le film réalisé à cette occasion. Tourné en anglais par l'Office national du film et destiné aux Canadiens anglophones, ce bijou de court métrage présentait (par un exemple hors de l'ordinaire, il faut en convenir) un aspect essentiel et unique de la société québécoise. Le plaisir de la bonne chère, la curiosité culinaire, la convivialité de la table, voilà autant de richesses qui, depuis des siècles, font partie intégrante de notre culture et nous distinguent de l'ensemble nord-américain. Avec grande pompe, ce film soulignait aussi la place importante que le vin commençait à prendre sur les tables du Québec. On y montrait le vin non pas comme un produit d'ivresse ou comme un vulgaire stimulant, mais plutôt comme un élément lui aussi gastronomique, capable plus que toute autre boisson d'apporter plaisir et raffinement. Le vin et le plat conçus comme des compléments indispensables. Sans le savant mariage qui les unissait ce soir-là, ni l'un ni l'autre n'aurait pris sa véritable dimension. Qu'aurait été le chevreau sans le bourgogne? Et le vin sans cette chair exquise?

Au début des années 1970, les grands crus de France n'arrosaient que les repas de quelques privilégiés. Pourtant, dès cette époque, une tendance inéluctable commençait à se faire sentir. En 1971, pour la première fois depuis les années de la grande crise, les Québécois consommèrent plus de vins que de spiritueux: 5 840 000 gallons de vins contre 5 450 000 gallons de spiritueux, soit 52%. Ce goût pour le produit de la vigne ne s'est jamais démenti depuis et chaque année, progressivement, l'écart se creuse. En 1985, le vin représentait près de 75% de notre consommation alcoolique, soit une moyenne de dix litres par habitant. Bien sûr, nous sommes encore loin des quatre-vingt-dix litres consommés chaque année par les Français ou les Italiens. Et cela ne saurait être un but à atteindre. Le vin quotidien n'est pas nécessaire. Mieux vaut boire moins, mais mieux. La recherche de la qualité est d'ailleurs devenue une préoccupation chez un nombre grandissant de vinophiles québécois. Le succès des «produits de spécialités» (vins et alcools vendus dans les Maisons des vins et dans certaines succursales désignées) en est une preuve. En 1977, la vente de ces produits se chiffrait à 975 000$. Huit ans plus tard, ils représentaient un marché de 38 000 000 $.

Il n'y a rien d'étonnant à constater la place immense que prend maintenant le vin dans nos habitudes de consommation. Depuis les débuts de la colonie, le vin a été présent (de manière longtemps épisodique, il est vrai) dans la vie québécoise. Nos ancêtres, français ou anglais, ont eu depuis des siècles le goût du vin et nous l'ont transmis. Dans une société où la tradition de la table est aussi solidement ancrée, il aurait été impensable que le vin ne vienne jouer le rôle qui est le sien: tisser un lien entre les convives. Avez-vous remarqué comme il est moins tentant de boire du vin lorsqu'on mange seul? Le vin chez nous, c'est une sorte de retour aux sources.

LE VIN, UNE PRÉSENCE ANCESTRALE

Que de chemin parcouru depuis que les premiers colons arrivèrent en Nouvelle-France, pénétrant le Saint-Laurent sur de frêles embarcations dont les cales étaient chargées de denrées. Parmi elles, quelques barriques de vin ou de cidre dont on devait rapidement voir le fond. C'est pourquoi on envisagea dès cette époque de cultiver la vigne en Nouvelle-France. Après tout, Jacques Cartier n'avait-il pas découvert l'île d'Orléans couverte de vignes sauvages? Selon l'historienne Hélène-Andrée Bizier, «l'intérêt que Cartier et Champlain portaient à la culture de la vigne était aussi grand que celui qu'ils portaient au blé». Soucieux du moral de ses troupes, c'est Champlain qui fonda en 1606 à Port-Royal l'Ordre du Bon Temps, probablement le premier club gastronomique d'Amérique.

Comme nous l'avons vu dans les chapitres précédents, nos ancêtres accordaient beaucoup d'importance à la vigne et au vin. Par exemple, dès le XVIIe siècle, les Sulpiciens plantèrent la vigne sur le mont Royal, près des actuelles rues Sherbrooke et Guy. L'un d'entre eux, Dollier de Coisson, se rendit jusqu'au lac Ontario en 1669. Il y trouva des raisins «aussi gros et doux que les plus beaux de France. Nous en fîmes du vin de messe et il était aussi bon que le vin de Graves; un gros vin, noir comme celui-là.» La comparaison est intéressante à double titre. D'abord elle prouve que dès cette époque les vins de Bordeaux étaient connus de nos missionnaires et qu'occasionnellement ils devaient être expédiés vers le nouveau continent. Par ailleurs, le qualificatif de gros vin noir associé au vin de Graves, inapproprié de nos jours, soulignerait la grande irrégularité qualitative des vins de cette époque, fussent-ils produits dans une même région. Car en même temps que Dollier de Coisson parlait de gros vin noir, certains vins de Graves avaient acquis une certaine notoriété et étaient appréciés pour leur finesse. Six ans auparavant, le bourgeois anglais Samuel Papys écrivait, dans son journal, qu'il avait bu dans une taverne de la rue des Lombards à Londres «un certain vin français appelé Ho Brian; il a un goût excellent et très particulier». Il s'agissait évidemment du Château Haut-Brion, le premier grand cru de Bordeaux à avoir été connu en Angleterre et devenu depuis le vin de Graves le plus prestigieux.

Il existait au XVIIe siècle un commerce du vin en Nouvelle-France. L'absence de législation entraîna certains abus qui obligèrent les autorités à établir une réglementation. Le permis de vente devint obligatoire et un droit d'entrée de 10% fut imposé. Mais cela ne découragea pas nos colons français qui continuèrent à boire, semble-t-il, des quantités considérables de boissons alcooliques. Suffisamment pour que le Conseil souverain s'en inquiète et en vienne à suggérer à la population de consommer de la bière plutôt que du vin et des eaux-de-vie, ces produits qui «nourissent la débauche de plusieurs de ses habitants, les divertissent du travail et ruinent leur santé par de fréquentes ivrogneries». Comme on l'a vu au début de ce livre, l'intendant Talon n'eut guère de succès avec l'établissement d'une brasserie royale à Québec, puisqu'elle dut fermer ses portes au bout de trois ans. «Les Canadiens n'étaient pas vraiment mûrs pour la consommation du champagne du pauvre», suppose Hélène-Andrée Bizier.

Plus tard, en 1749, le naturaliste Pierre Kalm écrivait dans son journal de voyage qu'au Canada «le vin est la seule boisson que consomment les personnes de qualité». Il est probable qu'à cette date on pouvait se procurer en Nouvelle-France quelques excellents vins de France, des bordeaux surtout, puisqu'en raison de sa situation géographique cette région pouvait plus facilement exporter outre-Atlantique.

Après la conquête

Avec l'occupation anglaise, le vin et les eaux-de-vie virent leur popularité s'accroître. On assista aussi à une plus grande diversité des produits offerts. À la faveur de nouvelles relations commerciales avec les Indes occidentales, le rhum fit son apparition au Canada. Depuis longtemps appréciés des Anglais, les vins de Porto, de Xérès et de Madère entrèrent peu à peu dans les habitudes de consommation des Canadiens. Loin d'être passagère, la popularité de ces vins, celle du xérès en particulier, ne cessera de croître pendant près de deux siècles.

Chose certaine, les Anglais savaient eux aussi apprécier les charmes des bons vins. À Montréal, la «Mansion House» était l'un de ces endroits où les Anglais fortunés se réunissaient autour de plantureux dîners.

En 1864, on pouvait lire dans le journal *La Minerve* une publicité indiquant qu'on pouvait se procurer à Montréal des vins de Chablis, de Sauternes et de Barsac au prix de 3,50$ la caisse de douze bouteilles. Le fait qu'on les recommande aux amateurs d'huîtres fraîches de Caraquet confirmerait l'idée maintes fois avancée qu'à cette époque les vins de Sauternes et de Barsac pouvaient être plus secs que ceux d'aujourd'hui.

Paris, le 15 Août 1822

M

J'ai l'honneur de vous prévenir que, pour commencer une exploitation en détail que je me propose d'agrandir, je viens d'ouvrir trois Magasins de Vins en bouteilles et à la mesure, qui seront approvisionnés par mon établissement principal, sis **RUE SAINTE-ANNE**, N° 53, dans lequel je ne détaille pas.

Ces trois Magasins sont situés :

CLOITRE SAINT-HONORE, N° 1.
RUE MONTMARTRE, N° 15.
PLACE SAINT-ANDRÉ-DES-ARTS, N° 30.

J'y tiens toutes les qualités de Vins, Eaux-de-Vie et Liqueurs en bouteilles, ainsi que des Vins ordinaires au litre, le tout au cours le plus bas ; mais je me suis interdit de donner à consommer dans ces Magasins.

Jaloux de mériter la confiance du public, et de concilier la qualité supérieure de la fourniture avec la modération du prix, je n'ai rien négligé pour acquérir une connaissance approfondie de la marchandise, et j'ai réglé mes prix sur le taux le plus bas possible.

Si vous voulez faire un essai, vous reconnaîtrez promptement, j'en ai la confiance, qu'il est difficile de s'approvisionner à des conditions plus avantageuses.

Agréez l'assurance de ma parfaite considération,

Nicolas

NICOLAS,

Marchand de Vins, Eaux-de-Vie & Liqueurs

MAGASIN PRINCIPAL, RUE SAINTE-ANNE, N° 53.

MAGASINS PARTICULIERS :

CLOITRE SAINT-HONORÉ, N° 1. — RUE MONTMARTRE, N° 15. — RUE SAINT-ANDRÉ-DES-ARTS, N° 30.

PRIX COURANT.

Le tout rendu à domicile, franc de port, verre non compris pour tous les articles à 2 fr. et au-dessous.

BONS VINS ROUGES ET BLANCS AU LITRE ET AU COURS.

VINS ORDINAIRES.

N°			
3.	Rouge	à 9	Sols la bouteille.
4.	D°	à 10	d°.
5.	Blanc	à 10	d°.
6.	Blanc	à 12	Sols la bouteille.
7.	Bordeaux rouge	à 12	d°.
8.	Mâcon rouge	à 12	d°.

VINS ROUGES DE BORDEAUX.

N°		f.	s.
9.	Bonnes côtes	»	15
10.	Médoc	1	»
11.	Haut-Médoc	1	10
12.	St-Emilion	1	10
13.	St-Julien	2	»
14.	St-Estèphe	2	»
15.	Léoville	3	»
16.	Rauzan	3	»
17.	Lafitte	5	»
18.	Haut-Brion	5	»

VINS ROUGES DE BOURGOGNE.

N°		f.	s.
19.	Mercurey	»	15
20.	Beaune ordinaire	1	»
21.	D° 1re qualité	1	10
22.	Pomard	2	»
23.	Volnay	3	»
24.	Nuits	3	»
25.	La Romanée	5	»
26.	Chambertin	5	»
27.	Clos-de-Vougeot	5	»

VINS ROUGES DE MACON.

N°		f.	s.
28.	Fleury	»	15
29.	Thorins	1	»
30.	Moulin-à-Vent	1	10

VINS ROUGES DU RHONE ET DU MIDI.

N°		f.	s.
31.	St-Georges vieux	1	»
32.	Tavel vieux	1	»
33.	Roussillon vieux	1	»
34.	Château-Neuf vieux	1	»
35.	Côte-Rôtie	4	»
36.	Hermitage	5	»

VINS BLANCS DE BORDEAUX.

N°		f.	s.
37.	Grave ordinaire	»	15
38.	D° supérieur	1	»
39.	Barsac	2	»
40.	Sauterne	3	»
41.	D° 1er cru et très vieux	5	»

VINS BLANCS DE BOURGOGNE.

N°		f.	s.
42.	Ordinaire	»	15
43.	Châblis	1	»
44.	D° 1re qualité	1	10
45.	Meursault	2	»
46.	Mont-Rachet	3	»
47.	D° très-vieux	5	»

VINS BLANCS DE MACON.

N°		f.	s.
48.	Pouilly	1	»
49.	Pouilly-Fuissey	1	10

VINS DE CHAMPAGNE.

N°		f.	s.
50.	Aï mousseux	3	10
51.	D° 1re qualité	4	»
52.	D° Rosé	4	»
53.	Sillery	6	»

VINS BLANCS DU RHONE.

N°		f.	s.
54.	Côte-Rôtie	4	»
55.	Hermitage	5	»

VINS DE LIQUEURS.

N°		f.	s.
56.	Muscat ordinaire	1	10
57.	D° Lunel	2	»
58.	D° Frontignan	2	»
59.	D° Rivesaltes	3	»
60.	Grenache	2	»

VINS ETRANGERS.

N°		f.	s.
61.	Malaga ordinaire	3	»
62.	D° très-vieux	5	»
63.	Alicante ordinaire	3	»
64.	D° très-vieux	5	»
65.	Madère ordinaire	3	»
66.	D° 1re qualité	5	»
67.	Xérès	5	»
68.	Porto	5	»
69.	Malvoisie	6	»

EAUX-DE-VIE ET RHUM

N°		f.	s.
70.	Montpellier	1	»
71.	Armagnac	1	10
72.	Cognac ordinaire	1	10
73.	D° vieux	2	»
74.	D° extrêmement vieux	3	»
75.	Rhum ordinaire	2	»
76.	D° vieux	3	»
77.	D° extrêmement vieux	4	»

FRUITS A L'EAU-DE-VIE.

N°		f.	s.
78.	Cerises, le bocal d'un litre	2	»
79.	Prunes, d° de 12	2	»
80.	Abricots, d° de 6	2	»
81.	Pêches, d° de 4	2	»

LIQUEURS.

N°		f.	s.
82.	Anisette de Bordeaux ordinaire	2	10
83.	D° D° 1re qualité	4	»
84.	D° de Hollande ord. le cruchon	5	»
85.	D° D° 1re qual. d°	8	»
86.	Curaçao de Hollande ord. d°	5	»
87.	D° D° 1re qual. d°	8	»
88.	Eau de fleur d'orange, la 1/2 sac.	1	10
89.	Huile de Rose, la bouteille	3	»
90.	D° de Rhum, d°	4	»
91.	D° de Vanille, d°	3	»
92.	D° de Thé, d°	4	»
93.	D° de Venus, d°	3	»
94.	Cassis, d°	2	10
95.	Eau de Noyaux, d°	3	»
96.	Absinthe Suise, d°	4	»
97.	Kirschen-Wasser, Forêt Noire	3	»
98.	Ratafia de Grenoble, d°	3	»
99.	Elixir de Garus, d°	4	»
100.	Huile de Canelle, d°	3	»

La vigne dans le sol québécois

En même temps qu'on continuait à importer des vins de France, et sans doute aussi d'Espagne et du Portugal, certains croyaient encore à l'avenir d'une viticulture canadienne. Toujours en 1864, un journaliste de *La Minerve* commentait le projet d'un certain Narcisse Pigeon qui, de retour de France et d'Allemagne, était bien décidé à cultiver la vigne sur le nouveau continent. «Ce vin, sans doute, ne vaudra pas le Château Margaux ni même le bon bordeaux, lisait-on dans *La Minerve*, mais ce sera toujours un progrès très avantageux sur les spiritueux dont on fait aujourd'hui si grand usage.» Par cette phrase, le journaliste laissait entendre qu'en dépit de la popularité certaine du vin au milieu du XIXe siècle, les spiritueux avaient encore les faveurs du grand public. Comme on le verra, cette tendance mettra plus d'un siècle à se résorber.

La réussite viticole la plus éclatante de cette époque fut celle de Joseph-Louis Barré. À l'occasion d'une conférence qu'il prononçait en 1984 à l'intention des membres des Amitiés Bacchiques de Montréal, l'historien Jacques Lacoursière relatait l'expérience de Barré. «Il y a un siècle exactement, Barré et compagnie, dont les usines se trouvent aux numéros 186 et 188 de la rue des Fortifications de Montréal, est en pleine production. Dans le journal *Le Monde* du mercredi 31 décembre 1884, on dit qu'il y a dans les voûtes de cette maison plus de 18 000 gallons des meilleurs vins. Ces voûtes sont les plus imposantes de la ville. Elles mesurent cent vingt pieds de long sur trois rangées de caves, formant cinq caveaux de vingt-quatre pieds de largeur.» L'historien Lacoursière indique que la viticulture était le secteur le plus payant de l'agriculture de cette époque. D'où provenaient les raisins qu'utilisait Barré pour sa production? De Pointe-Claire, de Lachine, de Longueuil, de Saint-Hubert, de Saint-Hilaire, bref, des environs de Montréal.

Dans ses caves de la rue des Fortifications, Barré élaborait une étonnante variété de vins qu'il n'hésitait pas à baptiser des noms de grands crus français. D'abord des champagnes: le Pommeroy qu'il vendait 18$ la douzaine, le Régina et le Grand Champagne Carte d'Or. Puis des sauternes secs (!) comme le Château Saint-Ange. Poussant encore plus loin la prétention, Barré fabriquait aussi du saint-émilion, du saint-julien, du saint-estèphe et... du château Margaux! Les xérès (sherrys) étant devenus très en demande depuis la Conquête, Barré en produisait qu'il appelait Sir Hector ou encore Sir George. Quelquefois, il se plaisait à ajouter une couleur locale à ses appellations (qui n'étaient pas encore contrôlées!): Médoc Monferrand, Bourgogne Richelieu et Pommard Jacques-Cartier. En l'absence de témoins, il est impossible d'avoir une idée exacte de la qualité de ces vins, tous produits non pas avec les cépages nobles d'Europe, mais avec des vignes de type Labrusca, indigènes à l'Amérique du Nord et dont la caractéristique est de donner des vins communs et dénués de finesse. «Cela n'a pas empêché Barré de faire fortune», souligne Jacques Lacoursière.

Pour certains, la réussite de Barré démontrait qu'il était possible que le Canada puisse s'autosuffire en matière de viticulture. Dans son édition du 13 novembre 1885, le journal *La Presse* commentait la situation: «La production de vin sur notre sol est d'un intérêt capital pour nous: elle nous affranchirait dans une grande mesure de l'impôt que nous payons à l'étranger, donnerait une grande impulsion au développement de certains districts agricoles et contribuerait puissamment à diminuer la consommation des spiritueux qui prend des proportions alarmantes au Canada.»

Hélas! la présence de la vigne en terre québécoise ne dura que le temps de quelques vendanges... et de quelques hivers. En 1984, le professeur agronome J.O. Vandal écrivait: «Après 1890, la vague déclina, suite probablement à une succession d'années défavorables. En 1894, la Société de pomologie du Québec constate l'échec de la culture commerciale. (...) Il n'est pas resté grand-chose des plantations de la période 1870-1890. D'environ cent acres en ce temps, le vignoble québécois était tombé à près de cinq acres à l'approche de la Seconde Guerre mondiale.»

LES PREMIERS RÉPERTOIRES

Au début du XXe siècle, comme on l'a déjà vu, quand la vague prohibitionniste déferla sur l'Amérique, le Québec décida d'adopter une ligne de conduite différente de celle de ses voisins. À l'abstinence, on préféra la tempérance en instaurant un contrôle gouvernemental. La Commission des liqueurs de Québec était créée.

L'entreprise d'État installa ses bureaux et ses entrepôts dans l'ancienne prison commune de Montréal. C'est donc au Pied-du-Courant que les dirigeants de la Commission des liqueurs décidaient du choix de vins et de spiritueux offerts aux Québécois.

La lecture des anciens répertoires de la Commission est passionnante. Ils sont les témoins de l'évolution du goût des générations qui nous ont précédés. Le répertoire de 1922 comptait 322 produits. On y dénombrait 92 sortes de spiritueux dont 22 gins et 31 whiskies. Pendant plusieurs décennies, ces deux spiritueux furent les préférés des Québécois. Le Dry Gin Gordon se vendait alors 3,35$, alors qu'une bouteille de Black & White coûtait 4,20$. Les brandys et les cognacs étaient aussi très en vogue à cette époque; la Commission en offrait une trentaine. Le fin du fin était le Bisquit Dubouché Grande fine Champagne Napoléon 1804, à 13$ la bouteille, un prix astronomique à l'époque.

Le grand choix de liqueurs offertes à ce moment est étonnant. Avec une quarantaine de produits, l'essentiel y était: curaçao, bénédictine, crème de menthe (verte seulement), chartreuse (verte et jaune), anisette, kirsch, etc. Les prix de ces produits étaient passablement élevés. Une simple crème de cassis coûtait 4,25$ le litre, alors que le Château Margaux se vendait 1,75$ et qu'on pouvait se procurer dès cette époque du Château d'Yquem pour 3$ la bouteille. Ce rapport de prix, aujourd'hui impensable, démontre bien qu'à cette époque même les plus grands vins n'avaient pas acquis leur notoriété actuelle. Jusqu'aux années 60, ce sont les spiritueux renommés et les liqueurs qui ont été considérés comme les vrais produits de luxe, ceux auxquels on attachait du prestige. À partir de 1970, la demande sans cesse croissante pour les grands vins a fait gonfler leurs prix considérablement.

Premiers camions sur pneumatiques, années 20

— 16 —

PRICE LIST Nº TWELVE

BURGUNDIES (still Cont'd.)

89D	Noirot Carrieres Gevrey Chambertin 1914	"	1.50
89E	Noirot Carrieres Cambolle Mussigny 1915	"	1.40
90A	Noirot Carrieres Vosne Romanée 1914	"	1.50
90B	J. Drouhin Beaune 1919	"	1.20
90C	" Pommard 1919	"	1.25
90D	Meursault Grandjean 1918	"	1.30
90E	Pouilly 1ère Tête Grandjean 1919	"	1.15
91A	Moulin à Vent Grandjean 1919	"	1.10
91B	Macon Sup. " 1919	"	.90
91C	Beaujolais Lanery " 1920	"	.85
91D	Macon Blanc " 1919	"	1.00
91E	Chablis Sup. Noirot 1919	"	1.25

BURGUNDIES (Sparkling)

81C	Chauvenet White Cap	Qts.	2.75
81D	" " "	Pts.	1.50
82A	" Red Cap	Qts.	2.75
82B	" " "	Pts.	1.50
82D	Henri de Bahezre 1915 1ère qualité	Qts.	2.50
82E	" " " " "	Pts.	1.35
83A	Chauvenet Pink Cap	Qts.	2.75
83B	" " "	Pts.	1.50
83C	J. Belin White Cap Arlot Monopole Demi Sec	Qts.	2.50
83D	" " " " "	Pts.	1.35
84A	" Red cap " "	Qts.	2.50
84B	" " " " "	Pts.	1.35
84F	Gevrey Chambertin N. Carrieres	Qts.	2.20
85F	" " "	Pts.	1.20
87E	H. Collin & L. Bourrisset Pommard	Qts.	2.75
88B	H. Collin & L. Bourrisset G. B. Ex. Blanc Brut	Qts.	3.00

THE QUEBEC LIQUOR COMMISSION

— 17 —

PRICE LIST Nº TWELVE

BURGUNDIES (sparkling Cont'd.)

88C	H. Collin & L. Bourrisset G. B. Ex. Blanc Brut	Pts.	1.65
89A	H. Collin & L. Bourrisset Chambertin	Qts.	3.00
89B	H. Collin & L. Bourrisset Chambertin	Pts.	1.65
91F	Nuits Noirot Carrière	Qts.	2.20
91G	" " "	Pts.	1.20

VERMOUTH

92B	Q. L. C., Italian	Qts.	1.25
92C	Savoie, French	Litres	1.40
92D	Baron Berton, French	"	1.50
93A	Martini & Rossi, Italian	"	1.65
93B	Nugue Richard, French	"	1.25
94A	Noilly Pratt, French	"	1.65

MISCELLANEOUS

95A	Dubonnet	Litres	2.25
95B	Bacchus	"	1.60
97D	Bass Ale	Splits	.20
98B	Chianti	Qts.	1.40
98C	"	Pts.	.80
99C	Dr Siegerts Angostura Bitters	8 oz.	1.25
99D	Fernet Branca	Litres	4.10

PALESTINE WINES AND LIQUORS.

96A	Carmel Alicante	26 oz.	$1.15
96B	" Port	26 "	1.25
96D	" Cognac XXX Proof	26 "	4.00
96E	Friedmann Cognac	26 "	3.90
96F	Carmel Alicante	Gallon	5.75
96G	" Port	Gallon	6.25
100A	Best Red Wine	26 oz.	1.00
100B	" White Dry Wine	26 "	1.10
100C	" Sweet Alicante	26 "	1.40
100D	" Sweet Muscat	26 "	1.60
100F	Medium Sauternes	26 "	1.25

THE QUEBEC LIQUOR COMMISSION

Extrait de la liste de prix nº 12, 1922

La raison est simple : contrairement aux alcools et spiritueux, ils ne sont pas des produits industriels fabriqués à volonté. Le vin est un produit essentiellement agricole résultant d'une récolte annuelle de raisins. Il est par conséquent soumis à la loi implacable de l'offre et de la demande. Or, depuis une quinzaine d'années, cette dernière a pris largement le dessus.

Le répertoire de 1922 faisait état d'environ 185 vins différents, incluant un grand nombre de vins fortifiés et de vins aromatisés. Le bourgogne était le vin rouge le mieux représenté. Vingt-sept y étaient mentionnés. Au bas de l'échelle, à 90 cents la bouteille, le Beaujolais de Chauvenet, encore disponible aujourd'hui dans les succursales de la Société des alcools... au prix d 10,15 $! À cette époque, le Mâcon de Collin & Bourisset coûtait aussi cher que le Beaune 1917 de Chauvenet, soit 1 $! On pouvait aussi se procurer quelques grands crus choisis dans d'excellents millésimes. Par exemple, les Beaune, Nuits et Pommard 1919 de Joseph Drouhin, tous cotés à 1,25 $. Le plus cher était un Chambertin « Chapelle » 1919 de Collin & Bourisset à 2 $.

En 1922, il était possible de se procurer des chambertins et des pommards mousseux. C'était en effet une des particularités de l'époque de trouver une dizaine de bourgognes rouges mousseux. Celui qui connaîtra le plus de succès sera le « Red Cap » de Chauvenet. C'est d'ailleurs lui qui, une fois cette mode passée, sera le dernier à être retiré du répertoire de la S.A.Q. au début des années 70.

On sait que durant plusieurs décennies les vins blancs secs étaient peu en demande. C'est ce qui explique sans doute le peu de bourgognes blancs inscrits au répertoire de cette époque. Neuf vins seulement. Le plus cher n'était pas le Pouilly-Fuissé ou le Meursault, mais plutôt un Chablis 1er Cru de l'Union des vignerons à 2 $.

Pendant longtemps, le public québécois manifesta un goût très net pour les vins moelleux. Ainsi, au chapitre des bordeaux blancs, on trouvait une majorité de vins liquoreux de Sauternes et de Barsac. Non pas des grands crus, mais des vins de négoce provenant de chez Barton et Guestier et de chez Johnston. Un seul grand sauternes était disponible à ce moment. Un seul, mais le plus grand : Yquem ! Même si le répertoire d'alors faisait mention de deux versions, celles de Johnston et de Barton et Guestier, il s'agissait probablement du même vin, mis en bouteilles au château et acheté ensuite par le négoce qui en assurait l'exportation. L'hypothèse est probable car on sait qu'Yquem fut placé sous la férule du marquis de Lur Saluces dès la Première Guerre mondiale et que ce dernier fut un des premiers défenseurs de la mise en bouteilles au château obligatoire des premiers crus de Bordeaux.

Liste de prix n° 34, novembre 1937

Timbres inclus
Stamps included

ALCOOL — ALCOHOL

No.	Article	Qté		Prix
2-B	Alcohol 65 O. P. (Approx. 95°)	10	oz.	.90
2-A	" 65 " 95°	20	oz.	1.70
2-C	" 65 " " 95°	40	oz.	3.25
2-D	Whiskey Blanc 48 U. P.	13	oz.	.50
2-E	" " 48 "	26	oz.	.95
2-F	Whiskey Blanc Spécial C. L. Q. 48 U. P.	10	oz.	.40
2-G	" " " " 48 U. P.	20	oz.	.75
2-H	" " " " 48 "	40	oz.	1.45

EAU DE VIE — BRANDIES

No.	Article	Qté		Prix
5-G	Brandy South African	10	oz.	.85
5-F	" " "	26	oz.	2.00
5-I	Eau de Vie de Marc	26	oz.	4.15
5-H	Fine Bourgogne	33	oz.	5.75

COGNAC

No.	Article	Qté		Prix
8-C	Cognac 1931-1932 Q. L. C.	10	oz.	1.00
8-B	" " " "	13	oz.	1.30
8-D	" " " "	20	oz.	1.85
8-A	" " " "	26	oz.	2.35
8-E	" " " "	40	oz.	3.60
9-C	Cognac 1928-1929 Q. L. C.	10	oz.	1.10
9-B	" " " "	13	oz.	1.40
9-D	" " " "	20	oz.	2.00
9-A	" " " "	26	oz.	2.50
9-E	" " " "	40	oz.	3.90
3-E	Cognac 1925-1926 C. L. Q.	10	oz.	1.20
3-F	" " " "	13	oz.	1.45
3-G	" " " "	20	oz.	2.15
3-H	" " " "	26	oz.	2.60
3-I	" " " "	40	oz.	4.00
6-C	Monnet Spécial	10	oz.	1.25
6-D	" "	26	oz.	2.85
6-E	" ***	10	oz.	1.55
6-F	" ***	26	oz.	3.55
5-D	" V. O.	26	oz.	3.80
7-A	Bisquit Dubouché *	10	oz.	1.25
7-C	" " *	20	oz.	2.30
7-D	" " *	26	oz.	2.85
7-E	" " ***	10	oz.	1.35
7-F	" " ***	20	oz.	2.50
7-G	" " ***	26	oz.	3.00
9-H	Foucauld ***	13	oz.	1.60
5-C	" ***	26	oz.	3.00
4-F	Castillon *** French Flag	26	oz.	2.95
8-I	Frapin Spécial 20	10	oz.	1.55
8-H	" " 20	26	oz.	3.70
8-G	" ***	26	oz.	4.05
6-H	Jules Robin ***	13	oz.	1.80
6-G	" " ***	26	oz.	3.45
7-H	Godet Frères ***	26	oz.	3.25
7-I	" " Gastronome 40 years	26	oz.	4.80
5-A	La Grande Marque ***	26	oz.	3.50
4-A	Courvoisier ***	26	oz.	3.65
4-B	Pellisson ***	25½	oz.	3.95
9-F	Hennessy ***	13	oz.	2.20
3-B	" ***	26	oz.	4.15
9-G	Martell ***	13	oz.	2.20
5-B	" ***	26	oz.	4.15
3-C	Foucauld V. S. O. P.	26	oz.	4.80
5-E	Monnet V. V. S. O. P. 40 years old	26	oz.	6.50
4-E	" 1858	26	oz.	9.50
4-C	B. Léon Croizet 1860	25	oz.	6.25
4-D	" " " 1830	25	oz.	8.50
4-I	Bisquit Dubouché St-Martial 1858	25½	oz.	10.00
4-G	Otard Dupuy Charles X	25	oz.	14.00
4-H	Bisquit Dubouché Napoléon 1811	25½	oz.	16.00

RHUMS — RUMS

No.	Article	Qté		Prix
10-I	Jamaica 30 U. P. Q. L. C.	13	oz.	1.00
10-C	" 30 " "	26	oz.	1.75
10-D	" 30 " "	40	oz.	2.70
10-E	" 20 " "	13	oz.	1.10
10-F	" 20 " "	26	oz.	2.00
10-G	" 35 O. P. "	20	oz.	2.40
10-H	" 35 " "	40	oz.	4.60
10-A	" Charley's Red Label	20	oz.	1.70
11-F	" Gilbey's Governor General	26	oz.	2.65
10-B	" Two Dagger	13	oz.	1.60
11-G	" " "	26	oz.	3.00
12-D	" Kelly's Gold Seal	26½	oz.	2.50
12-E	" " White Label	26½	oz.	3.00
12-F	" " Grand Reserve	26½	oz.	3.40
11-A	" Myer's Planters Punch	26½	oz.	3.40
12-G	" " " "	13	oz.	1.80
11-I	Demerara 20 U. P. Q. L. C.	20	oz.	1.50
11-C	" 20 " "	40	oz.	2.85
11-D	" 35 O. P. "	20	oz.	2.15
11-E	" 35 " "	40	oz.	4.00
12-A	Rhum St. James French	½	Litre	3.10
12-C	" " " "		Litre	5.65
11-B	Cuban, Marti Carta Especial 1915	26½	oz.	4.50
11-H	" Bacardi 1873	23	oz.	5.75

GINS—(CANADIAN)

No.	Article	Qté		Prix
24-F	Melchers Gold Cross	10	oz.	.85
24-E	" " "	26	oz.	1.90
24-G	" " "	40	oz.	2.65
24-C	De Kuyper	10	oz.	.85
24-B	"	26	oz.	1.90
24-D	"	40	oz.	2.65
23-D	Bols V. O.	25	oz.	1.90
27-G	Severy	10	oz.	.85
27-F	"	20	oz.	1.50
27-H	"	40	oz.	2.65

GINS—(IMPORTED)

No.	Article	Qté		Prix
25-D	Fockink (Stone Jar)	Litre		5.50
25-C	Kiderlen's Croix d'Honneur	20	oz.	3.50

OLD TOM GINS

No.	Article	Qté		Prix
25-A	Boulton's (Canadian)	25	oz.	1.90
27-C	Gilbey's "	25	oz.	1.90
28-B	Booth's (Imported)	26½	oz.	2.60

DRY GINS—(CANADIAN)

No.	Article	Qté		Prix
27	Seagram's Superior 25 U. P.	25	oz.	1.80
27-E	" " 25 "	40	oz.	2.70
28-E	Silver Fizz 25 U. P. Triple Distilled	25	oz.	1.80
28-I	" " 25 " " "	40	oz.	2.70
23-A	London Club 22 U. P.	25	oz.	1.80
23-B	" " 22 "	40	oz.	2.70
24-A	Walker's 25 U. P.	25	oz.	1.80
25-B	" 25 "	40	oz.	2.70
23-F	Vicker's 25 U. P.	25	oz.	1.80
23-G	" 25 "	40	oz.	2.70
25-E	Robert Hopes 22 U. P.	25	oz.	1.80
25-I	" " 22 "	40	oz.	2.70
28-C	Boulton's 25 U. P.	25	oz.	1.80
24-H	" 25 "	40	oz.	2.70
26-G	Hills & Underwood 22 U. P.	25	oz.	1.80
26-I	" " " 22 "	40	oz.	2.70
26-F	John Collins 25 U. P.	25	oz.	1.80
24-I	" " 25 "	40	oz.	2.70
26-A	Gilbey's 25 U. P.	25	oz.	1.80
25-G	" 25 "	40	oz.	2.70
26-H	Bols Silver Top 25 U. P.	25	oz.	1.80
28-D	" " " 25 "	40	oz.	2.70
23-H	Booth's High and Dry 25 U. P.	25	oz.	1.80
23-I	" " " " 25 "	40	oz.	2.70
23	Corby's 22 U. P.	25	oz.	1.80
25	" 22 "	40	oz.	2.70
28-A	Burnett's 25 U. P.	25	oz.	1.80
25-F	" 25 "	40	oz.	2.70
27-B	" White Satin 19 U. P.	26	oz.	2.25
23-E	" " " 19 "	40	oz.	3.35

Des camions à grillage transportent les spiritueux

Entrepôt

En 1922, seulement treize vins rouges de Bordeaux étaient disponibles (les Québécois ont eu longtemps la réputation d'être surtout des buveurs de bourgognes). Curieusement, et contrairement aux bourgognes, le répertoire de la Commission ne fait mention d'aucun millésime pour les vins de Bordeaux. On y apprend que seulement trois crus classés y étaient offerts: les Châteaux Batailley, Pontet Canet et Larose (il s'agissait sans doute de Gruaud-Larose). Les deux premiers coûtaient 1,25$ pièce, alors que le Larose se vendait 1,50$. Il faut aussi ajouter le Château Margaux, seul premier cru disponible à ce moment, acheté lui aussi chez Johnston et chez Barton et Guestier. Il figure au répertoire au prix de 1,75$ la bouteille.

À une exception près, tous les bordeaux rouges choisis par la Commission étaient des médocs. Cette exception, c'était le Saint-Émilien *(sic)* 1920 de la maison Passemard, au prix de 70 cents la bouteille ou de 2,60$ le gallon. Ce prix très bas s'explique par le fait qu'à cette époque les vins de la rive droite de la Gironde n'avaient pas encore acquis leur notoriété d'aujourd'hui. Les saint-émilion et les pomerols ont dû attendre au lendemain de la Deuxième Guerre pour voir enfin leur cote grimper sur les marchés.

Les Québécois des années 20 devaient avoir une prédilection pour les vins effervescents, car, en plus des bourgognes mousseux, ils avaient à leur disposition pas moins de 27 champagnes. La plupart des grandes marques étaient déjà présentes: Moët et Chandon, Pommery et Greno, Veuve Clicquot, Roederer, Pol Roger et Charles Heidsieck, pour ne nommer que celles-là. La célèbre Private Cuvée de Krug était aussi disponible, mais curieusement en demi-bouteille seulement, au prix de 2,25$. Ironiquement, ce très grand cham-

4

Conservation et consommation des vins

La conservation des vins :

Les vins exigent qu'on les traite avec beaucoup d'attention. Leurs altérations étant dues principalement à l'action de l'air, de la lumière et de la température, ils doivent donc être l'objet de soins attentifs, afin de leur conserver toutes leurs qualités. Une cave ou un placard propre, bien aéré, sombre ou règnent une température entre 55 et 60° F et un peu d'humidité, soit entre 40 et 45° est un endroit idéal pour y conserver le vin. Cet endroit devra aussi être à l'abri des vibrations du sol et ne rien contenir qui puisse provoquer la fermentation, tel que bières, cidres, légumes, fruits, arbustes, etc. . Il faut coucher les bouteilles ou cruches contenant du vin, pour que les bouchons soient humectés, afin qu'ils ne sèchent pas, gardent leur élasticité et ne se laissent pas traverser facilement par l'air. Il arrive que le vin augmente légèrement de volume par suite des variations de température et qu'il suinte le long du bouchon, occasionnant une légère moisissure entre le liège et l'étain de la capsule; ceci n'altère en rien la qualité du vin. Ce qui reste de vin dans une bouteille ou dans une cruche doit être transvidé dans un contenant plus petit, qui puisse être rempli entièrement et bien bouché.

Le service des vins :

Il n'est pas nécessaire de décanter le vin, c'est-à-dire de le transvaser d'un récipient dans un autre, de manière à laisser le dépôt dans la bouteille d'origine. Il suffit de laisser la bouteille dans la position horizontale, de la transporter sans la redresser, de la poser dans un panier-verseur; le dépôt sera entraîné vers le fond de la bouteille et l'on pourra servir un vin limpide. S'il existe un dépôt abondant, on laisse la bouteille debout pendant plusieurs heures et l'on verse lentement et prudemment dans une carafe ou directement dans les verres. On pourra peut-être en perdre un ou deux 'doigts', mais il faut bien se dire que ce dépôt ne vaut pas un regret et qu'il témoigne de la qualité d'un vin vieux.

Il est bon de déboucher la bouteille une quinzaine de minutes avant le service, ce qui permet au vin de respirer. Si une odeur de moisi se dégage alors du bouchon, il est préférable de jeter cette bouteille immédiatement.

Tous les vins rouges, bordeaux, bourgognes, chiantis ou autres se servent chambrés, c'est-à-dire à la température de la pièce.

Tous les vins blancs, les rosées et les vins mousseux se servent très frais ou frappés.

Les portos rouges, les tarragones et tous les vins liquoreux se servent généralement chambrés, ou selon le goût.

Les portos blancs, les Xérès, les madères se servent frais.

Le mariage des vins et des mets :

Dans le service des vins, les blancs précèdent les rouges. Un blanc avec le poisson ou l'entrée; un rouge avec la viande et le fromage; un blanc fin ou pétillant au dessert. Si vous ne servez qu'un vin tout au long du repas, vous pouvez choisir un vin rosé, servi très frais.

5

APÉRITIFS :

Se servent frais ou glacés.

BORDEAUX BLANCS SECS :

Se servent très frais, au dessous de la température de la pièce, avec les poissons.

BORDEAUX BLANCS DOUX :

Se servent très frais, au dessous de la température de la pièce, avec les desserts. Les sauternes sont tout particulièrement recommandés.

BORDEAUX ROUGES :

Se servent en suivant une progression. Les bordeaux les plus vieux, de même que ceux de grande qualité avec les entrées; les grands crus de Bordeaux, avec toutes les viandes rouges, blanches et les rôtis légers, et avec le fromage si l'on n'a pas servi de bourgogne rouge avant.

BOURGOGNES BLANCS :

Se servent avec les huîtres, les crustacés, coquillages et poissons. Se consomment frais, au dessous de la température de la pièce.

BOURGOGNES ROUGES :

Se servent avec les rôtis, mais surtout avec les gibiers de grand fumet et les venaisons, se boivent à la température de la pièce.

CHAMPAGNE :

Le roi des vins se boit en tout temps; à l'heure du thé, avant et durant le repas, au dessert comme boisson rafraîchissante, et bien entendu, lors de cérémonies officielles. On le sert frappé (sur glace).

ESPAGNOLS — Tarragone, Malaga :

Se boivent l'après-midi et au dessert; se servent frais.

ESPAGNOLS — Xérès :

Les xérès secs se servent au potage ou comme appéritifs, et les xérès doux ou sucrés se prennent au dessert, ainsi que l'après-midi, à l'heure du thé.

ITALIENS :

Se servent comme les bordeaux, à la température de la pièce. Tenir les bouteilles au frais.

MADERES :

Se boivent l'après-midi, à l'heure de l'apéritif, au début du repas, après le potage. Le madède inférieur est employé en cuisine, pour les sauces.

PORTUGAIS — Portos et Lisbonnes :

Tous les portos se servent avec la collation, et aussi comme apéritif. Les vieux portos rouges se consomment avec le pouding et les fromages forts. Le rouge se boit chambré, et le blanc frais.

VINS D'ALSACE DU RHIN ET DE LA MOSELLE

Ces vins sont secs, très blancs et se boivent au début du repas, avec le potage, le poisson ou les crustacés.

Se consomment l'après-midi et au dessert, ou s'ils sont secs, tout au long du repas. Des mousseux plus doux se boivent au dessert, mais il ne convient pas de les faire suivre d'un vin rouge.

Se servent frais, avec la collation, au dessert ou comme apéritifs.

Extrait du répertoire d'avril 1967 de la Régie des alcools

pagne sera ensuite rayé du répertoire pour ne réapparaître que cinquante ans plus tard, lors de l'instauration des Maisons des vins. Tous les champagnes étaient vendus à des prix élevés, la plupart se situant entre 4$ et 4,50$. Le plus cher était le Mumm Cordon Rouge 1911 à 5,50$, trois fois le prix du Château Margaux.

On a vu que les portos et les xérès (sherrys) avaient connu un essor considérable depuis la Conquête. Au cours du XIXe siècle, les deux vins gagnèrent de plus en plus d'adeptes. Dans le climat rigoureux du Canada, ces vins doux et fortement alcoolisés savaient plaire plus que tout autre. On verra d'ailleurs que la popularité de ces deux vins fortifiés, ainsi que celle des ersatz qui suivirent, fut telle que, pendant plusieurs décennies, ils représentaient la plus grande part des vins consommés au Québec. En 1922, les portos et les xérès vendus par la Commission des liqueurs étaient pour la plupart des produits authentiques. On dénombrait une vingtaine de portos. Il y a soixante ans, les vins de Sandeman de Harvey's

Cuverie

Extrait de la liste de prix n° 12, 1922

— 16 —

PRICE LIST N° TWELVE

BURGUNDIES (still Cont'd.)

89D	Noirot Carrieres Gevrey Chambertin 1914	"	1.50
89E	Noirot Carrieres Cambolle Mussigny 1915	"	1.40
90A	Noirot Carrieres Vosne Romanée 1914	"	1.50
90B	J. Drouhin Beaune 1919	"	1.20
90C	" Pommard 1919	"	1.25
90D	Meursault Grandjean 1918	"	1.30
90E	Pouilly lère Tête Grandjean 1919	"	1.15
91A	Moulin à Vent Grandjean 1919	"	1.10
91B	Macon Sup. " 1919	"	.90
91C	Beaujolais Lanery " 1920	"	.85
91D	Macon Blanc " 1919	"	1.00
91E	Chablis Sup. Noirot 1919	"	1.25

BURGUNDIES (Sparkling)

81C	Chauvenet White Cap	Qts.	2.75
81D	" " "	Pts.	1.50
82A	" Red Cap	Qts.	2.75
82B	" " "	Pts.	1.50
82D	Henri de Bahezre 1915 lère qualité	Qts.	2.50
82E	" " " " "	Pts.	1.35
83A	Chauvenet Pink Cap	Qts.	2.75
83B	" " "	Pts.	1.50
83C	J. Belin White Cap Arlot Monopole Demi Sec	Qts.	2.50
83D	" " " " "	Pts.	1.35
84A	" Red cap " "	Qts.	2.50
84B	" " " " "	Pts.	1.35
84F	Gevrey Chambertin N. Carrieres	Qts.	2.20
85F	" " "	Pts.	1.20
87E	H. Collin & L. Bourrisset Pommard	Qts.	2.75
88B	H. Collin & L. Bourrisset G. B. Ex. Blanc Brut	Qts.	3.00

THE QUEBEC LIQUOR COMMISSION

— 17 —

PRICE LIST N° TWELVE

BURGUNDIES (sparkling Cont'd.)

88C	H. Collin & L. Bourrisset G. B. Ex. Blanc Brut	Pts.	1.65
89A	H. Collin & L. Bourrisset Chambertin	Qts.	3.00
89B	H. Collin & L. Bourrisset Chambertin	Pts.	1.65
91F	Nuits Noirot Carrière	Qts.	2.20
91G	" " "	Pts.	1.20

VERMOUTH

92B	Q. L. C., Italian	Qts.	1.25
92C	Savoie, French	Litres	1.40
92D	Baron Berton, French	"	1.50
93A	Martini & Rossi, Italian	"	1.65
93B	Nugue Richard, French	"	1.25
94A	Noilly Pratt, French	"	1.65

MISCELLANEOUS

95A	Dubonnet	Litres	2.25
95B	Bacchus	"	1.60
97D	Bass Ale	Splits	.20
98B	Chianti	Qts.	1.40
98C	"	Pts.	.80
99C	Dr Siegerts Angostura Bitters	8 oz.	1.25
99D	Fernet Branca	Litres	4.10

PALESTINE WINES AND LIQUORS.

96A	Carmel Alicante	26 oz.	$1.15
96B	" Port	26 "	1.25
96D	" Cognac XXX Proof	26 "	4.00
96E	Friedmann Cognac	26 "	3.90
96F	Carmel Alicante	Gallon	5.75
96G	" Port	Gallon	6.25
100A	Best Red Wine	26 oz.	1.00
100B	" White Dry Wine	26 "	1.10
100C	" Sweet Alicante	26 "	1.40
100D	" Sweet Muscat	26 "	1.60
100F	Medium Sauternes	26 "	1.25

THE QUEBEC LIQUOR COMMISSION

étaient déjà disponibles chez nous. Leurs prix étaient élevés: 3,85$ pour le Royal Port de Sandeman. Ceux qui voulaient payer moins cher pouvaient se procurer des vins vendus au gallon et dont la qualité allait du «1 Grape» à 3,35$ au «6 Grapes» vendu 11,10$. Il s'agissait sans doute de vins importés en barriques et embouteillés par la Commission.

Au rayon des xérès, la Commission offrait dix-sept vins différents. Brown Sherry, Amontillado, Oloroso, Extra Dry, toute la gamme y était. Parmi eux, le célèbre Bristol Cream de Harvey's dont le prix élevé à cette époque ne l'a pas empêché de bien se vendre et d'être ainsi continuellement présent sur les tablettes des succursales à travers la province.

Les premiers répertoires de la Commission des liqueurs ne mentionnaient que deux vins canadiens. Leurs noms étaient éloquents: «Native Port» et «Native Sherry». Déjà les producteurs canadiens annonçaient leur intention de proposer au marché national des imitations bon marché de ces deux grands vins ibériques. Mais leur prix de 45 cents la bouteille laisse planer certains doutes sur la qualité de ces vins indigènes.

Quelques vermouths étaient aussi disponibles, entre autres le Martini Rossi et le Noilly-Prat. Il semble que ces vins aromatisés connaissaient une certaine vogue au début du siècle. La Commission proposait aussi deux «vins toniques»; l'un d'eux était le Dubonnet, à 1,75$ le litre (plus cher que les grands crus de Bourgogne!). Quant à la rubrique «Divers», elle constituait un étrange fourre-tout dans lequel se côtoyaient le «Bernard's Ginger Wine» (2,20$ la bouteille!), deux vins chinois, le Fernet Branca, du vin de liqueur de Perpignan, ainsi que du malaga et de la vodga *(sic)* à 90%, la seule disponible à cette date. On y annonçait aussi du vin de Tokay en gallon. Un format incongru pour ce type de vin qui donne à penser qu'il s'agissait d'une imitation, probablement canadienne, du fameux tokay hongrois.

La lecture de ce répertoire de 1922 permet de constater l'absence quasi complète des vins provenant des pays de la Méditerranée. Difficultés dans l'acheminement de ces produits ou demande jugée alors insuffisante? Toujours est-il qu'un seul vin italien figurait alors dans le catalogue de la Commission, un Chianti Mirafiore à 1 $ la bouteille, aussi cher que le Beaune 1917 de Chauvenet! Quant aux vins allemands et aux côtes-du-rhône, ils ne seront disponibles que petit à petit, au cours des années suivantes.

44

VINS DIVERS — SUNDRY WINES

531-	Bertarose Rosé-Sec, Bertani, (Italie).......	133 oz.	7.00
C	Katzensprung Blanc 1959, (Autriche).......	Btle	2.00
E	Hollerin Blanc " "	Btle	2.50
G	Pelure des Cigales Rosé 1919, (Ogier).......	Btle	1.25
532-	Auxerrois 1956, Caves St-Martin, (Luxembourg)	Btle	1.80
A	Riesling 1958, Caves St-Martin, (Luxembourg)	Blte	1.90
B	Du Barry Rosé (mousseux), Bright.........	Btle	2.10
D	Kébir Rosé (Algérien).....................	Btle	1.15
E	" " "	Gallon	5.80
F	Jordan Valley Rosé (Pétillant), Jordan.....	Btle	1.55
G	" " " " "	Btle	1.15
533-A	Logana & Slingers (Loganberry) (Canadien)	40 oz.	1.65
C	" " " "	Gallon	5.80
E	Château Ste-Rosaline Rosé 1959, (de Provence)	Btle	2.00
F	" " " " "	½ Btle	1.25
H	Cordier Vin Rosé, (France)................	Btle	1.40
534-A	Etoile du Valais 1959, Fendant, Pétillant, (Suisse)	Btle	1.95
B	Dôle Chanteauvieux Rouge 1959, (Suisse)..	Btle	2.65
D	Neuchâtel 1960 Blanc, (Suisse).............	Btle	1.90
G	Faisca Rosé Pétillant, (Portugal)..........	Btle	1.65
535-	Keo Commandaria, (Chypre).............	Btle	2.20
C	Madère, Malmsey.........................	Btle	2.35
F	Cherry Wine, (Danemark).................	Btle	1.50
H	Madère "Dry"...........................	Btle	2.50
536-	Clusy Blanc (Arbois), H. Maire..........	Btle	1.55
B	Tervigny Rouge " "	Btle	2.00

Extrait de la liste de prix n° 68 de la Régie des alcools – novembre 1961

Des Maisons des vins dès 1922

Pour favoriser au maximum la vente du vin, la Commission imagina la création de magasins spécialisés. Le rapport annuel de 1922 mentionnait l'existence à Montréal de trois magasins spécialisés dans la vente du vin. À la différence des Maisons des vins actuelles, on n'y trouvait pas de produits spéciaux, mais exclusivement les vins de table, champagnes, portos, xérès et autres qui étaient inscrits dans le répertoire de la Commision des liqueurs. Les stocks y étaient mieux fournis qu'ailleurs et surtout les clients pouvaient s'y rendre afin de déguster les produits avant de placer leur commande. On s'imagine les bourgeois de Montréal descendre le samedi matin au 27, rue McGill College dans leur Ford modèle « T », déguster deux ou trois verres de vin, pour en repartir ensuite avec quelques caisses de Chambertin et de Roederer...

Les dirigeants de la Commission se réjouissaient du succès obtenu par ces magasins spécialisés. Ils écrivaient dans leur rapport de 1924: « Nous sommes heureux de constater que l'achalandage de nos magasins pour la vente exclusive du

Caisses de champagne et barils de spiritueux

vin a été conforme à nos anticipations et aux arrangements arrêtés pour offrir au public un service de tout premier ordre. Nous nous empresserons de favoriser l'expansion de cette branche de nos services si, comme nous l'espérons, la consommation du vin s'accentue davantage.» En 1929, on comptait cinq magasins de vin: deux à Montréal, deux à Québec et l'autre à Sainte-Agathe-des-Monts. Ce service fut interrompu dans les années 30 à cause de la crise économique. Il ne sera remis sur pied que quarante ans plus tard avec la création des Maisons des vins.

Extrait de la liste de prix n° 48, 1er décembre 1947

CHAMPAGNES (Continued)

82—A	Mumm's Extra Dry	Btle	6.25
82—B	" " "	½ Btle	3.40
82—C	" " "	Magnums	12.75
82—D	" Cordon Rouge	Btle	7.25
82—E	" " "	½ Btle	3.90
82—F	" " "	Magnums	15.00
82—G	" " " 1937	Btle	8.25
82—H	" " " "	½ Btle	4.40
82—I	Pommery Brut 1937	Magnums	15.00
83—A	Pommery Sec	Btle	6.25
83—B	" "	½ Btle	3.40
83—C	" Brut 1937-1941-1942	Btle	7.25
83—D	" " "	½ Btle	3.90
83—E	Pol Roger Dry Special	Btle	7.25
83—F	Charles Heidsieck Extra Dry	Btle	6.25
83—G	" " Brut 1937	Btle	7.25
83—H	" " " "	½ Btle	3.90
83—I	" " " "	Magnums	15.00
84—A	Moet & Chandon Brut Imperial 1941	Btle	7.50
84—B	R. Billecart & Co. Sec.	Btle	6.00
84—C	" " Extra Sec	Btle	6.25
84—D	" " Brut 1940	Btle	7.25
84—E	Delbeck & Cie Dry	Btle	6.25
84—F	Pol Roger Dry Special	½ Btle	3.90
84—G	Lanson Dry Extra	Btle	6.50
84—H	Deutz & Geldermann Brut	Btle	6.25
84—I	Mercier & Cie Extra Dry	½ Btle	3.40

BOURGOGNES — BURGUNDIES

85—A	Vin Rouge Australien Type Bourgogne	Btle	1.20
85—B	" " " " "	½ Btle	.65
85—C	Chauvenet Beaujolais	Btle	2.50
85—D	" White Flag	Btle	3.00
85—E	" Red Flag	Btle	3.00
85—F	" Beaujolais	½ Btle	1.35
85—G	" White Flag	½ Btle	1.65
85—H	" Red Flag	½ Btle	1.65
85—I	Collin & Bourisset Macon	½ Btle	1.35
86—A	L. Grivelet Cusset Macon Village Blanc 1945	Btle	2.50
86—B	Collin & Bourisset Beaujolais	½ Btle	1.35
86—C			
86—D	Vin Rouge South African Type Bourgogne	Btle	1.25
86—E	" " " " " "	½ Btle	.70
86—F	Châteauneuf du Pape 1942, Salavert	Btle	3.00
86—G	Vin Rouge Gamay Type Bourgogne C. L. Q.	Btle	1.20
86—H	" " " " " "	½ Btle	.65
86—I	" " " " " "	Gallon	6.50
87—A			
87—B			
87—C			
87—D	Vin Blanc South African Type Bourgogne	Btle	1.25
87—E	" " " " " "	½ Btle	.70
87—F	Cotes du Rhone Rouge, Salavert	Btle	2.50
87—G	Vin Blanc Pineau Type Bourgogne C. L. Q.	Btle	1.20
87—H	" " " " " "	½ Btle	.65
87—I	" " " " " "	Gallon	6.50

— 16 —

Le goût des vins doux

De 1924 à 1929, la consommation de produits alcoolisés progressa régulièrement. Durant toutes ces années, les Québécois buvaient plus de vin que de spiritueux. En fait, c'est le vin qui vit sa popularité croître plus rapidement. Alors que durant cette période de six ans la consommation de bière resta presque stable et que celle des spiritueux augmenta de 16,5%, les Québécois virent leur consommation de vin passer de 1,27 à 2,63 litres par an, soit une progression de 107%!

Il faut toutefois noter que le vin n'était alors pas considéré comme un élément gastronomique, mais plutôt comme un produit de remplacement des spiritueux. Rares étaient les gens qui en servaient à table. C'est ce qui explique l'importance des ventes de vins doux et de vins fortifiés. En 1926, les sauternes, portos, xérès et vermouths représentaient 81% des ventes de vins. Sept ans plus tard, leur part atteignait près de 84%. Comme on le voit, les pommards et les saint-julien ne coulaient pas à flots. Ce phénomène explique aussi l'orientation prise à ce moment par l'industrie vinicole ontarienne. À défaut de produire des vins de table secs, ce dont elle était incapable en raison des types de raisins cultivés à ce moment dans le Niagara, l'industrie se mit à produire des «Sherry», des «Porto» et des «Sauterne» (sans «s») canadiens. Proposées à meilleurs prix que les originaux, ces copies gagnèrent vite la faveur du public. Des 440 000 gallons de sherry vendus en 1934-1935, 90% étaient de fabrication domestique. Quant aux 360 000 gallons de porto que buvaient nos grands-pères, seulement 22% étaient d'origine authentiquement portugaise.

Du Château Lafite à 2 $

Le répertoire de 1929 de la Commission des liqueurs de Québec indiquait le souci des dirigeants d'élargir le choix de vins offerts au public. Bien entendu, les spiritueux y occupaient toujours une place importante. On y dénombrait pas moins de 61 whiskies, tous clairement regroupés: Canadian Rye Whiskies, Bourbon, American Rye Whiskies, Scotch Whiskies canadiens (!) et Scotch Whiskies importés. Le célèbre Chivas Regal et Johnny Walker Black Label étaient déjà disponibles à ce moment. Le choix de liqueurs était toujours aussi vaste, avec quelques curiosités comme cette «Oxygénée Verte» à 4,75 $ le litre.

Le nombre de bourgognes rouges avait été porté à 38. Au haut de l'échelle, des «crus choisis» des Hospices de Beaune à 2,50 $. On n'indiquait pas de quelle cuvée précise il s'agissait; par contre, les millésimes étaient superbes: 1915 et 1919. La gamme des bordeaux rouges était en progrès: on pouvait maintenant choisir parmi une trentaine. Les quatre premiers crus classés en 1855 y étaient offerts: Lafite 1925 (2 $), Latour 1922 (3 $), Haut-Brion 1922 (3,25 $) et Margaux 1922 (3,50 $). Un beau quatuor, sauf que les deux millésimes proposés étaient de qualité médiocre. Parmi les nouveaux-venus, le Clos Fourtet 1923 à 90 cents la bouteille, au même prix que le Mâcon de Collin et Bourisset! Alors que les prix des vins de Mâcon se situent maintenant autour de 9 $, le Clos Fourtet 1982 est inscrit dans le répertoire de 1986 au prix de 39,05 $. Les temps ont bien changé!

Signe des goûts de cette période, les bordeaux blancs doux étaient devenus fort nombreux. Vingt-six produits en tout. Parmi les nouvelles acquisitions de la Commission, quatre crus classés: Rayne-Vigneau, Sigalas Rabaud, la Tour Blanche et Lafaurie Peyraguay. Leurs prix s'échelonnaient de 2,25 $ pour le premier à 3 $ pour le dernier. L'Yquem, lui, atteignait déjà le prix de 5 $ pièce pour les millésimes 1922 et 1923, tous deux de piètre qualité.

Absents du répertoire de 1922, quatre vins des Côtes-du-Rhône y figuraient en 1929. On faisait mention d'un Côte Rôtie 1921, d'un Hermitage rouge 1921 et d'un Châteauneuf-du-Pape 1915. L'identité des fournisseurs de ces trois vins n'était pas indiquée. Par contre, on signalait aussi la présence d'un des bons domaines de Châteauneuf, le Clos des Papes 1921 et 1923 à 90 cents.

C'est aussi à ce moment que les vins d'Alsace et d'Allemagne furent introduits au Québec. L'un des trois est le Clos Ste-Odile, devenu depuis un des classiques du marché québécois. Les vins de Moselle et du Rhin apparaissaient distinctement sur la liste. Parmi eux, un Liebfraumilch à 1,80 $ pièce. Pourrait-on s'imaginer de nos jours payer ce vin aussi cher qu'un Château Gruaud-Larose? Quant aux vins italiens, la Commission continuait de les bouder en n'important qu'un chianti et un marsala.

Les vedettes de cette période étaient encore les vins fortifiés. La liste de portos était impressionnante pour le temps: trente-deux vins en tout. Quelques-uns des grandes maisons exportatrices étaient déjà actives chez nous: Offley, Gonzalez-Byass, Cockburn, Hunt Roope et Kopke; sans oublier Sandeman et Harvey's. Les xérès étaient eux aussi solidement implantés, puisque leur nombre avait presque doublé depuis 1922. Sur la liste, le «Rare Old Amontillado Reina Victoria» de Harvey's, un vin somptueux, paraît-il, que Gérard Delage servit aux membres de Prosper Montagné lors d'un fabuleux dîner à l'hôtel Windsor en 1955.

40

Liste supplémentaire des vins disponibles aux succursales précédées d'un astérisque — voir pages 47 à 52

Supplementary list of wines available at stores preceded by an asterisk on pages 47 to 52.

Le chiffre apparaissant entre la marque et la description indique le caractère sec ou sucré des vins — (1) pour les vins très secs, augmentant jusqu'à (5) pour les vins très doux (goût sucré).

The number appearing between the brand and the description denotes the dry or sweet characteristic of wines — (1) for wines very dry to (5) for wines very sweet.

(1) Très Sec — Very Dry (2) Sec — Dry (3) Demi-doux — Semi-sweet (4) Doux — Sweet (5) Très doux — Very sweet

★

BORDEAUX ROUGES & BLANCS

				Prix	Taxe	Total
1662	(1)	Blanc de Mer .... D. Bahuaud	Ble	1.94	.16	**2.10**
1664	(1)	Médoc .... A. Bichot	Ble	2.40	.20	**2.60**
1667	(1)	Château Cantegrive 1964 .... Barton & Guestier	Ble	2.50	.20	**2.70**
1668	(1)	St-Emilion Roi Chevalier " "	Ble	2.68	.22	**2.90**
1669	(1)	Château Grand Pontet 1961 "	Ble	4.49	.36	**4.85**
1671	(2)	Graves .... " "	Ble	2.22	.18	**2.40**
1682	(1)	Mouton Cadet ....Rothschild	½ Ble	1.34	.11	**1.45**
1687	(1)	Médoc .... Nath. Johnston	Ble	2.31	.19	**2.50**
1694	(2)	Graves .... " "	Ble	2.12	.18	**2.30**
1697	(1)	Château de Terrefort Rouge 1963 Quancard	Ble	2.77	.23	**3.00**
1753	(1)	Beaujolais St-Louis Gr. Réserve . Barton & Guestier	Ble	2.59	.21	**2.80**
1754	(1)	Mâcon Rouge ... " "	Ble	2.40	.20	**2.60**
1755	(1)	Gevrey Chambertin 1964 .... " "	Ble	4.62	.28	**5.00**
1756	(1)	Côte de Nuits Villages 1964 .... " "	Ble	3.24	.26	**3.50**

41

BOURGOGNES ROUGES & BLANCS (Suite)

				Prix	Taxe	Total
1757	(1)	Mâcon Blanc .... Barton & Guestier	Ble	2.40	.20	**2.60**
1758	(1)	Chablis .... " "	Ble	3.05	.25	**3.30**
1759	(1)	Pouilly-Fuissé .... " "	Ble	3.05	.25	**3.30**
1760	(1)	Côte du Rhône ...... " "	Ble	2.12	.18	**2.30**
1782	(1)	Clos des Mouches 1962 J. Drouhin	Ble	5.04	.41	**5.45**
1779	(1)	Beaujolais .... L. Max	Ble	3.42	.28	**3.70**
1833	(1)	Beaujolais 1964 .... H. Maire	17½ oz.	2.12	.18	**2.30**
1860	(1)	Chablis 1962 .... Piat	Ble	2.68	.22	**2.90**
1861	(1)	Cave du Clos du Moulin à Vent "	½ Lit.	2.73	.22	**2.95**

SHERRIES IMPORTÉS

				Prix	Taxe	Total
1863	(4)	Sandeman De Luxe	Ble	5.55	.45	**6.00**
1864	(4)	Oyster Dry .... D. Courtney	Ble	3.51	.29	**3.80**
1868	(2)	Diez Pale Dry	Ble	2.03	.17	**2.20**

PORTO & SHERRY CANADIENS

				Prix	Taxe	Total
1726	(4)	Mr. London Tawny Port	26 oz.	2.45	.20	**2.65**
1869	(4)	London Cream Sherry	26 oz.	2.45	.20	**2.65**

VINS DIVERS

				Prix	Taxe	Total
1853	(2)	Blue Danube 1962 L. Moser Autriche	Ble	2.22	.18	**2.40**
1849	(4)	Slingers Strawberry .... (Canada)	Ble	1.80	.15	**1.95**
1673	(2)	Grande Réserve Blanc, F. Paternina (Espagne)	Ble	1.89	.16	**2.05**
1678	(1)	" " Rouge " " (Espagne)	Ble	1.89	.16	**2.05**
1839	(2)	Napa Blanc ....Mondavi (E.-U.)	Ble	1.57	.13	**1.70**
1842	(1)	Zinfandel Rouge...... " "	Ble	1.57	.13	**1.70**
1837	(1)	Muscadet Sèvre & Maine .... A. Guilbaud (France)	Ble	2.22	.18	**2.40**
1838	(1)	Sancerre — A. Mellot Loire, "	Ble	2.82	.23	**3.05**
1855	(3)	Pradel Rosé Dry G. Thellier "	Ble	1.89	.16	**2.05**
1967	(2)	Arbois " .... M. Maire, Jura "	Ble	2.54	.21	**2.75**
1972	(2)	Tavel " 1965 Père Anselme, Vaucluse "	Ble Ble	2.96	.24	**3.20**
1666	(1)	Retsina Blanc .... (Grèce)	Ble	1.89	.16	**2.05**
1975	(3)	Muscat Doux Coop. de Samos "	Ble	1.94	.16	**2.10**
1844	(4)	Tokay Aszu .... (Hongrie)	17.6 oz.	3.79	.31	**4.10**
1845	(1)	Badacsonyi Szurkebarat . "	24.6 oz.	2.68	.22	**2.90**
1846	(1)	Egri Bikaver .... "	24.6 oz.	2.59	.21	**2.80**
1949	(3)	Carmel Hock Blanc ....(Israël)	Ble	2.12	.18	**2.30**
1850	(1)	Mourre-Lecs, Rosé ....(de Provence)	Ble	2.12	.18	**2.30**
1854	(1)	Bouquet de Provence Rosé ....Bernard	Ble	1.89	.16	**2.05**

Cuvée Frederick
Deutscher Tafelwein
Bordeaux

Bordeaux

Saint-Emilion

MÂCON
LE SIEUR de BERGERAC

Le vin à l'époque de la crise

Au terme de dix années d'opération, les dirigeants se réjouissaient du succès obtenu par la Commission des liqueurs de Québec. On pouvait lire dans le rapport annuel de 1931 : «La Loi des liqueurs du Québec a atteint le but que les législateurs rêvaient d'atteindre; elle a enrayé efficacement les ravages de l'alcoolisme et fait de notre province l'une des régions les plus tempérantes du globe. (...) Les condamnations pour ivresse dans notre province ont été réduites de près de moitié en moins de dix ans. Une autre évolution que les partisans de la tempérance constatent avec satisfaction, c'est l'orientation de notre population vers les breuvages légers comme le vin et la bière. Ainsi, alors que la consommation du vin augmentait de 88% de 1925 à 1931, soit de quelque 12% par année, celle des spiritueux n'augmentait que de 20%, soit un peu moins de 3% par année.»

À partir de 1929, l'ensemble des ventes de vin, de bière et de spiritueux commença à diminuer. Il y eut deux raisons à ce phénomène. Tout d'abord, la grande crise économique des années 30 obligea plusieurs à freiner leur consommation. Comme on l'a déjà vu, la levée de la prohibition aux États-Unis en 1933 eut aussi des conséquences sur le rythme des ventes au Québec. Les directeurs de la Commission des liqueurs estimaient que, durant cette période, un pourcentage important des ventes de l'entreprise d'État était fait à des touristes américains ayant traversé la frontière, cherchant la douceur de la «seule oasis au nord du Mexique». La fin de l'ère prohibitionniste marqua aussi un changement majeur dans nos habitudes de consommation. À partir de 1936, et exception faite des années de guerre, on vendit au Québec beaucoup plus de spiritueux que de vin. Ce phénomène dura plus d'une trentaine d'années. «Très peu de gens consommaient du vin aux repas, explique Jean-Louis Poirier, vice-président à la S.A.Q. C'était l'époque de l'homme fort, viril, du macho à qui il fallait un stimulant fort en alcool.» Et à qui il ne fallait pas demander son avis sur les nuances de goût entre deux sortes de rye; l'analyse sensorielle n'était pas son fort, c'est le cas de le dire! Gérard Delage se souvient très bien de cette époque où certains raffinements du goût et de l'esprit étaient même plutôt mal vus : «Jusque dans les années 60, ceux qui buvaient du vin à table étaient considérés comme des intellectuels, des snobs.» Celui qui se faisait surprendre en pâmoison devant un verre de Château Lafite était considéré comme un efféminé!

Et les femmes, que buvaient-elles? «Elles ont toujours été quelque peu tenues à l'écart des produits alcooliques, répond Hélène-Andrée Bizier. «Jusqu'à tout récemment encore, les femmes ne portaient pas de toast. Elles prenaient du vin à table, mais ne buvaient pas de digestif. À l'apéritif, elles préféraient les vins doux aux spiritueux.» Les filles d'Ève ne devaient jamais sentir l'ivresse. Une femme pompette dérangeait, une femme ivre scandalisait. Le «fort», voilà ce qui distinguait l'homme de la femme.

42

VINS DU RHIN ET DE LA MOSELLE

				Prix	Taxe	Total
1841	(3)	Liebfraumilch 'Vater Rhein' Schmitt'shes	Ble	2.77	.23	**3.00**
1847	(1)	Piesporter Riesling 1964 .... J. Horz	Ble	2.22	.18	**2.40**

VIN APÉRITIF

1941	(4)	Pineau des Charentes St-Michel V.S.O.P.	Ble	3.33	.27	**3.60**

VINS DE LA LOIRE

1945	(3)	Anjou Rosé Prince de Galles, Pétillant	½ Ble	1.48	.12	**1.60**
1952	(3)	" " Nature .... Brissac	c/s30-¼ Bles	18.70	1.50	**20.20**
1958	(3)	" " de Cabernet .... "	Ble	2.12	.18	**2.30**
1959	(3)	" Côteau du Layon .... "	Ble	2.22	.18	**2.40**

VINS D'ITALIE

1876	(1)	Bertarose Rosé Sec .... Bertani	½ Lit.	1.80	.15	**1.95**
1878	(1)	Soave Blanc Sec .... "	½ Ble	1.29	.11	**1.40**
1880	(1)	Valpolicella " .... "	½ Ble	1.52	.13	**1.65**
1879	(1)	Chianti Rouge .... Bertolli	65 oz.	5.92	.48	**6.40**
1882	(1)	Verdicchio Blanc Sec .. Fazi-Battaglia	½ Ble	1.34	.11	**1.45**
1883	(2)	Collameno Rosé " .. " "	½ Ble	1.34	.11	**1.45**
1884	(1)	Rutilus Rouge " .. " "	½ Ble	1.34	.11	**1.45**
1885	(1)	Bardolino Rouge, ... Folonari	Ble	1.85	.15	**2.00**
1890	(2)	Lambrusco Di Sorbara .... Chiarli	Ble	2.22	.18	**2.40**
1891	(2)	" Di Castelvetro .... "	Ble	2.22	.18	**2.40**

VINS D'ALSACE

1852	(1)	Riesling Cuvée des Ecaillers L. Beyer	Ble	3.56	.29	**3.85**
1946	(1)	Gewurztraminer .... Hugel & Fils	Ble	2.96	.24	**3.20**

VERMOUTHS IMPORTÉS

1985	(2)	Carpano Dry .... (Italie)	32 oz.	3.10	.25	**3.35**
1987	(4)	Rallo Rouge .... "	32 oz.	1.99	.16	**2.15**
1989	(4)	Stock Rouge .... "	32 oz.	2.54	.21	**2.75**
1990	(2)	" Blanc Sec .... "	32 oz.	2.54	.21	**2.75**

43

CHAMPAGNE

				Prix	Taxe	Total
1258	(1)	Brut .... Mercier	¼ Ble	1.80	.15	**1.95**

VINS MOUSSEUX IMPORTÉS

1964	(3)	Vin fou blanc brut H. Maire (France)	Ble	4.35	.35	**4.70**
1971	(2)	Vouvray Sec .. Monmousseau "	Ble	4.39	.36	**4.75**
1973	(2)	Nectarosé .... Rémy-Pannier (France)	Ble	4.44	.36	**4.80**

BIÈRES IMPORTÉES

2000	Heineken's Light Lager.. (Hollande)	½ Ble		**.45**
2002	Lowenbrau Pale " .. (Allemagne)	½ Ble		**.45**
2004	Tuborg .... (Danemark)	½ Ble		**.40**
2005	Dia Malt .... (Allemagne)	½ Ble		**.50**
2006	Kronenbourg 1664 .... (Alsace)	½ Ble		**.45**

Le chiffre apparaissant entre la marque et la description indique le caractère sec ou sucré des vins — (1) pour les vins très secs, augmentant jusqu'à (5) pour les vins très doux (goût sucré).

The number appearing between the brand and the description denotes the dry or sweet characteristic of wines — (1) for wines very dry to (5) for wines very sweet.

(1) Très Sec — Very dry (2) Sec — Dry (3) Demi-doux — Semi-sweet

(4) Doux — Sweet (5) Très doux — Very sweet

LE DÉVELOPPEMENT DE L'APRÈS-GUERRE

En 1940, le répertoire de la Commission des liqueurs comptait 42 cognacs et brandys, 15 rhums, 37 gins, 83 whiskies et 37 liqueurs et cocktails. Au rayon des vins, le choix était bien plus limité : 22 champagnes (authentiques), 20 bourgognes rouges, 23 bordeaux rouges, 33 bordeaux blancs (en grande majorité moelleux), 3 vins italiens, 4 vins du Rhin, 2 vins d'Alsace et 3 vins du Rhône. On remarque que les amateurs de grands vins pouvaient se procurer des vins relativement âgés. Ainsi, on trouvait encore, sur la liste des bordeaux rouges, des vins de millésimes 1928, 1926 et même 1924. La plupart des grands bourgognes disponibles à ce moment étaient issus des vendanges 1926 et surtout 1929. Cela démontre que, dans les années 30 et 40, le marché des grands vins était beaucoup moins actif qu'aujourd'hui alors qu'il est devenu presque impossible de trouver des vins de plus de trois ou quatre ans.

Les vins fortifiés étaient devenus plus nombreux que jamais. Aux 26 portos et 31 xérès authentiques étaient venus s'ajouter une vingtaine de *native wines,* la plupart de type porto ou sherry; l'un d'entre eux était le fameux Vin St-Georges qui, en fait, existait dans les deux versions. Ce produit bon marché (40 cents la bouteille) entrera dans notre folklore au même titre que le sirop d'érable et le chapelet en famille. C'est aussi pendant cette période qu'arrivèrent chez nous les imitations de champagne comme le Château-Gai et le White Top de Bright's.

Les approvisionnements en vins européens étant rendus plus difficiles à cause de la guerre, la Commission commença à importer quelques vins australiens et sud-africains. Alors que ces pays produisaient déjà une grande quantité de vins de table, notre commission des liqueurs se limita exclusivement à leurs sherrys et à leurs portos. Cela prouve encore une fois l'engouement que les Québécois manifestaient pour ce type de vin.

Comment expliquer un tel phénomène? Le président de la Société des alcools, Jocelyn Tremblay, répond qu'à cette époque les gens recherchaient avant tout un stimulant et non pas un produit de raffinement. « Certains buvaient des spiritueux alors que d'autres consommaient des vins fortifiés, en réalité le geste était le même. » L'absence du vin aux repas est aussi une autre explication. « L'ensemble de la population ne buvait presque pas de vin à table, raconte Gérard Delage. Cette habitude n'existait que chez une certaine élite, pas nécessairement riche, mais qui aimait servir du vin aux repas, les dimanches et les jours de fêtes. » En dépit de la dominance accrue des spiritueux, la coutume de boire du vin à table commença à se répandre au lendemain de la guerre. Lentement, timidement. Le retour de nos soldats ne fut peut-être pas étranger à une évolution de nos habitudes. « Cela a été la bougie d'allumage, estime Gérard Delage. Les soldats stationnés en Europe ont découvert un produit et aussi un rituel, celui de boire du vin au repas. »

L'essor de la gastronomie

C'est aussi au milieu des années 40 qu'on assiste à un effort de mise en valeur de la richesse culinaire du Québec. Il y avait dès cette époque une foule de tables de qualité à Montréal et dans les autres villes du Québec. Dans un court texte qui servit d'introduction au livre *La Gastronomie au Québec* d'Abel Banquet, Gérard Delage écrivait en 1978: «Avec la fin de la guerre et l'euphorie de la victoire, la gastronomie reprit de plus belle. Les salles à manger d'hôtels, de restaurants, de clubs privés se lançaient à l'assaut d'une clientèle de plus en plus intéressée. (...) Les salons culinaires reprenaient leurs activités annuelles, avec plus de faste et d'ampleur que jamais. (...) La dernière moitié des années 40 faisait preuve d'un renouveau des plus prometteurs.» Voulant en faire la preuve, Gérard Delage dressait à la fin de son texte d'introduction une liste d'une soixantaine d'établissements qui «faisaient à cette époque l'orgueuil et la joie du public voyageur».

C'est au cours de cette période, en 1944, que Gérard Delage, avocat de profession, devint conseiller juridique de l'Association des hôteliers de la province de Québec. La préoccupation du moment était le développement de l'industrie touristique. Il fallait, entre autres choses, attirer chez nous nos voisins du Sud. «Nous devions trouver quelque chose à vendre que les Américains n'avaient pas. La bonne table, les bons vins, l'hospitalité, voilà ce qu'il fallait mettre en évidence.» Par ailleurs, le chef Abel Banquet écrivait dans son livre cité précédemment qu'en 1949 «les Canadiens commençaient seulement à se rendre en France. À mesure qu'ils allaient là-bas, ils revenaient avec des goûts bien arrêtés et réclamaient des mets précis dans les restaurants». Mais ce n'était pas encore l'ère des vols nolisés et cet éveil à la gastronomie restait le fait de quelques privilégiés. Pourtant, il est certain que la table et le vin commençaient à se faire de plus en plus d'adeptes. Cela encouragea de nombreux chefs à progresser dans leur art culinaire et aussi à inscrire sur leur carte quelques vins de qualité.

Haut-Brion ou Québérac?

Au cours des années 40, le choix de vins offerts par la Commission des liqueurs n'évolua presque pas. Entre 1940 et 1950, le répertoire de ses produits est resté le même à peu de choses près. Même qu'il y eut certains appauvrissements, en particulier au chapitre des vins fins. En 1950, le rayon des bordeaux rouges ne comptait qu'une vingtaine de produits. Mais parmi eux, un trio légendaire: Margaux, Lafite et Haut-Brion, tous trois offerts dans les millésimes 1945 et 1947... à 4$ la bouteille. Pensez donc, au même prix qu'un gallon de Québérac!

En ce temps-là, l'on traitait les appellations d'origine avec beaucoup moins de rigueur qu'aujourd'hui. C'est ainsi qu'on trouve dans le catalogue de 1950 une nouvelle rubrique intitulée «Vins de table – rouges – type bordeaux». Cette catégorie réunissait des vins aussi disparates que le Manoir St-David, le Château-Gai Claret, le Malbec de la Commission (qui, paraît-il, provenait d'Afrique du Sud), ainsi que le Ben Afnam d'Algérie...

En régression très nette, les bourgognes rouges ne comptaient plus que 18 produits; c'était deux fois moins qu'en 1929. Parmi eux, une nouvelle vedette, le Mommessin Export.

Les amateurs ne pouvaient alors se procurer que deux côtes-du-rhône, deux vins d'Alsace, un vin italien (toujours du chianti). Le nombre de portos et de xérès véritables avait diminué au profit de leurs copies canadiennes, beaucoup moins chères et vraisemblablement très populaires.

En 1950, les spiritueux et les liqueurs occupaient plusieurs pages du catalogue : environ 250 produits dont 120 whiskies. D'ailleurs, cette année-là, on vendit presque deux fois plus de spiritueux que de vins. En dix ans, la consommation de spiritueux per capita avait progressé de 45 %, alors que celle des vins avait chuté de 20 %.

En dépit de cette forte tendance à la consommation de spiritueux et de vins fortifiés, les meilleurs restaurants du Québec et les salles à manger des grands hôtels attiraient une clientèle avertie, désireuse d'explorer le monde de la gastronomie et des vins de qualité. Ce qui incita d'ailleurs un certain nombre d'établissements à demander à la Commission des liqueurs d'importer spécialement pour eux des grands vins, alors introuvables au Québec.

La création des clubs gastronomiques

C'est dans ce contexte que la décennie 50 vit la création au Québec des premiers clubs gastronomiques. En soi, le phénomène n'était pas une création québécoise. Il existait depuis longtemps en France, depuis la fin de la guerre, des gourmets avertis qui avaient fondé des clubs sélects dans les grandes villes américaines, où ils se réunissaient pour apprécier le talent culinaire des grands chefs. Bien entendu, lors de ces réunions pléthoriques, on ne manquait pas de mettre les grands vins à l'honneur. C'est d'ailleurs à New York que Gérard Delage avait « fait ses classes », comme il le dit lui-même, dans les grands hôtels de la métropole, au Waldorf, au Pierre, à l'Essex House, là où les Amis d'Escoffier se réunissaient pour des dîners dont les plats étaient aussi prodigieux que les vins. C'est en s'inspirant du succès de ces manifestations new-yorkaises, et en ayant toujours à l'esprit le développement de l'hôtellerie québécoise, que Gérard Delage décida de fonder à Montréal le club gastronomique Prosper Montagné. L'un des premiers membres fut le brillant journaliste Roger Champoux, dont la plume fut aussi raffinée et gracieuse que la gastronomie qu'il savait dépeindre mieux que personne. À l'occasion du vingt-cinquième anniversaire du club en 1979, il écrivait dans sa chronique hebdomadaire du journal *La Presse* : « Ce groupement de bonnes fourchettes rendait hommage au souvenir du chef Prosper Montagné, un maître incomparable qui prépara les rations de l'armée américaine de 1914-1918, écrivit les 1 067 pages du Larousse gastronomique (20 ans de labeur) et eut un établissement à Paris où il recevait lorsqu'il était de bonne humeur. »

Le premier dîner eut lieu le 28 octobre au Ritz-Carlton. Ceux qui s'imaginent qu'il ne se faisait pas de grande cuisine et que les grands vins étaient rares au Québec à cette époque seront surpris de lire la carte. Les plats : la tortue claire, le filet de sole anglaise à la Ritz, le canard de Brome Montmorency, le civet d'orignal du lac d'Argent, le pâté du chef avec salade d'automne, les fromages de France et la macédoine de fruits. Les vins : pour se faire la bouche, Meursault 47, Pouilly-Fuissé 47, Meursault Charmes 50, Chablis 47 et Dubonnet (« Qu'est-ce qu'il faisait-là, celui-là ? », se demande aujourd'hui Gérard Delage). Vinrent ensuite le Xérès Dry Sack, un Chevalier-Montrachet 47, le Château Gruaud-Larose 49, un Chambertin 47, un Richebourg 34 et, en grande finale, rien de moins qu'un Yquem 45. Paraît-il que ce soir-là le chef Pierre Demers démontra son talent avec éclat. Un connaisseur québécois a déjà dit de lui qu'il avait été « le premier chef québécois à faire la preuve que pour faire de la grande cuisine il n'était pas obligatoire d'avoir un accent étranger ! »

Quelques représentants des clubs gastronomiques, en costumes d'apparat

Toujours à propos de ces «premiers pas», Roger Champoux écrivait: «Les pragmatiques (...) nous accordaient deux ans d'existence! Notre formule était trop sophistiquée, disaient-ils; la métropole n'était pas prête pour ce genre d'exercice esthétique; de notre initiative se dégageait un ton de snobisme et d'élitisme qui allait nous conduire à la catastrophe.»

Au contraire, cette aventure s'avéra une réussite à plusieurs points de vue. Tout d'abord, elle permit à ces gastronomes de la première heure de découvrir la grande cuisine et des vins fantastiques. Puis, deux fois l'an, rendant visite aux grands hôtels montréalais de l'époque, Windsor, Queen's, Mont-Royal, les pionniers incitèrent nombre de chefs à se dépasser. En exigeant rien de moins que la perfection, ces dîneurs contribuèrent en quelque sorte à élever les normes d'excellence de l'hôtellerie d'alors. Rien n'était laissé au hasard: la cuisine, les vins, le couvert, le service. Les réunions du club Prosper Montagné firent évidemment parler d'elles. Cela donna à d'autres, apprentis gourmets et restaurateurs, le goût de la découverte. Bien vite d'autres clubs se formèrent, surtout dans les années 60. De nombreux restaurants virent le jour; d'autres, déjà existants, haussèrent leur standard. La cuisine fit de plus en plus parler d'elle: télévision, radio, journaux.

Les premiers connaisseurs

Quelques nez fins découvrirent aussi les charmes jusque-là insoupçonnés du bon vin. C'est à la veille des années 60 que quelques connaisseurs, aujourd'hui dans la cinquantaine, se convertirent au jus de la vigne. Ces visionnaires ont compris avant tout le monde qu'au risque de passer pour un snob il était plus civilisé d'acheter un Château Haut-Brion 1949 à 4,25$ qu'un 26 onces de rye au même prix!

Leur flair les a bien servis. Aujourd'hui, alors que tous les jeunes amateurs doivent se mettre en file aux portes des Maisons des vins pour se procurer à fort prix une bouteille de Pétrus ou de Magdelaine, ces précurseurs circulent calmement dans leur cave en contemplant des collections souvent impressionnantes de grands vins. Leur vient-il à l'esprit de bénir l'inspiration qu'ils ont eue de se procurer ces vins dans les années 50 et 60, alors que personne n'en parlait et qu'ils coûtaient trois fois rien?... Certaines de ces collections valent aujourd'jui leur pesant d'or. L'un de ces premiers collectionneurs, Claude Hardy, a commencé à se constituer une cave au milieu des années 50. Il achetait quatre ou cinq bouteilles par semaine, mais n'en buvait qu'une seule. C'est une règle d'or que connaissent tous les collectionneurs. Si on veut se monter une cave, il est obligatoire de boire moins que ce qu'on achète. C'est aussi le meilleur chemin vers la tempérance. Ainsi, dans les années 50 et 60, il fallait se dépêcher d'acheter les grands vins qui arrivaient sur le marché, non pas parce qu'ils se vendaient vite et qu'on pouvait les manquer, mais au contraire parce qu'ils risquaient de passer trop de temps sur les tablettes à être conservés dans de mauvaises conditions. Les temps ont bien changé!

Ces premiers connaisseurs faisaient évidemment partie d'une minorité. Des marginaux dont on se demandait quel plaisir ils pouvaient tirer de bouteilles qu'ils ne buvaient pas. Le grand public continuait de boire des spiritueux et des vins fortifiés ou des vermouths. Seuls les repas de fin d'année étaient arrosés de vin. Ce qui donnait souvent des mariages incongrus. Dinde farcie et Cinzano, par exemple. Étonnant, mais ça s'est vu. À cette époque, les règles d'harmonisation des plats et des vins n'étaient connues que de quelques initiés. «À la fin des années 50, on voyait des gens boire des gin tonic et des scotch soda tout au long du repas, raconte Daniel Farèse, directeur de l'animation dans les Maisons des vins. Certains restaurateurs proposaient même à leur client du Dubonnet en carafon.»

LA RÉVOLUTION TRANQUILLE DU VIN

Le début des années 60 marqua un tournant décisif dans l'histoire du Québec. La révolution tranquille entraîna la société québécoise dans des changements profonds et eut aussi des répercussions sur nos habitudes de consommation des boissons alcooliques. Même si les statistiques ne démontrent pas de changements majeurs, notre perception de ces produits est entrée dans une phase de mutation. «Les années 60 marquèrent le réveil des sens, explique Claude Lanthier, collectionneur réputé et administrateur de la S.A.Q. entre 1977 et 1984. On s'est aperçu que le vin pouvait apporter un plaisir sensoriel plus grand que la simple stimulation alcoolique. C'est à partir de ce moment qu'on est sorti du «ponçage» pour aller vers une sorte de sophistication.»

Or, ce raffinement de la consommation, cette recherche de la qualité dans le goût passait obligatoirement par une transformation de notre conception du repas. Pourquoi jusque-là buvions-nous si peu de vin à table? Tout simplement parce que sur une base quotidienne, et pour la grande majorité de la population, le repas était conçu comme une nécessité de la vie, un acte relié à la subsistance. Il est d'ailleurs révélateur que, dans bien des familles, les seuls repas accompagnés de vins étaient ceux du temps des Fêtes ou lors d'événements sociaux importants: anniversaires, mariages, etc. Avec la révolution tranquille, on a évacué la notion d'austérité et de péché pour la remplacer par la recherche du plaisir et de la joie de vivre. Bien manger et bien boire faisaient partie de cette recherche. À partir du moment où, dans les années 60, on commença à se recevoir entre amis autour de repas plus élaborés, et où le repas lui-même devenait fête, le vin était nécessaire. De tout temps, l'homme a trinqué entre amis, l'alcool étant en quelque sorte le symbole physique de la réunion des individus. Les Anglais disent «I only drink socially». S'il y a une occasion idéale pour consommer de l'alcool, c'est bien entre amis. Or, le repas est le lieu par excellence des retrouvailles; et à table, le vin est la seule boisson capable de se marier avec les aliments et de les mettre en valeur; il est irremplaçable.

Mais un seul facteur n'explique pas à lui seul le phénomène. Il faut aussi mentionner l'influence importante qu'ont eue les milliers d'immigrants européens venus s'installer au Québec au cours des années 50. Dans leur bagage, ils apportaient la tradition séculaire du vin. Qu'ils soient Français, Italiens, Espagnols ou Portugais, pour eux, il n'y a pas de repas sans vin. Tous, nous en avons connus. Un jour ou l'autre, ils nous ont reçus à leur table, nous faisant apprécier un cru de leur pays acheté à la Commission des liqueurs, ou encore, et c'était plus fréquent, le vin qu'ils avaient fait eux-mêmes avec des raisins californiens. Qu'il ait été bon ou mauvais n'avait finalement pas d'importance. Ce qui compte, c'est que plusieurs d'entre nous ont découvert l'expression d'une autre culture et surtout la formidable chimie engendrée par un repas cordial arrosé de vin.

Cette ouverture sur le monde, dont on a tant fait état au cours des années 60, ne s'est pas faite seule. L'évolution des sociétés se heurte souvent aux différentes conceptions des individus. La volonté de libéralisation de notre mode de vie, de nos habitudes, a souvent été confrontée à des législations qui tardaient à s'ajuster aux changements sociaux. Certains se souviendront, par exemple, que jusqu'en 1966 la vente de boissons alcooliques dans les restaurants le dimanche n'était autorisée qu'en complément d'un repas. Pas moyen de commander un verre de bière ou de vin sans commander un plat en même temps. On devine que, dans bien des cas, c'était le plat qui accompagnait la boisson et non l'inverse. On appelait cela «le sandwich en caoutchouc», celui qu'on commandait mais qu'on ne mangeait pas! Au début des années 60, face à une législation qu'elle jugeait désuète, l'Association professionnelle des licenciés présenta un projet d'amendements à la Loi des liqueurs alcooliques «dans le but de l'adapter aux nécessités de l'heure». À titre de président de cette association, Gérard Delage eut à subir les foudres de plusieurs esprits conservateurs qui, comme au temps de la prohibition, accusaient l'alcool de toutes les calamités. «On m'accusait de vouloir noyer la province!» On commençait à s'ouvrir au monde, mais déjà on avait peur de la noyade...

Le développement de la restauration

Au début de la décennie, le Québec, et en particulier Montréal, s'était enrichi d'un certain nombre de très bonnes tables. Certaines d'entre elles ont connu beaucoup de succès. La qualité de leur cuisine gagnait le coeur d'une clientèle curieuse et bien disposée à se laisser charmer par le plaisir d'une cuisine et d'un service de qualité. C'est connu, les Québécois aiment manger au restaurant. C'est une manière de se faire gâter. Pour plusieurs gourmets de cette période, le restaurant était un lieu de découverte, d'apprentissage. Beaucoup de gens ne buvaient du vin qu'au restaurant (encore une fois, le symbole de la fête). La critique de restaurants de *La Presse*, Françoise Kayler, se souvient bien de cette période et est convaincue que plusieurs restaurants d'alors ont fait un véritable travail d'apostolat. «Les bons restaurateurs de cette période avaient à coeur de faire connaître les vins. Ils étaient préoccupés d'avoir une cave bien garnie et étaient soucieux de proposer à leurs clients des vins s'accordant bien avec leur cuisine.» Le nom de l'un de ces restaurants est resté gravé dans la mémoire des gourmets de l'époque: Bardet. Encore aujourd'hui, il suffit de prononcer ce nom pour éveiller le souvenir de merveilleuses expériences gastronomiques. Les gens venaient de partout pour s'attabler dans la salle à manger décorée de véritables tapisseries d'Aubusson. À la somptuosité de la cuisine s'ajoutait l'élégance du couvert: argenterie, vermeil, porcelaine, cristal; beauté, luxe, calme et volupté. Bien entendu les vins étaient à la hauteur. La cave de Bardet était réputée pour être une des mieux garnies de Montréal. Un établissement de cette qualité ne pouvait qu'être l'exception. Pourtant, ce n'était pas le seul endroit où l'on pouvait s'adonner au plaisir de la table et du vin.

Toutes ces tables accessibles au grand public ne pouvaient faire autrement que de favoriser non seulement l'éclosion, mais aussi la démocratisation de la gastronomie. Durant la décennie 60, plusieurs clubs gastronomiques virent le jour. «Jusque-là, la gastronomie était réservée à des bonzes, préférablement médecins ou riches avocats», rappelle Claude Lanthier. C'est à l'occasion d'un des dîners de ces clubs qu'il a, comme tant d'autres, découvert le mystère insondable des grands vins. «Lors du premier dîner des Amitiés Gastronomiques, l'organisation Armel Robitaille avait choisi un château d'Yquem 43. Ce fut l'illumination!» À ce moment-là, on ne pouvait plus trouver d'Yquem 43 dans les succursales de la Régie des alcools. Mais tout n'était pas perdu, car on pouvait trouver le millésime 1955 à 5,70$, le prix d'une bouteille de rhum!

Voûtes de la
Maison des vins
de Québec

La gamme de 1961

En dépit de l'augmentation considérable de la consommation de vin per capita en dix ans, plus de 50%, les Québécois continuaient de consommer davantage de spiritueux (2,86 litres contre 2 litres pour le vin). Le répertoire de 1961 de la nouvelle Régie des alcools témoignait bien de l'importance des spiritueux sur le marché d'alors. Vingt-trois pages leur étaient accordées contre dix-huit pour le vin. Si on soustrait les cinq pages consacrées aux vins fortifiés, on devine alors que le choix de vins de table était loin d'être aussi étendu qu'aujourd'hui.

Les whiskies, gins, cognacs étaient au moins aussi nombreux qu'en 1950. Il semble que le rhum connaissait alors beaucoup de succès puisqu'on en trouvait alors une quarantaine de marques. Les vodkas, absentes dix ans plus tôt, figuraient au nombre de quinze. Quant aux liqueurs, on ne pouvait pas se plaindre de la variété. Plus de quatre-vingt produits, du Kahlua à la liqueur de banane, du Drambui à la crème de cacao. Il y avait aussi, depuis quelques années seulement, un nouveau produit venu directement du pays de Marius et Fanny, le pastis.

Cette euphorie dans le monde des spiritueux coïncidait parfaitement avec cette période joyeuse où tous les nouveaux propriétaires de bungalow de banlieue avaient installé un bar préfabriqué dans leur sous-sol, dont l'éclairage tamisé provenait de bougies plantées dans les goulots de bouteilles de chianti en camisole de paille...

Le rayon des bordeaux ne présentait pas de différences majeures par rapport à celui de 1950. Les cinq premiers crus du Médoc y étaient, mais dans les petits millésimes, 1957 et 1958. Il faut signaler l'arrivée alors récente sur le marché québécois du célébrissime Mouton Cadet, disponible à ce moment-là dans le millésime 1955. Son prix de 1,65$ faisait de lui le bordeaux rouge le moins cher sur le marché, exceptions faites du bordeaux et du saint-émilion de la R.A.Q. Une autre future grande vedette, le Prince Noir de Barton et Guestier, venait aussi d'arriver et était vendu 10 cents de moins que le Mouton Cadet. La concurrence a toujours été très vive entre ces deux produits.

La liste des bourgognes rouges comprenait 23 produits, dont quelques grands crus choisis dans de superbes millésimes, notamment le Beaune Clos des Mouches de Drouhin 1955 à 3,40$.

Les deux rubriques qui marquaient les plus grands progrès depuis 1950 étaient celles des vins allemands et des vins italiens. Une douzaine de vins du Rhin et de la Moselle figuraient dans le répertoire, contre deux auparavant. Les Québécois s'étaient sans doute pris d'affection pour ces vins légèrement moelleux, intermédiaires parfaits entre les vins fortifiés et les vins blancs secs. L'un d'entre eux, le Blue Nun, deviendra un des plus populaires de cette catégorie. Quant aux vins italiens, leur purgatoire était terminé. Ils étaient maintenant une vingtaine à défendre les couleurs de leur pays sur un marché qui les accueillait chaleureusement.

Probablement en raison de leurs prix élevés et de la concurrence féroce que leur livraient les imitations canadiennes sur ce terrain, il n'y avait plus que 13 portos véritables en 1950, dont cinq importés en vrac et embouteillés par la R.A.Q. Les xérès avaient mieux résisté à l'offensive; on en dénombrait encore une trentaine.

Le début des années 60 marqua le commencement de la vague des vins rosés. Plusieurs étaient alors disponibles: le Rosé des Cigales, le Kébir d'Algérie, le Château Ste-Roseline, et surtout le Faisca; ce dernier connaîtra un succès phénoménal au cours des années suivantes. Mais le roi des rosés de cette époque fut le Royal de Neuville, un effervescent qu'on retrouvait immanquablement dans tous les mariages et célébrations sociales. On dit souvent que c'est grâce à lui que des milliers de Québécois ont commencé un jour à boire du vin.

Le miracle d'Expo 67

L'Expo! Ce seul mot suffit à évoquer l'extraordinaire été pendant lequel le monde entier nous visita, au milieu du fleuve, «sur une île inventée, sortie de notre tête», comme le disait la chanson de Stéphane Venne. On a souvent dit que les Québécois avaient découvert le monde avec Expo 67. En passant nos journées dans les îles, passeport en main et voyageant d'un pavillon à l'autre, nous avons eu la révélation soudaine de l'existence de toutes ces autres cultures différentes de la nôtre. Le plus important a été de nous apercevoir que nos propres vies pouvaient être améliorées par la connaissance de ce que les autres peuples avaient à nous offrir. Dorénavant, la vie ne pouvait plus se concevoir en se bornant aux frontières du Québec. Les technologies étrangères, les nouvelles formes d'art, les traditions et les coutumes des autres nations étaient devenues nécessaires à notre développement.

L'un des nombreux attraits d'Expo 67 fut la découverte des cuisines du monde entier. Vous souvenez-vous de votre premier couscous marocain? De ce délicieux chutney indien? Ou encore du savoureux sukiyaki servi dans le cadre exotique du pavillon japonais?

Pour célébrer ces joyeuses agapes internationales, la Régie des alcools avait autorisé les exposants à importer des vins et alcools spéciaux de leur pays. En s'initiant aux traditions culinaires des cinq continents, les visiteurs d'Expo 67 eurent aussi la possibilité de goûter à des vins et spiritueux jusque-là introuvables au Québec. Pour les vinophiles de l'époque, l'Expo était une fête extraordinaire, une chance unique d'explorer les innombrables richesses du monde de Bacchus. Certains pavillons présentaient à leurs clients une carte des vins particulièrement étoffée. La France, bien sûr, mais aussi le Québec: le restaurant du pavillon du Québec était celui qui offrait le plus grand choix de grands vins français.

Les pavillons aimaient aussi accueillir dans leur restaurant les différents clubs gastronomiques qui s'étaient formés depuis quinze ans au Québec. C'était un bon moyen pour les pays de mettre en valeur leurs traditions culinaires. Il y eut nombre de dîners mémorables. Vingt ans plus tard, il existe des gens qui ont en mémoire ce formidable dîner au pavillon russe, au cours duquel le béluga foisonnait en compagnie d'excellents vins de Géorgie. Même si la présence des vins géorgiens au Québec ne dura que les six mois de l'Expo, l'événement eut des répercussions sur le marché d'ici. «Il est certain que l'Expo a incité la Régie des alcools à présenter aux consommateurs québécois une gamme de produits plus vaste et surtout plus internationale», souligne Jean-Louis Poirier de la S.A.Q.

Pourtant on aurait tort de croire que l'Expo convertit tous les Québécois au vin. Certainement, sa consommation per capita avait augmenté de manière appréciable depuis 1961, passant de 2 à 2,9 litres par année. Malgré tout, les habitudes étaient tenaces et les spiritueux continuaient à devancer les vins avec une moyenne de consommation de 3,7 litres par habitant.

Bien sûr, l'Exposition internationale avait provoqué un éveil, mais les transformations ne pouvaient se faire sentir immédiatement. On attendit cinq ans avant d'assister à une mutation profonde des habitudes de consommation des Québécois. Même l'élargissement de la gamme ne se produisit pas avant 1973-1974, principalement avec la mise sur pied des Maisons des vins.

Une gamme en évolution

Malgré tout, le répertoire de 1967 de la R.A.Q. montre que des changements s'opéraient lentement. Ainsi, en page 40, on dressait une liste complémentaire d'une soixantaine de vins disponibles dans vingt-cinq succursales désignées du réseau de la Régie. En plus d'une vingtaine de bordeaux et de bourgognes supplémentaires, on y trouvait surtout des nouveautés et même des originalités qui témoignaient de l'internationalisation provoquée par l'Expo. Sous la rubrique «vins divers», on mentionnait des choses aussi disparates que les «Grandes Réserves» en blanc et rouge de Paternina (les deux seuls vins de table espagnols disponibles à ce moment), un «Napa blanc» et un Zinfandel de Mondavi, le Sancerre d'Alphonse Mellot, un Arbois d'Henri Maire, le Tavel du Père Anselme, un Muscat de Samos, ainsi que trois vins hongrois, dont le fameux Tokay Aszu.

Même si, dans sa section de produits réguliers, le répertoire accordait toujours une place importante aux spiritueux, la gamme des vins offerts avait fait des progrès depuis quelques années, grâce à plusieurs nouvelles acquisitions. On y trouvait alors plus d'une trentaine de bordeaux rouges dont un Château Latour 1962 à 6,90$, un véritable cadeau, comparé au Château Pontet Canet du même millésime, presque aussi cher. Les bordeaux blancs, secs et liquoreux, devaient être encore très prisés car la liste faisait état de 35 produits. L'Yquem était toujours présent, mais son prix avait fait un bond impressionnant et atteignait alors 12,70$. Dernier vin inscrit dans cette catégorie, une marque d'un goût douteux, La Pissotière de l'Impératrice. Ce nom curieux n'a pas dû plaire, car le vin était déjà rayé du répertoire en 1969.

Cave à vins, années 20

L'éventail des vins de Bourgogne avait moins progressé. Le choix était alors moins important que celui des bordeaux. On pouvait tout de même se procurer des vins excellents comme le Clos des Mouches 1964 de Drouhin, en blanc et en rouge, à moins de 6$.

Contrairement aux xérès, dont la gamme était encore étendue, il n'y avait plus que 8 portos authentiques. Ils n'avaient pu se défendre de leurs concurrents canadiens, offerts à meilleurs prix. Ce n'était pas le cas des vins italiens qui, en raison de leur bon rapport qualité-prix, avaient gagné les faveurs d'un public québécois encore hésitant à payer cher pour un vin de table. En 1967, on disposait d'une trentaine de vins italiens, dont la plupart étaient rouges.

À cette époque, les vins pétillants et les mousseux étaient nombreux dans le répertoire: une dizaine de vins de la Loire, dont le Château Moncontour, sept champagnes canadiens, un Asti Spumante, un «Sparkling Moselle» de Deinhard, sans oublier le «Red Cap» de Chauvenet, toujours présent après toutes ces années. Si l'argent n'était pas un obstacle, on avait aussi le choix entre une trentaine de champagnes dont les prix s'échelonnaient entre 6,50$ et 13$. Le plus cher était la cuvée Blason de France de Perrier-Jouët. Le très célèbre Dom Pérignon, qui était arrivé chez nous au début des années 60, coûtait 12,45$.

C'est durant cette période qu'ont été introduits au Québec les premiers vins de table français sans appellation d'origine. Mis en bouteilles en France et identifiés par une marque commerciale, ces vins portaient les noms Tervigny, Préfontaines, Granvillon et Lavalette. Qui aurait pu dire que vingt ans plus tard le marché des vins de table au Québec représenterait 80% des ventes totales des vins?

Des souvenirs de l'Expo

Lorsque la «Terre des Hommes» ferma ses portes le 28 octobre 1967, plusieurs vécurent un moment de tristesse. Le temps de deux saisons, le monde était venu exhiber ses merveilles. Pour un court moment, nous avons eu le sentiment exaltant que Montréal était le centre du monde et que rien n'existait au-delà des rives du Saint-Laurent. Maintenant que la fête était terminée, les visiteurs rentraient chez eux, s'éparpillant tous azimuts et laissant derrière eux un trou béant. Il nous faudrait désormais aller nous-mêmes à la découverte du monde. C'était moins commode que de passer ses après-midi dans les îles, à se laisser gagner par l'ambiance fiévreuse qui y régnait. Mais les souvenirs étaient là, impérissables...

Pour certains vinophiles, visionnaires et préoccupés de choses concrètes, ces souvenirs prirent la forme de bouteilles!

Ces flaireurs comprirent tout de suite qu'au moment de la fermeture de l'Expo il restait un grand nombre de bouteilles invendues. Quelque temps après, la Régie des alcools annonça qu'elle se portait acquéreur de ces stocks pour les remettre ensuite en vente au grand public. C'était une occasion à ne pas rater, surtout que la liste publiée par la R.A.Q. faisait état de plusieurs milliers de caisses de vin de très grande qualité. Le moment venu, des amateurs empressés se rendirent dans un entrepôt de la rue Notre-Dame à Montréal pour en ressortir les bras chargés. On en a même vu repartir avec deux cents ou trois cents bouteilles. C'était une occasion unique de se procurer des vins introuvables; tous les plus grands vins de France y étaient. Un collectionneur se souvient, par exemple, des trente dernières bouteilles de Château d'Yquem 1959, sorties tout droit de la cave du pavillon français et payées 6,30$ pièce.

Presque vingt ans plus tard, quelques-unes de ces bouteilles dorment encore dans les caves de ces heureux amateurs. Elles sont des souvenirs vivants de cette fête extraordinaire que fut l'Expo. Ces flacons recouverts de poussière sont aussi le rappel que l'année 1967 fut un point tournant dans la vie des Québécois. Plus que jamais, nous venions de nous ouvrir au monde, et nous savions que cette ouverture était un enrichissement. L'Expo nous avait donné le goût des voyages. En Europe surtout, et par «charters» complets. Plusieurs d'entre nous ont connu la France, l'Italie, l'Espagne et tant d'autres pays. Nous avons découvert des comportements différents qui nous ont inspirés dans la conduite de nos vies. Nous sommes devenus plus exigeants. C'est ce chemin vers la qualité que nous a montré l'Expo 67.

Oui, vingt ans plus tard, ces grands vins sont précieux. Ils sont des témoins de ce que nous étions et ils ont maintenant le goût de ce que nous sommes devenus. Ceux qui ont la chance de les déguster doivent leur trouver une saveur toute spéciale.

La Maison des vins
de Montréal

Maison des vins
de Trois-Rivières

La révolution des libres-services

Jusqu'en 1970, tous les magasins de la Régie des alcools étaient encore aménagés comme au temps de la prohibition. Pour acheter des boissons alcooliques au Québec, il fallait encore passer au comptoir. Comme il était impossible de fureter, l'exploration vers d'autres produits était exclue du processus d'achat. Curieusement, ce système, qui avait été conçu alors qu'on cherchait à orienter le public vers la consommation de vins, servait bien mieux la vente des spiritueux. L'amateur de whisky ou de gin n'a pas besoin de fureter, il se contente de demander la marque qu'il préfère, comme il achète une caisse de bière ou une cartouche de cigarettes, simplement parce qu'il fait toujours confiance au même produit. Le vin suscite de la part de l'acheteur un autre comportement, car il offre une plus grande sélection que toute autre boisson alcoolique. Dans le nord de l'Écosse, environ cent vingt distilleries produisent des Pure Malt; à Bordeaux, on dénombre près de quatre mille châteaux qui *chaque année* font un vin différent. Devant autant de diversité, pourquoi se limiter toujours au même produit? Bien sûr, la gamme de vins offerte en 1921 n'était pas étendue comme aujourd'hui; sans oublier que le contexte social d'alors laissait peu de place à la fantaisie et aux grandes théories de marketing.

En 1970, autre temps, autres mœurs. L'heure de la pluralité des choix avait sonné. Les dirigeants de la régie décident de mettre en place un programme de transformation des magasins. Terminées les files d'attente au comptoir! Place au libre-service!

La première succursale de ce type a été ouverte à Sherbrooke en 1970. Le succès a été instantané. Le magasin enregistrait des chiffres de vente inespérés. Ce fut ensuite l'enchaînement, comme le rappelle Jean-Louis Poirier, un des parrains du projet. «Le programme de réaménagement se fit sans interruption. Dans une seule année, on a ouvert 44 libres-services, soit à partir de magasins transformés ou de nouvelles succursales.» En 1975, les ventes au comptoir faisaient partie du passé.

Cette transformation du système de vente provoqua des modifications profondes du comportement des consommateurs. «L'arrivée des libres-services entraîna un bouleversement, explique Jocelyn Tremblay. Les gens ont tout à coup été confrontés à une gamme de produits considérable et trouvaient sur les tablettes des étiquettes qu'ils n'avaient jamais vues.» Les libres-services n'entraînèrent pas de changement d'allégeance chez les buveurs de spiritueux; ils restèrent fidèles à leurs marques préférées. Par contre, ils en incitèrent plusieurs à goûter de nouvelles choses. Tout à coup, on se rendit compte de la diversité des vins offerts. Le plaisir de la découverte surgissant, il devenait excitant d'acheter du vin. Six ans après l'instauration des libres-services, Roger Champoux écrivait: «Depuis que la libéralisation du négoce du vin permet à l'amateur de déambuler parmi les rayons, de toucher aux bouteilles, de les examiner, d'en lire à loisir l'étiquette... depuis la mise en vigueur de cette politique pour adultes, on est étonné de constater combien nombreux sont les clients renseignés, et fort bien renseignés.»

LES ANNÉES 70: DÉCENNIE DE LA CONVERSION

« Le vin doit être bu lentement, à petites gorgées; il faut apprendre à savourer goutte à goutte un nectar qui peut être d'une éblouissante perfection ou complètement raté. Toujours semblable à lui-même et pourtant jamais pareil, un vin de qualité – et ce n'est pas le prix qui fait foi de tout – exige qu'on se serve de sa tête pour bien l'apprécier. Un solide whisky peut s'avaler d'un trait, un bon vin... jamais! Le jour où vous pourrez du nez et des lèvres découvrir l'arôme floral ou fruité d'un vin, vous aurez droit au titre de connaisseur, qu'il vous faudra afficher avec modestie. En matière vineuse la découverte n'a pas de fin. »

C'est Roger Champoux qui écrivait ces lignes dans sa chronique de *La Presse* en 1971. Le grand gastronome avait-il pressenti que le règne du whisky (et des spiritueux en général) achevait et que le vin monterait bientôt sur le trône? Sentait-il le besoin d'amener ses lecteurs à la découverte de ce produit complexe, subtil et raffiné? Probablement les deux. Chose certaine, lui comme d'autres chroniqueurs et gastronomes de cette période ont eu, par leur enthousiasme et leur respect du vin, une influence salutaire sur le grand public.

C'est précisément en 1971 que les Québécois amorcèrent un virage important dans leur goût en matière de boissons alcooliques. Pour la première fois depuis 1940, les ventes de vin furent égales à celles des spiritueux. Alors que depuis 1961 la consommation des spiritueux avait augmenté de 25%, celle du vin avait progressé de 80%. Depuis, cette tendance n'a fait que se confirmer.

Ce phénomène remarquable s'explique par l'addition de plusieurs facteurs: l'éveil graduel au vin et à la bonne cuisine pendant les années 60, l'influence décisive d'Expo 67, les voyages outre-mer de plus en plus fréquents, une génération de *baby-boomers* manifestant des goûts différents de ceux des générations précédentes, le souci d'une alimentation plus légère dans un contexte où le travail physique est minime, et une économie à la hausse favorisant la consommation de produits de luxe.

Il ne fait pas de doute que l'avènement des succursales libres-services ait grandement contribué à l'accroissement des ventes de vin au Québec. Pourtant, cette clientèle avertie se lassa vite de l'éventail des vins offerts dans les succursales, fussent-elles de type libre-service. On le comprend en consultant le répertoire de 1973. Le nombre de vins inscrits était appréciable et suffisait certainement à l'ensemble de la population. Par contre, les vins de très bonne qualité étaient rares. Seulement deux crus classés de Bordeaux étaient disponibles: Gruaud-Larose et Franc Mayne (et pas nécessairement dans les meilleurs millésimes). Les crus classés de Sauternes avaient disparu. Exception faite du Clos des Mouches et d'un Corton, les grands crus de Bourgogne étaient absents. Et bien que deux ou trois bons vins du Rhône fussent disponibles, il n'y avait pas de quoi organiser un dîner gastronomique. Aussi curieux que cela puisse paraître, le répertoire de 1973 affichait beaucoup moins de grands vins que celui de 1967. Comme si les dirigeants de la Société des alcools avaient décidé de reculer pour mieux sauter. Ce grand saut eut lieu à la fin de 1973 avec la création de la première Maison des vins.

L'avènement des Maisons des vins

Dans les années 1970 à 1973, certains amateurs n'hésitaient pas à se rendre aux États-Unis pour se procurer quelques bouteilles de vin qu'ils ne pouvaient acheter au Québec. Il y aurait d'ailleurs des histoires savoureuses à raconter à propos de ces «importations» plus ou moins licites. Certains amateurs étaient prêts à bien des prouesses pour le plaisir de stocker dans leurs caves quelques bouteilles de Cheval Blanc ou de Richebourg.

Une chose est sûre, il existait une demande à laquelle il devenait nécessaire de répondre. La première Maison des vins fut donc inaugurée le 4 novembre 1973 à Québec. Ce magasin spécialisé fut aménagé dans le cadre exceptionnel d'un vieux bâtiment construit au XVIIe siècle sur la Place Royale, face à l'Église Notre-Dame-des-Victoires. L'intérêt de cet édifice résidait dans le fait qu'il reposait sur deux magnifiques voûtes qui conféraient à cette Maison des vins un cachet digne des plus belles caves bourguignonnes.

La mise en place d'une Maison des vins était l'initiative du président d'alors, Jacques Desmeules. Selon un directeur actuel de la Société des alcools, «son idée n'était pas d'en faire un commerce, mais plutôt un lieu d'information». Parce qu'il y avait cette innovation importante: des conseillers spécialement formés pour répondre aux questions des clients en y allant même de suggestions. La Maison des vins de Québec attira des amateurs avertis qui pouvaient enfin se procurer de belles bouteilles, mais on y vit aussi une foule de curieux, venus là comme dans un musée, intrigués par tous ces trésors.

L'initiative connut un succès tel qu'une autre Maison des vins fut ouverte au public de Montréal en 1975. Ce fut ensuite au tour des villes de Hull et de Trois-Rivières de voir s'établir un magasin spécialisé.

Au cours des années, ces établissements ont acquis une image de prestige, de qualité et de professionalisme. On dit même des Maisons des vins qu'elles sont les «ambassadrices» de la connaissance et de la consommation des vins. C'est que ces établissements ne sont pas que de simples magasins... Ils constituent un lieu de rencontre de tout premier choix pour les œnophiles, de même que pour l'animation d'ordre général: conférences de presse, visites guidées, expositions de peinture, lancements de livres et autres y sont effectués à longueur d'année, entre deux dégustations vins/fromage.

À l'heure où le Québec raffine ses goûts en matière de consommation des vins, ces maisons sont en quelque sorte le port d'attache des connaisseurs. Elles contribuent à la formation des associations gastronomiques et des confréries vineuses qui se multiplieront au Québec durant la décennie 70.

Par l'ouverture des Maisons des vins, le Québec se reconnaît pour la première fois des experts en la matière... et il les réunit!

Pour la première fois aussi, les hôteliers et les restaurateurs qui désirent se monter une carte des vins ne sont pas pris au dépourvu. Les conseillers peuvent leur prêter main forte et les aider à acquérir une connaissance de base des produits qu'ils offriront à leur clientèle.

Les clients des Maisons des vins, quant à eux, peuvent enfin être guidés dans leur démarche d'achat par un personnel ayant reçu une formation de sommelier. Ils peuvent même, s'ils le désirent, se procurer des vins dont le millésime correspond à leur date de naissance!

Le consommateur québécois est en pleine transition. Peut-être même l'éternel Mouton Cadet ne lui suffit-il plus... Il cherche les nouveautés, explore plus volontiers la gamme de vins fins qu'il ne le faisait auparavant. À la Maison des vins de Québec, on a mis sur pied en 1984 un laboratoire de dégustation, et le public est convié à des cours sur les vins. Ces cours connaissent une grande popularité.

À la lecture d'un des premiers répertoires des Maisons des vins, on s'aperçoit que ces magasins complètent de manière formidable la gamme offerte dans les succursales régulières. Jusque-là, il n'y a pas eu au Québec un choix aussi vaste de vins de pareille qualité. Malheureusement, l'ouverture de ces magasins coïncide avec l'ascension des prix des grands vins français. Elle est bien finie la belle période des Yquem à 12$ et des Latour à 6,90$. Le premier cru de Pauillac coûtait désormais 34,80$ alors qu'un Yquem atteignait le prix implacable de 40,50$.

En dépit de tarifs aussi sévères, il est impressionnant de lire, dans le petit fascicule qui faisait office de répertoire au début des années 70, ces déclinaisons de grands crus de France et d'ailleurs. Pas moins de 40 crus classés du Médoc, avec des noms comme Lafite 70 (39,50 $), Léoville Las Cases 67 (19,50 $), Léoville Barton 70 (ce vin avait fait un malheur, pensez donc, 7,45 $ pièce) Mouton-Rothschild 70 (38 $), Talbot 59 (26,90 $), Lynch-Bages 61 (28 $), pour ne nommer que ceux-là. Quelques grands vins de Graves étaient aussi disponibles: Haut-Brion 64 (33,55 $), Domaine de Chevalier 66 (16,95 $), Pape Clément 61 (30 $). De superbes saint-émilion faisaient aussi partie du groupe: Cheval Blanc 70 (41,50 $), Figeac 64 (un des meilleurs achats de ce temps à 18 $). C'est dans les Maisons des vins que les pomerols ont fait leur apparition au Québec: Château Certan 61 (38,40 $), La Conseillante 64 (28,25 $), etc. Cette nomenclature succincte démontre à nouveau qu'il y a dix ans on pouvait se procurer des vins relativement âgés. Ce n'est plus le cas aujourd'hui alors qu'un bordeaux d'à peine quatre ou cinq ans est déjà considéré comme vieux.

Le rayon des grands bourgognes rouges ne manquait pas d'attrait non plus. Une cinquantaine de produits au total dont: Echézeaux 70 de Leroy (12,35 $), Corton Charlemagne 70 de Drouhin (16,35 $), Meursault Poruzots 70 de Ropiteau (9,70 $) et Clos de Tart 71 (22,65 $).

Les Maisons des vins proposaient aussi plusieurs autres excellents vins, en particulier la Private Cuvée de Krug (21,60 $), de retour au Québec après quarante ans d'absence, le glorieux Clos Ste-Hune 67 (12,20 $) et la rarissime Coulée de Serrant à 6,50 $.

Comme cette énumération le laisse voir, il y avait dans ces magasins de quoi en initier plus d'un aux charmes du bon vin. Le mot se passa très vite et les Maisons des vins devinrent le lieu de rendez-vous des amateurs. On y venait pour être au fait des nouveaux arrivages et pour discuter, entre convertis, des mérites ou des défauts de tel ou tel vin. Même si leur part du marché restait bien faible par rapport au chiffre d'affaires des 350 magasins de la Société des alcools, les Maisons des vins ont eu un impact incalculable, encore bien actuel. À leur début, les Maisons des vins offraient à leur clientèle environ 230 vins. Aujourd'hui, la gamme tourne autour de 900. Si on ajoute à cela les eaux-de-vie et les liqueurs, on se retrouve devant environ 1 100 produits. Au cours de sa première année d'exploitation, la Maison des vins de Québec vendit 22 000 bouteilles; pendant l'exercice 1984-1985, celle de Montréal totalisa des ventes de 425 000 bouteilles. «La popularité du vin au Québec ne serait pas ce qu'elle est aujourd'hui s'il n'y avait pas eu les Maisons des vins», estime Serge Des Marchais, ex-président de l'Association du Québec des agences de vins et spiritueux.

Maison des vins
de Québec

En plus d'avoir été pour plusieurs des lieux d'initiation, ces magasins ont été une sorte de moteur pour l'amélioration de la qualité des vins disponibles à la grandeur du réseau de la S.A.Q. Alors qu'au début ces «produits de spécialités» étaient confinés exclusivement dans les Maisons des vins, environ 350 des 1 100 produits peuvent maintenant être distribués dans l'ensemble des succursales. En y ajoutant les quelque 1 500 vins disponibles dans les succursales régulières, on s'aperçoit que les amateurs ont maintenant plus de choix que jamais.

Le vin chez l'épicier

Un matin du 19 septembre 1978, le ministre de l'Industrie et du Commerce du temps, Rodrigue Tremblay, acheta dans une épicerie de l'est de Montréal, pour la modique somme de 14,55$: les vins de table Nuit de la St-Jean, Petit Prince et Baby Duck, ainsi que deux bouteilles de cidre et un apéritif Dubleuet. Ce jour-là, près de soixante ans après la création de la Commission des liqueurs, le vin effectuait un retour à l'épicerie et ce, dans tous les villages du Québec. Six ans plus tard, quel a été l'impact de cette mesure? Serge Des Marchais répond: «En permettant aux habitants des petites villes de la province de s'approvisionner plus facilement, cette mesure leur a fait découvrir un produit auquel ils ont pris goût. Peu à peu, ces gens progressent et auront un jour le goût d'aller vers des vins de meilleure qualité.» Ce scénario est conforme à l'histoire du vin au Québec depuis 1921.

UNE NOUVELLE GÉNÉRATION D'AMATEURS

La tendance amorcée en 1971 n'a cessé de s'intensifier au cours des quinze années qui ont suivi. En 1985-1986, la consommation de vin des Québécois se chiffre à 71,6 millions de litres; celle des spiritueux totalise 23,9 millions de litres. Cela signifie une proportion de 75% en faveur du vin. En dix ans, les ventes de vin ont augmenté de 108%, alors que celles des spiritueux ont régressé de 22%.

Après plus de trois cents ans d'histoire et soixante-cinq ans après l'instauration de la Commission des liqueurs, quels vins boivent les Québécois? Des vins fabriqués au Québec d'abord puisque les onze vineries québécoises détiennent 36% du marché. La France vient au deuxième rang, mais reste de loin le plus important pays fournisseur de la S.A.Q. Suivent dans l'ordre, l'Italie, le reste du Canada, l'Espagne et l'Allemagne.

Soixante-dix pour cent des vins vendus au Québec sont embouteillés dans la province, par la S.A.Q. et par les vineries. Les vins de table, c'est-à-dire sans appellation, représentent 78% du marché. Plus de 61% des vins sont vendus dans les succursales de la Société des alcools. Le reste est écoulé par les dépanneurs de la province.

Portrait du vinophile québécois

De toutes les statistiques qui précèdent, la plus importante et la plus révélatrice est celle indiquant l'emprise étonnante du vin depuis quinze ans sur nos habitudes de consommation. C'est là un fait unique en Amérique du Nord. Nous sommes ceux qui consomment le plus de vin par rapport aux spiritueux. Des proportions de 75%-25% sont exceptionnelles. Nos voisins ontariens, par exemple, se situent exactement à l'opposé. En quoi sommes-nous si différents? La réponse est simple: le Québécois ne boit pas, il accompagne son repas. C'est une attitude contraire aux Canadiens anglophones et aux Américains qui ingurgitent énormément de liquide, cola, bière, café, jus, etc.

Signe des relations étroites unissant le vin et la table. Depuis toujours et jusqu'à tout récemment, les Québécois consommaient beaucoup plus de vin rouge que de vin blanc. Nous étions presque exclusivement des consommateurs de viandes rouges. Depuis, la cuisine s'est considérablement développée chez nous et nos habitudes alimentaires se sont modifiées. Le poisson, les viandes blanches, les pâtes sont davantage présents sur nos tables. Résultat, la consommation de vin blanc a connu une progression soudaine. À tel point que, pour la première fois en 1985, il s'est bu un peu plus de vins blancs que de vins rouges. Mais ce n'est pas la seule raison à la vogue du vin blanc. Les spiritueux perdant leur attrait, que boit-on alors à l'apéritif? Du vin blanc, bien entendu. Observez les apéritifs commandés dans les restaurants.

L'engouement pour le vin s'explique aussi par l'arrivée d'une population de jeunes qui manifestent des goûts différents de ceux de leurs parents. Plusieurs d'entre eux découvrent dans le vin la boisson par excellence. Il est révélateur de voir le nombre de 20-35 ans circuler entre les rayons des Maisons des vins, cherchant une bonne bouteille, quitte à la payer cher et à boire un peu moins. Le goût de la qualité. Cette nouvelle génération d'amateurs suit des cours de dégustation, lit des livres sur le sujet, se documente dans les nombreuses chroniques et revues consacrées au vin. Elle voyage aussi, dans les vignobles, pour apprécier mieux encore le produit. «Dans l'avenir, nous aurons affaire à une clientèle toujours plus exigeante, prévoit le président de la Société des alcools, Jocelyn Tremblay. Nous n'en sommes plus à la satisfaction des besoins primaires, dit-il. Nous allons maintenant vers la recherche du plaisir. Or cela rend la qualité obligatoire. L'avenir est dans l'excellence.»

Si le vin a connu un tel essor chez nous, c'est parce que sa valeur culturelle ne nous a pas échappé. En effet, son histoire, par la qualité de son goût, par sa diversité, par son rôle gastronomique, et aussi par les rapports qu'il favorise entre les individus, le vin peut enrichir nos vies au même titre que les grandes œuvres artistiques. «Un rayon de civilisation», disait Roger Champoux.

LA S.A.Q. ET L'INDUSTRIE QUÉBÉCOISE DES BOISSONS ALCOOLIQUES EN 1986

Cette dernière décennie aura certes donné lieu à des changements profonds et sans doute très sains pour l'industrie québécoise des boissons alcooliques. L'organisation générale de ce commerce s'est transformée avec la formation de plusieurs associations et l'apparition d'un dialogue et d'une collaboration accrue entre les intervenants.

Il ne faudrait pas sous-estimer l'apport de cette industrie à l'économie québécoise. En effet, chaque année, plusieurs milliers d'emplois sont générés par l'industrie québécoise des boissons alcooliques. En 1983, la valeur des livraisons de cette industrie se chiffrait à 700 millions de dollars. D'autre part, les alcools du Québec font partie de ses trente principaux produits d'exportation. Par exemple, ils représentaient, en 1983, 21,7% des exportations canadiennes, pour une valeur de 108 millions de dollars. Les fabricants de vins, spiritueux et cidres sont représentés par l'Association de l'Industrie Manufacturière des Boissons Alcooliques du Québec (AIMBAQ). La fabrication, l'embouteillage, la distribution et la vente des produits de ces fabricants ont des retombées importantes que l'on retrouve sous forme d'emplois, d'achat de matières premières, de revenus, etc.

Parmi les fabricants, mentionnons d'abord les brasseurs du Québec. Trois entreprises industrielles font partie de l'Association des brasseurs du Québec et elles détiennent ensemble 99% du marché de la bière dans la province. Rappelons que l'industrie de la bière a été la seule à échapper à l'étatisation en 1921. Encore aujourd'hui, les brasseurs n'entretiennent à toutes fins pratiques aucune relation avec la S.A.Q. À elle seule, l'industrie brassicole procure quelque 5 700 emplois directs et 56 000 emplois connexes ou indirects. En 1984, 88,1 litres de bière par personne étaient consommés au Québec.

Viennent ensuite les distillateurs, représentés par l'Association des distillateurs du Québec et comprenant dix entreprises détentrices d'un permis de production, d'importation ou d'embouteillage des spiritueux. Tous leurs produits destinés au marché québécois doivent être soumis au contrôle de la qualité de la S.A.Q. Celle-ci approuve les produits pour inscription à son répertoire, les distribue et en fixe le prix de vente. Alors que les ventes de vins ont tendance à augmenter au Québec, la consommation des spiritueux, elle, diminue. En effet, l'introduction du vin en épicerie, la faible consommation per capita et la récession économique sont autant de facteurs qui ont contribué au ralentissement de cette industrie. En 1985-1986, par exemple, 23,9 millions de litres de spiritueux avaient été consommés au Québec, comparativement à 34 millions de litres en 1978-1979, soit une diminution de l'ordre de 29,7%.

Au cours des quinze dernières années, la S.A.Q., de pair avec le gouvernement du Québec, a apporté une importante contribution au développement de deux industries, soit celles du vin et du cidre. En effet, bien que le cidre ait longtemps été fabriqué clandestinement dans la province, ce n'est qu'en 1971 qu'on en a réglementé la fabrication et la vente. Aujourd'hui, l'Association des fabricants de cidre du Québec regroupe trois entreprises industrielles et quatre entreprises artisanales qui détiennent un permis de fabricant de cidre fort, de cidre léger ou les deux. Le fabricant de cidre québécois peut, sans l'intermédiaire de la S.A.Q., distribuer son produit à tous les détenteurs de permis de vente de cidre. Cependant, les cidres «désignés» en vente dans les succursales de la S.A.Q. et dans les épiceries doivent être soumis à la S.A.Q. au niveau du contrôle de la qualité et de la commercialisation.

Au Québec, les ventes de cidre chutaient fortement entre 1979 et 1982, passant de 900 000 litres à 600 000 litres. Conséquemment, les fabricants de cidre les plus importants obtenaient en 1980 des permis de fabricants de vin, tout particulièrement en vue de produire du vin de pomme apéritif. Aujourd'hui, les vins apéritifs représentent des ventes plus importantes que celles du cidre.

D'un autre côté, l'industrie de la fabrication du vin était pratiquement inexistante au Québec avant la création de la S.A.Q. Son essor fut tel que 1980 marquait la création de la SOPROVIN, ou Société de Promotion de l'Industrie Vinicole du Québec. Ceux-ci peuvent produire, importer et embouteiller les vins et ils doivent respecter les mêmes exigences de la S.A.Q. que celles qu'elle impose aux distillateurs. Cette industrie procure environ 700 emplois au Québec.

La Société de Promotion signait en octobre 1984 une entente-cadre avec le Comité Économique Agricole des vins de table et de pays de Languedoc-Roussillon (CEVILAR), portant sur la mise en marché des vins français du Languedoc-Roussillon. Les deux organismes, CEVILAR et SOPROVIN, s'entendaient pour encadrer officiellement leurs futures relations commerciales et pour mettre en commun leurs connaissances et leurs ressources. L'entente était unique en son genre. Reconnaissant d'une part la qualité des vins du Languedoc-Roussillon, et d'autre part le savoir-faire et la technologie avancée de l'industrie vinicole québécoise, les deux organismes s'associaient ainsi pour accroître leur part du marché nord-américain.

Toujours en 1984, les membres de la SOPROVIN, en commun avec la S.A.Q., mettaient sur pied un programme de transport maritime conjoint afin de bénéficier d'économies de volume sur le vin, les bouchons, etc.

En 1985-1986, 71,6 millions de litres de vin étaient vendus au Québec, pour une valeur totale de 473,1 millions de dollars. En outre, la vente du vin dans les épiceries a permis une hausse sensible de la consommation des vins québécois. En 1985-1986, environ 40% du volume des vins vendus au Québec étaient embouteillés par les fabricants québécois.

On ne peut parler de l'industrie du vin sans mentionner l'Association des Viticulteurs du Québec. Le viticulteur est celui qui cultive la vigne en vue de produire du vin (ne pas confondre avec le viniculteur qui, lui, produit son vin à partir de concentré de raisin ou de raisins provenant de viticulteurs locaux ou étrangers). Fondée en 1979, l'Association regroupe 250 membres qui produisent annuellement 60 000 bouteilles de vin.

Tels sont les partenaires de l'industrie de la fabrication des alcools québécois. Comptons ensuite l'Association du Québec des agences de vins et spiritueux, qui comprend 46 agences réparties à travers la province. L'agent promotionnel des produits importés entretient des relations étroites avec la S.A.Q., les gouvernements, les consommateurs, les agences de publicité et les organismes connexes (hôteliers, restaurateurs, associations bacchiques, etc.)

Voyons maintenant les différents rôles de la S.A.Q. en 1986.

La S.A.Q. effectue le commerce des boissons alcooliques, en gros et au détail; procède à l'embouteillage des boissons alcooliques; agit en tant que percepteur de revenus pour le compte du gouvernement du Québec; contrôle la qualité de tous les produits vendus au Québec, à l'exception de la bière et des cidres non désignés fabriqués au Québec; et conseille le M.I.C. en matière d'émission de permis et de réglementation industriels.

Bien que, à la base, certaines composantes demeurent les mêmes après soixante-cinq ans, la société d'État s'est donné quatre missions fondamentales:

Une mission commerciale, par la distribution et la vente à un prix uniforme, sur tout le territoire du Québec, de boissons alcooliques de qualité et d'authenticité contrôlées. La compétence et la rigueur exemplaire de la S.A.Q. en ce domaine lui ont procuré une renommée internationale.

Qualité du service et choix de l'emplacement, aussi. S'il n'existe pas de succursale de la S.A.Q. dans votre quartier, il y a sûrement un mini-magasin, ou le service de commandes postales qui demeure à la portée des régions les plus éloignées.

Depuis 1921, trois cents succursales se sont ajoutées au réseau qui est sans contredit parmi les plus sophistiqués au monde. Il offre plus de 2 600 produits à sa clientèle, à des prix fort raisonnables si on tient compte de l'indice d'augmentation des prix.

On a dit plus haut que la qualité des produits commercialisés par la S.A.Q. avait contribué à étendre sa renommée internationale. Toujours sur la scène internationale, la société d'État exportait en 1985 vers les États-Unis, à titre expérimental, ses premiers chargements de vin conditionné dans son usine. Treize mille deux cents litres de vin de table embouteillés sous étiquette privée ont en effet

Tableau 13. Augmentation de prix pour les boissons alcooliques au Québec entre 1922 et 1985*

Marque		Prix 1922 $	Prix 1985 $	Différence %
Gin Melcher's	750 ml	2,55	14,60	472,5
Martini & Rossi	1 litre	1,65	7,80	372,7
Crème de menthe Marie Brizard	750 ml	3,75	14,00	273,3
Beaujolais	bouteille	2,00	6,60	560

* Source: Statistiques Canada

Tableau 14. Augmentation de prix pour les denrées alimentaires au Québec entre 1922 et 1985*

Produit		Prix 1922 $	Prix 1985 $	Différence %
lait	40 oz / 1 litre	0,14	0,88	528,6
beurre	livre	0,53	2,43	358,5
oeufs	douzaine	0,55	2,08	278,2
pain	–	0,08	1,09	1 262,5

* Source: Statistiques Canada

été expédiés au Massachussetts. La réponse enthousiaste des Américains laisse entrevoir un avenir prometteur de ce côté.

En 1985, la S.A.Q. achetait quelque 7 396 000 caisses de produits provenant de près de 40 pays à travers le monde. Parmi les plus importants, mentionnons la France (20,9% des achats), l'Italie (6,8%), l'Allemagne (3,9%), la Grande-Bretagne et l'Espagne. La S.A.Q. a d'autres fournisseurs dans des pays aussi différents que la Grèce, la Hollande, la Jamaïque, le Mexique, l'Irlande, la Tchécoslovaquie, le Chili, l'Israël, la Pologne, la Chine, l'Australie, l'U.R.S.S. ...

Une mission fiscale, qui consiste en la perception de revenus contribuant à l'équilibre des fonds budgétaires du gouvernement du Québec, en allégeant de façon indirecte le fardeau du contribuable. Ces mesures fiscales prennent la forme de dividendes, de droits de douanes et d'accises ainsi que de taxe de vente versés dans les coffres de la Province.

Une mission économique, dans tous les domaines connexes au commerce de l'alcool. Les activités d'embouteillage et la politique d'approvisionnement de la Société des alcools en sont quelques outils. Par exemple, 85% des achats de matériel et fournitures, représentant plusieurs millions de dollars, ont été faits au Québec en 1984-1985.

À ces mesures s'ajoute une collaboration fructueuse avec les représentants de l'industrie de la fabrication et des ventes. On sait que la S.A.Q. a favorisé l'implantation et l'expansion d'une industrie vinicole au Québec en offrant son aide technique aux entrepreneurs, mais surtout en leur consentant un taux de majoration préférentiel.

Une mission sociale, qui ne peut passer inaperçue et qui recoupe tant ses effectifs d'emploi que ses campagnes de sensibilisation contre l'alcoolisme ou son contrôle de la qualité pour mieux servir le consommateur.

Tableau 15. Évolution des ventes, entre 1921 et 1986

Année	Ventes $	Versé au provincial $	Versé au fédéral $
1921-1922	15 202 801	3 890 000	5 160 000
1930-1931	22 711 639	9 150 000	7 450 000
1940-1941	19 583 890	6 300 000	7 250 000
1950-1951	59 270 714	26 250 000	21 860 000
1960-1961	103 468 733	44 340 000	32 460 000
1970-1971	215 832 000	110 590 000	53 990 000
1980-1981	675 000 000	203 000 000	133 780 000
1985-1986	935 700 000	355 000 000	170 000 000

La S.A.Q. commandite aussi certaines activités organisées par des organismes socio-culturels, groupes vineux ou gastronomiques et entreprises à but non lucratif et s'associe à des campagnes de levées de fonds (Leucan, La Fondation Jean Lapointe ou Centr'aide), des collectes de sang, etc.

Le Concours Sélections Mondiales (à but non lucratif) a obtenu pour la première fois en 1985, grâce à la présence de la S.A.Q., la sanction de l'Union Internationale des Œnologues. Il s'agit en effet d'un concours unique en son genre, où chaque pays peut présenter ses produits. Les vins primés aux Sélections Mondiales bénéficient d'un grand prestige qui assure aux producteurs et aux négociants d'importantes retombées économiques. Présidée en 1986 par M. Jocelyn Tremblay, ce concours annuel jouit maintenant d'une renommée mondiale, et son gala de clôture peut être considéré comme un des événements sociaux majeurs à Montréal.

Les efforts des industries québécoises productrices des boissons alcooliques, de concert avec ceux de la S.A.Q., font du Québec une des provinces les plus avant-gardistes en ce domaine.

* * *

Un imposant réseau de distributeurs achètent la marchandise de la S.A.Q. pour la revendre aux épiciers du Québec. Ces derniers peuvent fixer le prix de vente du vin, qui ne doit pas être inférieur au tarif en cours à la S.A.Q. Les propriétaires de brasseries, tavernes, hôtels, bars ou restaurants doivent s'approvisionner exclusivement à la S.A.Q., sauf pour le cidre non désigné et la bière de fabrication québécoise.

Les maisons d'affaires de ces entreprises licenciées sont aujourd'hui appuyées par le service des relations commerciales de la S.A.Q. pour la commercialisation des boissons alcooliques. La S.A.Q. leur offre également la possibilité de développer leur propre marque maison.

C'est la Régie des Permis d'Alcool du Québec (R.P.A.Q.) qui émet les permis de vente au détail des boissons alcooliques en dehors du réseau des succursales de la société d'État. La R.P.A.Q. contrôle également l'exploitation de ces permis. Enfin, le rôle de surveillance est assuré par la Sûreté du Québec et les différents corps policiers municipaux.

On peut se représenter schématiquement l'industrie québécoise des boissons alcooliques un peu comme un X: au sommet, les fabricants locaux et étrangers, ainsi que les agences; au milieu, dans le resserrement, la S.A.Q. qui exerce sa vigilance; puis, à la base, les résaux de distribution du produit.

* * *

L'impact de la commission d'enquête Thinel et ses recommandations ont été majeurs et ses effets ont longtemps été ressentis par la S.A.Q., de même que par toute l'industrie. Quel formidable défi la Société des alcools du Québec a-t-elle relevé en 1971. Dynamisme et innovation n'ont pas été épargnés, et il ne fait pas de doute que le scénario de l'évolution de cette industrie au Québec aurait été fort différent si la société d'État n'avait pas joué son rôle de tête d'affiche. Après quelques excès de jeunesse, entorses à la discipline ou faux pas imprévisibles, après avoir été trop souvent méprise pour un objet politique, l'entreprise d'État se retrouve aujourd'hui forte des réussites du passé et plus que jamais tournée vers celles de l'avenir grâce à une entente fructueuse avec ses partenaires de l'industrie. Fière d'être au service de la société québécoise et de toujours la mieux servir!...

CONCLUSION

Pour ceux qui doutent encore du fait que les Québécois ont une réalité sociale et politique riche de possibilités, l'histoire de la Société des alcools sur la toile de fond de la grande histoire du commerce de l'alcool en Amérique francophone est sans doute un témoignage éloquent.

Tout un scénario que celui de la Commission des liqueurs, de la Régie des alcools et de la Société des alcools du Québec!

Ce qu'on retient de cette longue et tumultueuse aventure, ce n'est pas tellement le fait de cette entreprise d'État au visage mouvant, ou le nombre effarant des spécialistes qui ont eu leur mot à dire autour d'un problème prétendu social, donc national, mais bien que cette commission, cette régie, cette société n'a jamais cessé de progresser.

En 1986, après soixane-cinq ans d'une existence mouvementée, la Société des alcools du Québec offre aux citoyens du Québec un service exceptionnel, des produits de qualité et une sélection enviable dans un environnement de choix.

Ici, il y a beaucoup plus qu'une condamnation à exister, il y a une volonté de surmonter les obstacles, une recherche pour le mieux et un enthousiasme pour l'excellence.

Très peu d'entreprises commerciales ont suivi un chemin aussi accidenté que celui de la Société des alcools du Québec. Encore moins de ces entreprises ont réussi dans les mêmes conditions.

Or, la Société des alcools du Québec a réussi et ce, d'une façon que trop peu de Québécois connaissent et apprécient. Le personnel de la S.A.Q. et celui des institutions qui l'ont précédée depuis 1921 sont les véritables champions de cette course aux obstacles. Ils ont eu confiance en l'avenir et c'est cette force créatrice qui a permis à la Société des alcools du Québec d'atteindre les plus hauts sommets et de se tailler une place privilégiée sur la scène nationale et internationale.

Une entreprise d'État qui reconnaît les leçons de l'histoire et reste à l'écoute des secrets de l'avenir. C'est pour tous ces bâtisseurs un privilège d'avoir oeuvré au sein d'une équipe exceptionnelle.

Place au commerce
Place aux produits
Place aux personnes
qui croient en l'excellence

Jean L. Poirier
Vice-président
Affaires publiques
Société des alcools du Québec